À Christiane Grosjean

REMERCIEMENTS

De nombreuses personnes nous ont aidés lors de la réalisation de ce livre.
Nous remercions tout particulièrement Brigitte Carrère pour
sa collaboration. Grand merci aussi à Pierrette et Denis Blanqué, à Annie,
Yves, Jonia et Hugo Lauvaux, à Régine, Pascal, Jérémy et Manon Schmitz,
à Muriel Vincent et Jan-Michaël Anton, ainsi qu'à Xavier Roland,
qui nous ont aidés à mettre au point les recettes.
Divers organismes nous ont aimablement fourni les informations dont
nous avions besoin : le Comité français d'éducation pour la santé (CFES) ,
le Centre interprofessionnel de documentation et d'information laitières
(CIDIL), le Centre d'études et de documentation du sucre (CEDUS),
l'Agence pour la recherche et l'information en fruits
et légumes frais (APRIFEL).
Nous remercions également Chantal Petit de l'OFIVAL
et Pierre Delporto de la SOPEXA.

© 1999 Éditions MILAN – 300, rue Léon-Joulin, 31101 Toulouse Cedex 100 France
Droits de traduction et de reproduction réservés pour tous les pays.
Toute reproduction, même partielle, de cet ouvrage est interdite.
Une copie ou reproduction par quelque procédé que ce soit, photographie, microfilm,
bande magnétique, disque ou autre, constitue une contrefaçon passible des peines prévues
par la loi du 11 mars 1957 sur la protection des droits d'auteur.
Loi 49.956 du 16.07.1949
Dépôt légal : 3e trimestre 2005
ISBN : 2.7459.1965.2

Conception graphique - montage - infographies : Claudine Pitrau-Defeuillet

Achevé d'imprimer en septembre 2005
par EGEDSA – Sabadell – Espagne

Pour une
première découverte
de la cuisine

Claudine Roland • Didier Grosjean

Copain
de la
Cuisine

Illustrations :
Corine Deletraz, Nathalie Locoste, Régis Mac,
Frédéric Pillot, Pascal Robin, Sophie Toussaint.

MILAN
jeunesse

La cuisine, c'est magique !
Un peu de ceci, un peu de cela, et abracadabra !
À toi, les desserts fondants, les gratins bien
dorés, les sauces onctueuses ! En cuisine comme
en magie, le choix des ingrédients compte
souvent autant que l'habileté. Et les tours
les plus simples ne sont pas les moins bons.
Dans ce *Copain de la Cuisine*, tu trouveras tout

ce qu'il faut savoir sur les produits qui font la vraie bonne cuisine, des trucs, des astuces et bien sûr... des recettes. Des recettes pour tous les goûts, pour toutes les heures, pour toutes les saisons et toutes les occasions. Tu n'as jamais touché une casserole de ta vie ? Tu seras étonné de ce que tu es capable de faire. Tu commences à te débrouiller ? Avec ton *Copain*, tu n'as pas fini d'épater ta famille et tes amis. C'est magique, la cuisine, mais ce n'est pas sorcier !

Mode d'emploi

Facile, la cuisine ? Seulement si tu appliques quelques règles simples qui éviteront que tes recettes ne tournent à l'aigre. Commence par lire le chapitre « Conseils & astuces » où tu trouveras tous les tours de main qui te faciliteront le travail. Ensuite, ne te lance jamais dans une préparation sans la présence d'un adulte qui t'aidera et qui saura ce qui peut être dangereux pour toi.

Voici quelques clés pour bien utiliser ce livre.

 Ce petit cuisinier annonce un encadré « conseil » : suis bien toutes les recommandations qui te sont données et tout te paraîtra plus simple.

 Ce petit panier indique un encadré « ingrédients » : c'est ta liste pour réaliser la recette !

Bonne cuisine !

HISTOIRES
DE CUISINE

De la maîtrise du feu à l'invention
du micro-ondes, il s'en est passé
des choses, en cuisine ! Pour
que naisse la gastronomie,
il faudra des milliers d'années,
de nombreuses découvertes
et, surtout, beaucoup
de gourmandise !

Trois millions d'années de gourmandise

Debout sur ses pattes arrière, notre plus lointain ancêtre, l'australopithèque, se gave de baies juteuses. Il aime déjà les bonnes choses, mais il est bien loin de s'intéresser à la cuisine...

Avec un silex bien taillé, il est plus facile de découper le gibier !

Vive le feu

Pendant très longtemps, les hommes se nourrissent de petits animaux crus et de plantes. La découverte du feu, il y a près de 500 000 ans, va élargir le menu ! Grillés sur des foyers de pierres ou bouillis, les morceaux de viande s'attendrissent, et certains végétaux, immangeables crus, se révèlent succulents une fois cuits. La cuisson permet de mieux conserver les aliments... et d'en améliorer le goût. Pour peu que l'on y rajoute quelques herbes parfumées, le résultat est... à s'en lécher les doigts !

VRAI OU FAUX ?

La première « poêle » était en pierre.
Vrai. Les hommes préhistoriques se servaient d'une pierre plate chauffée dans le feu pour griller à point leur steak de renne ou de mammouth. On y revient aujourd'hui avec les pierres à griller.

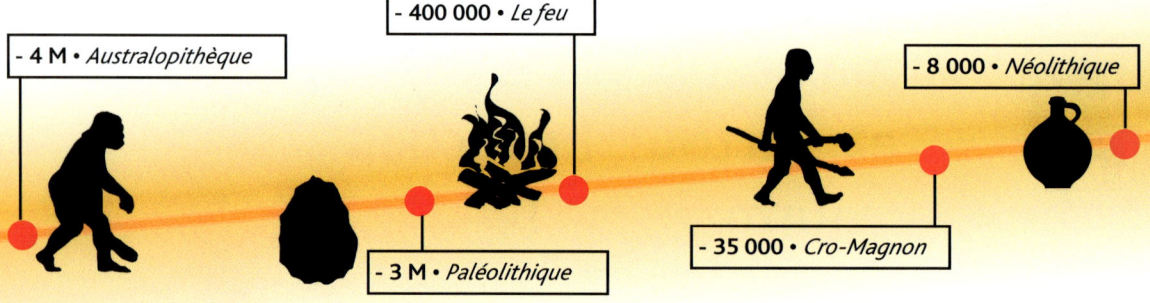

- 4 M • *Australopithèque*
- 400 000 • *Le feu*
- 8 000 • *Néolithique*
- 3 M • *Paléolithique*
- 35 000 • *Cro-Magnon*

À TABLE CHEZ CRO-MAGNON

Débarquons dans une famille, il y a 30 000 ans, juste avant l'heure du repas. Le père est occupé à fumer des quartiers de renne. La mère surveille la « marmite » en peau dans laquelle mijote un bouillon à la moelle d'aurochs (une sorte de taureau). Les enfants le font chauffer en y jetant régulièrement des galets brûlants. Au menu, il y a aussi du saumon grillé et des myrtilles. Ni pain, ni riz, ni pommes de terre... et bien sûr pas de table !

Représentation de banquet chez les Égyptiens.

ROMAINS GOURMANDS

Apicius et Lucullus furent célèbres pour leur gourmandise. Apicius a écrit un livre de cuisine, qui nous donne une idée de ce que les Romains aimaient : le sucré-salé, les gibiers les plus étranges bourrés d'aromates, et surtout, un condiment à base d'entrailles de poisson fermentées, le garum... Lucullus, lui, organisait des festins extravagants. On raconte qu'il s'était fait installer une salle à manger dans une volière géante, car cela l'inspirait de déguster des grives rôties en regardant voler les vivantes...

Nourriture et civilisations

Trouver de quoi manger prend beaucoup de temps et d'énergie... mais c'est aussi l'occasion de faire de nombreux progrès techniques ! Au fil du temps, l'homme invente de nouveaux outils et des armes plus perfectionnées. Un jour, il y a moins de 10 000 ans, le chasseur se transforme en agriculteur. Il se met à cultiver des céréales et à élever des animaux pour ne plus dépendre uniquement du produit de sa chasse. Et les premières villes naissent de ce changement de vie...

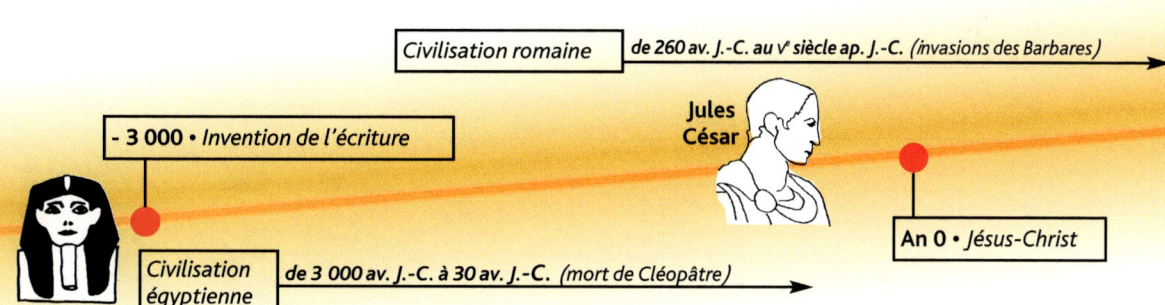

Civilisation romaine — de 260 av. J.-C. au Vᵉ siècle ap. J.-C. (invasions des Barbares)

- 3 000 • Invention de l'écriture

Jules César

An 0 • Jésus-Christ

Civilisation égyptienne — de 3 000 av. J.-C. à 30 av. J.-C. (mort de Cléopâtre)

Au plaisir des gourmands

Avec les grandes civilisations, égyptienne, grecque, romaine et chinoise, naît vraiment la cuisine : l'art d'accommoder, selon une tradition qu'on se transmet, les aliments les plus variés. Un plaisir réservé aux puissants... Aux banquets des pharaons, les nobles se régalent d'une quarantaine de pains et de gâteaux différents, de bœuf, de mouton, d'oie, de canard, et même de foie gras ! Les paysans, eux, se contentent de pain et d'oignons... Quant aux riches Romains, ils en arrivent à se faire vomir pour pouvoir goûter tous les plats de leurs festins.

RECETTE À LA MODE ROMAINE

Les Romains adoraient les figues. Ils les mangeaient aussi en entrée, avec du sel, du vinaigre et du garum. Tu auras un aperçu du résultat en remplaçant le garum, aujourd'hui disparu, par du nuoc-mâm asiatique...

Invitation royale

13 octobre de l'an 1370. Le roi de France Charles V a demandé à son maître queux de concocter un repas de fête pour ses amis. Tu es invité, toi aussi, à la table royale. Un fameux privilège… et l'occasion de découvrir les manières de table et les goûts à la fin du Moyen Âge !

LE PREMIER GRAND CHEF ?

Guillaume Tirel, dit « Taillevent », débuta à 16 ans comme enfant de cuisine dans une famille noble, et finit sa carrière comme maître queux du roi. Un poste à responsabilités ! Il commandait une brigade de 150 personnes en cuisine, contrôlait tout l'approvisionnement, et surveillait la fabrication du pain et du vin, notamment pour éviter qu'on empoisonne le roi… Il a écrit un ouvrage de cuisine, *Le Viandier*, une mine d'informations sur les goûts de l'époque.

Fin Vᵉ siècle • *Clovis*

800 • *Charlemagne empereur*

Vikings IXᵉ et Xᵉ siècles

987 • *Hugues Capet, premier roi de France*

An 1000

Compagnons d'écuelle

Les nobles sont assis sur des banquettes, tandis que le roi trône dans un fauteuil doré. Chaque invité dispose d'une coupe en argent, d'une cuillère et d'un couteau.

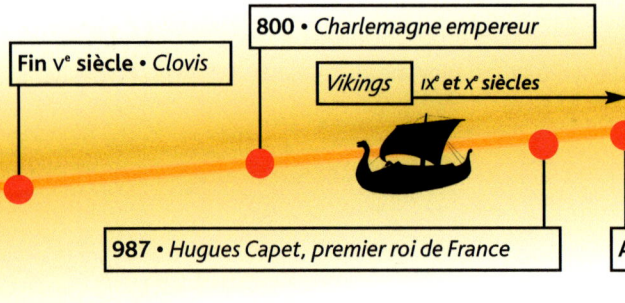

Le roi ouvre sa « nef », un coffre d'or en forme de navire qui renferme couverts et épices. Tu reçois une écuelle… que tu devras partager avec ton voisin ! On apporte toutes sortes de volailles au bouillon. À « l'entremets », quand les serviteurs desservent, quelques troubadours distraient les convives.

Croisades du XIᵉ au XIIIᵉ siècle (châteaux forts)

À CHACUN SA PLACE

L'assiette marque l'emplacement où chacun doit s'asseoir à table. Au Moyen Âge, elle n'existe pas encore. Les liquides sont servis dans une écuelle qui sert pour deux personnes à la fois. Les solides se mettent sur un morceau de pain coupé en rond, appelé « tranchoir ». Ce pain n'était pas mangé : on le donnait aux pauvres après la fête…

LA MOUTARDE

Au Moyen Âge, on aime les goûts forts, et l'on adore le piquant et l'acide. La **moutarde** est l'une des rares sauces qui nous soit restée de cette époque.

Représentation de chasse (livre de Gaston Phœbus).

La multiplication des plats

Viennent ensuite les rôtis : un paon orné de toutes ses plumes, des lièvres, des chapons... Chacun se sert comme il veut. La viande, qui n'est pas de première fraîcheur, a un goût très fort. Tes mains dégoulinent de jus. Tu les essuies à la nappe, comme tout le monde. Les serviteurs enchaînent sur... les viandes en sauce. Voici enfin les desserts : crèmes, confitures, fruits... Heureusement que tu es un bec sucré !

1492 • *Christophe Colomb découvre l'Amérique*

VIANDE POURRIE OU VIANDE BOUILLIE ?

Si l'on mange de la viande tout de suite après qu'un animal est abattu, elle est dure. Il faut quelques jours pour qu'elle s'attendrisse. Aujourd'hui, nous la faisons attendre au froid. Mais au Moyen Âge, pas de frigo ! Les cuisiniers la faisaient donc bouillir pour la conserver. Même ainsi, elle était souvent un peu pourrie. D'où l'utilité des épices et des sauces...

Noble gibier

Les nobles raffolaient du gibier, et s'étaient réservé le privilège de la chasse. Ils considéraient que les animaux libres étaient plus dignes de paraître à leur table que les animaux d'élevage. Les gens du peuple, eux, ne mangeaient de la viande qu'aux fêtes. Ils se nourrissaient surtout de bouillie et de soupe.

SOUPE OU POTAGE ?

Tu crois sans doute que le potage est une version plus légère et plus chic de la soupe... À l'origine, la soupe était faite à base de pain trempé avec du bouillon ou du lait (d'où l'expression « trempé comme une soupe »). Et le potage, lui, était simplement une préparation cuite... dans un pot.

Nouveaux mondes, nouvelle cuisine

Des produits inconnus arrivent du bout du monde... et la manière d'accommoder les aliments est toujours plus recherchée : la cuisine devient progressivement un art...

Rêves d'épices

Partir de l'autre côté du globe, risquer cent fois la mort... pour quelques épices ! Quelle folie, penses-tu, toi qui n'as qu'à tendre la main pour avoir du poivre... Mais, aux XVe et XVIe siècles, les épices étaient si précieuses qu'on était prêt à tout pour s'en procurer ! Comme le Portugais Vasco de Gama, qui alla en chercher jusqu'en Inde en bateau, en faisant tout le tour de l'Afrique : un voyage aller-retour de plus de deux ans, auquel à peine un tiers de son équipage survécut !

Renaissance | du XVe au XVIe siècle (Léonard de Vinci, Galilée)

1498 • Vasco de Gama en Inde

1519 • Conquête du Mexique, fin de l'Empire aztèque

SACRÉES ÉPICES

Les épices étaient utilisées en cuisine, mais aussi en pharmacie. Les plus recherchées étaient le poivre et le gingembre, qui provenaient d'Inde, la cannelle de Ceylan, les clous de girofle et la noix de muscade d'Indonésie. Elles étaient très chères parce que le voyage, par terre ou par mer, était long et dangereux. Leur valeur était telle qu'elles servaient parfois de monnaie. De là l'expression : « payer en espèces » (en épices) ! Le poivre se vendait par grains, et d'un homme très fortuné on disait qu'il était un « sac de poivre ».

Marchand de noix de muscade, au XVe siècle.

Petites et grandes découvertes

Au XVIe siècle, les Européens se lancent à la conquête du monde. Ils découvrent des terres inconnues... pour eux. L'Amérique est déjà habitée par différents peuples, comme les Incas ou les Aztèques qui avaient atteint un haut degré de raffinement. Du Nouveau Monde, les conquistadors espagnols ramènent de l'or, mais aussi de nouveaux produits : dinde, maïs, chocolat, haricot, tomate...

Collation « légère » au jardin.

RAFFINEMENTS ITALIENS

À la Renaissance, l'Italie est très à la mode, y compris pour les manières de table. Les riches Italiens se servent de fourchettes, d'assiettes en faïence et de verres... en verre. Le reste de l'Europe va progressivement adopter ces usages : on commence à trouver dégoûtant de voir les invités se servir dans le plat et manger avec leurs doigts.

Louis XIV

La grande cuisine française

Jusqu'au XVIIe siècle, on a beaucoup utilisé les épices : ça faisait riche ! Petit à petit, les cuisiniers cherchent à respecter le vrai goût des aliments... C'est le début de la cuisine moderne ! À la cour des rois de France, les banquets sont d'un luxe inouï. Vaisselle en métaux précieux et tissus fins parent les tables. Les décors des plats rivalisent d'originalité. Le plaisir des yeux compte autant que celui du palais.

| Guerres de Religion | deuxième moitié du XVIe siècle |

| Règne de Louis XIV | de 1661 à 1715 |

Le massepain

Catherine de Médicis, épouse du roi Henri II, aimait les douceurs... Elle amena dans ses bagages des maîtres pâtissiers de son pays, l'Italie, et la recette de la pâte d'amandes...

- 125 g de poudre d'amandes
- 150 g de sucre glace
- 1 blanc d'œuf

1 Dans un grand bol, mélange poudre d'amandes et sucre glace.

2 Fais un creux au milieu de ta poudre (on appelle ça une fontaine), et ajoute peu à peu le blanc d'œuf. Mélange d'abord avec une cuillère en bois. Puis pétris bien le tout. Tu dois obtenir une pâte assez ferme.

3 Rajoute un peu de sucre glace si tu trouves ta pâte trop mouillée. Telle quelle, la pâte d'amandes est une délicieuse friandise. Mais rien ne t'empêche d'y ajouter ta touche personnelle : modeler des sujets (fruits, animaux...), et les peindre avec des colorants alimentaires.

IDÉE

Étale ta pâte d'amandes avec un rouleau, et découpes-y des formes avec des emporte-pièce ou avec des patrons en carton que tu auras dessinés toi-même.

Science culinaire

La gastronomie n'est plus réservée à des privilégiés... On invente sans cesse des outils et des techniques pour mettre la cuisine à la portée de tous les gourmands.

Le restaurant des frères Provençaux au Palais-Royal (vers 1840).

Leçons de gourmandise

Qui pouvait s'offrir jadis le luxe d'un grand cuisinier ? Uniquement les rois et les nobles... Avec la Révolution française, les maîtres queux se retrouvent sans emploi. Quelques-uns ouvrent des restaurants. D'autres se mettent au service de bourgeois fortunés. Des spécialistes apprennent aux nouveaux riches les raffinements de la bouche et les bonnes manières à table. Ce sont les premiers critiques gastronomiques.

Réfrigérateur Sibir 40 à absorption de 40 litres (vers 1950).

1782 • *Premier restaurant*

1795 • *Aliments en conserve*

Première Guerre mondiale   1914-1918

1850 • *Premières cuisinières à gaz*

1913 • *Premier réfrigérateur*

1789 • *Révolution française*

Brillat-Savarin

LE PREMIER RESTAURANT

En 1765, un certain Boulanger sert dans son café des « bouillons restaurants », c'est-à-dire des bouillons qui restaurent les forces... Ce serait l'origine du mot « restaurant ». Mais le premier vrai restaurant ne s'ouvrira qu'en 1782, avec à sa tête un ancien « officier de bouche » du comte de Provence.

GASTRONOME PUR JUS

Anthelme Brillat-Savarin (1755-1826) fut une célébrité dans le petit monde de la gastronomie. Pourtant, il n'en avait pas fait son métier : il était magistrat et homme politique. Mais c'était un vrai gourmand, comme en témoigne l'une de ses phrases célèbres : « *La découverte d'un mets nouveau fait plus pour le bonheur du genre humain que la découverte d'une étoile* », tirée de son livre de méditations gastronomiques *La Physiologie du goût*.

Cuisine en révolution

Les progrès de la science aux XIXe et XXe siècles ont aussi des répercussions en cuisine. De nombreuses inventions facilitent la vie quotidienne : boîtes de conserve, cuisinière à charbon, puis à gaz, réfrigérateur... Les recettes, largement diffusées, deviennent plus précises. Ainsi, n'importe qui peut se lancer dans une activité réservée jusque-là aux professionnels... La bonne cuisine devient une affaire de famille. Les savants aussi s'intéressent au contenu de notre assiette. Une nouvelle science apparaît : la diététique.

À LA FRANÇAISE OU À LA RUSSE ?

Jusqu'au XIXe siècle, dans les repas chic, on sert « à la française » : on dépose tous les plats sur la table en même temps, en trois services, et chacun picore comme il en a envie. Avantage : une table ainsi remplie en met plein la vue ! Inconvénient : on mange souvent froid, et l'on doit demander l'aide de ses voisins pour goûter des plats les plus éloignés... Avec la vogue des restaurants, le service à la russe l'emporte : des portions sont préparées pour chaque convive, et les plats se succèdent dans un ordre bien précis.

1967 • *Premier four à micro-ondes ménager*

Seconde Guerre mondiale | **1939-1945**

1948 • *La Cocotte-Minute*

1969 • *Premiers pas sur la Lune*

Cuisine express

Aujourd'hui, tout va vite. La cuisine aussi ! Nous consacrons de moins en moins de temps à faire à manger et à manger. Les plats tout prêts, les surgelés et les fours à micro-ondes permettent de préparer un repas en un tournemain. Et les fast-foods (en français : « nourriture rapide ») se multiplient. En même temps, beaucoup de gens apprécient encore de se retrouver à table, en famille ou avec des amis, autour de plats savamment mijotés...

LE « FAST-FOOD » N'EST PAS UNE NOUVEAUTÉ !

C'est en 1948 que les frères McDonald's ouvrent leur premier self-service, en Californie. Il y a aujourd'hui environ 15 000 McDo dans le monde, qui servent plus de 20 millions de repas par jour. Mais on avait déjà inventé des mets faciles à manger « sur le pouce » bien avant les hamburgers : sandwichs européens, chiches-kebabs et pitas orientaux...

L'assiette du futur

Protéines en pilules ? Steaks de soja ? Algues ? Ou bons petits plats à la mode d'antan ? Les nutritionnistes se penchent sur notre assiette de demain... et les agronomes cherchent de nouvelles ressources pour nourrir la planète.

ASTRONAUTE ET CUISTOT

Ça te plairait, d'aller sur Mars ? Le voyage est long : deux ans et demi. Pas question de s'encombrer de ravitaillement. Tout ce que tu mangeras sera produit dans le vaisseau spatial. Dans ta ferme de l'espace, tu feras pousser (sans terre) du soja, du blé, du riz, des pommes de terre, de la salade. Tu seras forcément végétarien... et bon cuisinier pour garder le moral ! Même les experts de la NASA sont convaincus que les bons petits plats sont indispensables pour ne pas sombrer dans la déprime !

An 2000

Vieux plaisirs

Dans les vieux livres de science-fiction, les aventuriers du futur se nourrissaient uniquement de pilules. Pourtant, l'an 2000 est déjà là, et nous n'avons toujours pas changé de menu ! Les nutritionnistes connaissent nos besoins alimentaires ; les chimistes savent fabriquer protéines ou vitamines... L'alimentation « artificielle » est possible. Mais nos traditions gourmandes ont la vie dure ! Navigateurs et astronautes emportent aliments lyophilisés, barres vitaminées, mais aussi chocolat, gâteaux ou foie gras...

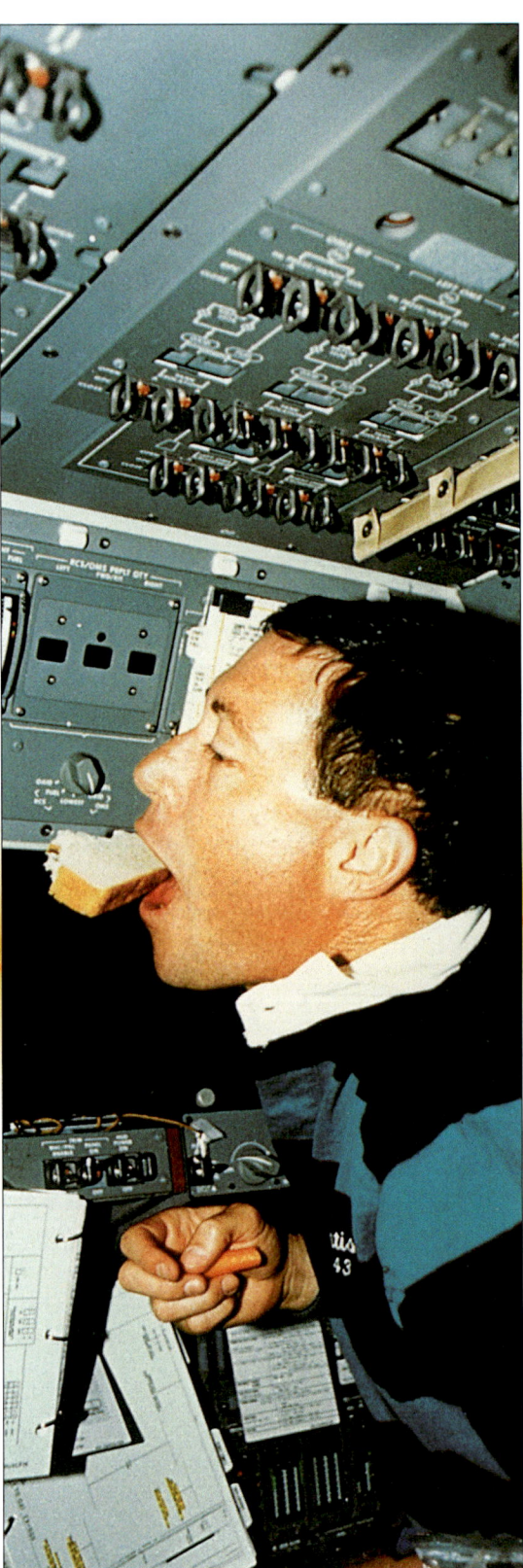

Astronaute américain à la poursuite d'un sandwich en apesanteur... Il faut être habile pour arriver à se nourrir dans l'espace !

À manger pour tous !

En l'an 2050, il y aura près de 10 milliards d'êtres humains sur Terre. Comment les nourrir tous avec les produits de notre minuscule planète ? Aujourd'hui déjà, on estime qu'un milliard et demi d'habitants souffrent de malnutrition. Pourtant, si l'on répartissait équitablement les ressources disponibles, chacun pourrait manger à sa faim. Augmenter la production d'aliments et mieux les partager, c'est le défi du XXIᵉ siècle !

VRAI OU FAUX ?

Le soja contient deux fois plus de protéines que la viande.

Vrai ! Le soja est une légumineuse connue en Asie depuis près de 10 000 ans. La richesse nutritive de cette graine intéresse beaucoup les scientifiques.

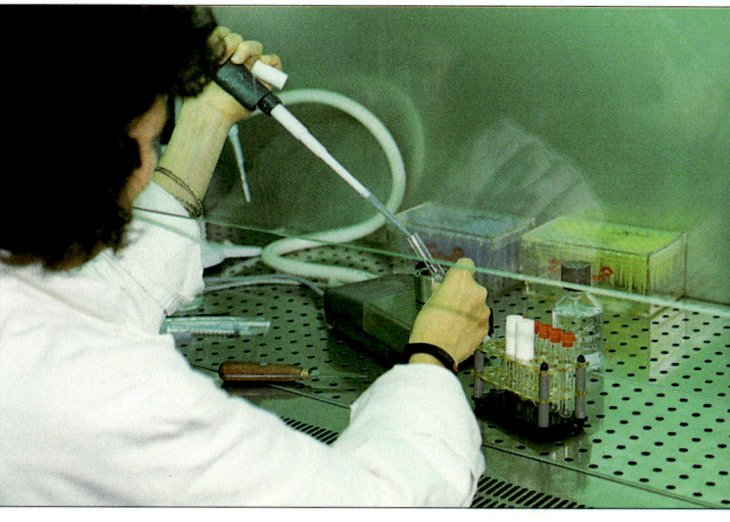

Les scientifiques cherchent à créer de nouvelles espèces de fruits, de légumes et de céréales résistants aux maladies et aux insectes.

DANS LES LABORATOIRES

Les scientifiques cherchent par tous les moyens à augmenter les récoltes. Nouveaux engrais, amélioration des espèces, création de variétés résistantes aux insectes et aux maladies… Mais pour les produits génétiquement modifiés, tous les risques ont-ils été vraiment pris en compte ? Biologistes et agronomes s'intéressent également aux potentialités nutritives de produits non encore consommés. L'Océan, par exemple, déborde de trésors : algues, plancton… Reste à trouver les recettes pour les accommoder !

CHIFFRE

Le bétail des pays riches consomme à lui seul un tiers des céréales du monde. Soit les besoins de 2 milliards d'habitants du tiers-monde. Cher steak !

Sélection de phytoplancton. La potion magique de l'avenir ?

POURQUOI
MANGER ?

Question stupide, crois-tu ?
Quatre fois par jour, ton
estomac réclame sa pitance,
et tu le satisfais sans même
y penser. Tu sais bien que tu dois
manger pour vivre. Mais comment
ton corps arrive-t-il à transformer
une tartine en mouvement ou
en pensée ?

Manger pour vivre

Ton corps est une machine fabuleuse, capable de transformer ta nourriture en énergie, en éléments de construction ou en outils pour le réparer ! À condition que tu l'alimentes comme il faut.

Pas d'action sans manger !

Les mystères de la digestion

As-tu jamais réfléchi à cet étrange phénomène qui se renouvelle chaque jour dans ton corps ? Quoi que tu manges, viande, légumes, fruits ou sucreries, le résultat est à peu près le même : ces divers aliments se transforment... en toi ! À partir du moment où tu avales ton repas, ton système digestif entre en action, indépendamment de ta volonté. Et 24 heures plus tard, tous les éléments nutritifs contenus dans ta nourriture auront été récupérés : soit envoyés aux cellules de ton corps qui en avaient besoin, soit stockés...

LES NUTRIMENTS

On classe les éléments nutritifs, ou nutriments, en cinq groupes : protéines, sucres, graisses, vitamines, sels minéraux. Les **protéines** t'aident à grandir et à réparer ce qui est usé dans ton corps. Ce sont les briques de construction de tes cellules. Les **sucres** ou glucides et les **graisses** ou lipides t'apportent le « carburant » nécessaire pour faire bouger ton corps et pour le faire fonctionner. Même quand tu te reposes, ton corps a besoin d'énergie pour actionner ton cœur ou tes poumons... Les **vitamines** et les **sels minéraux** sont indispensables au bon état général.

sucres

sels minéraux

graisses

protéines

vitamines

CHIFFRE

1 litre environ, c'est la quantité de salive que nous produisons chaque jour !

LE GRAND VOYAGE DE LA NOURRITURE

Tu t'apprêtes à manger des pâtes au jambon. Tu mastiques lentement. Tes papilles t'informent de ce que tu sais déjà : c'est bon ! L'effet combiné de tes dents et de ta salive ramollit ta bouchée. Tu l'avales. Ce qui était des nouilles, et qu'on nomme maintenant **bol alimentaire**, glisse dans l'œsophage en direction de l'**estomac**. Dans cette poche, la nourriture est malaxée longuement et attaquée par des substances très acides, les sucs gastriques. Elle se transforme en une espèce de bouillie, appelée **chyme**. Direction le **duodénum**. Là, une douche de bile et de suc pancréatique finit de décomposer les aliments. C'est au niveau de l'**intestin grêle** que la plupart des éléments nutritifs (protéines, glucides, lipides, vitamines...) passent dans le sang.

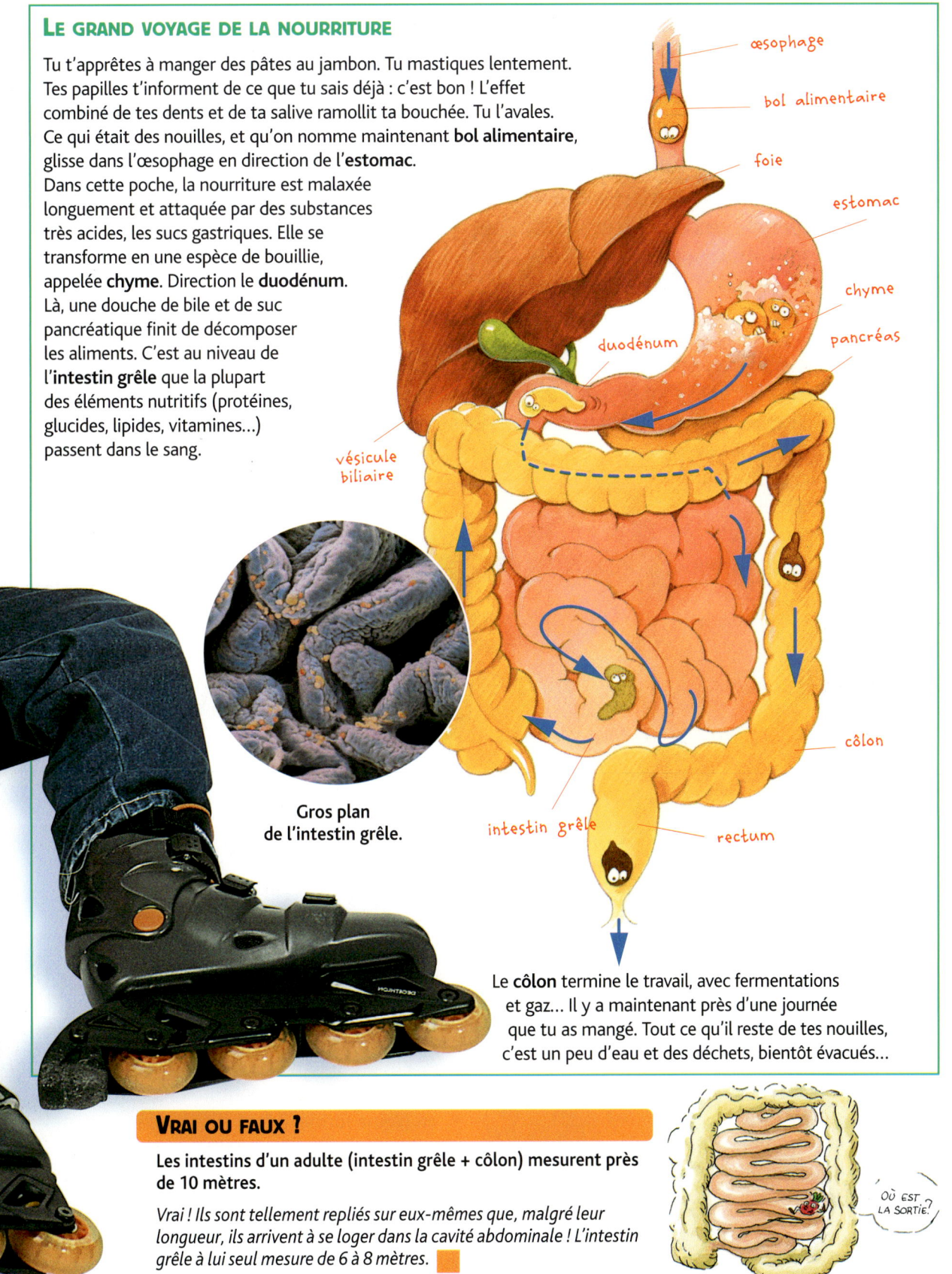

œsophage

bol alimentaire

foie

estomac

chyme

pancréas

duodénum

vésicule biliaire

côlon

intestin grêle

rectum

Gros plan de l'intestin grêle.

Le **côlon** termine le travail, avec fermentations et gaz... Il y a maintenant près d'une journée que tu as mangé. Tout ce qu'il reste de tes nouilles, c'est un peu d'eau et des déchets, bientôt évacués...

OÙ EST LA SORTIE ?

VRAI OU FAUX ?

Les intestins d'un adulte (intestin grêle + côlon) mesurent près de 10 mètres.

Vrai ! Ils sont tellement repliés sur eux-mêmes que, malgré leur longueur, ils arrivent à se loger dans la cavité abdominale ! L'intestin grêle à lui seul mesure de 6 à 8 mètres.

Bien se nourrir, c'est facile !

Les spécialistes de la nutrition ont établi une sorte de « pense-bête », avec quelques règles simples pour manger sainement.

Un peu de tout

De nombreux scientifiques ont étudié notre alimentation et son rôle sur la santé. Et ils sont arrivés à la même conclusion : il n'existe pas d'aliment parfait, qui réponde à tous nos besoins. Nous devons donc manger un peu de tout : viande, poisson, œufs, produits laitiers, céréales, légumes, fruits... On dit que l'homme est un omnivore.

À CHAQUE REPAS

• un produit laitier
• une crudité (fruit ou légume)
• du pain

UNE FOIS PAR JOUR AU MOINS

• de la viande ou du poisson ou des œufs
• des pâtes ou des légumes secs ou du riz ou des pommes de terre
• des légumes cuits
• des corps gras (huile, beurre, margarine) en petite quantité pour l'assaisonnement ou la cuisson.

P'TIT DÉJ SUPER FORME

Casse un œuf entier dans un récipient étroit et haut, ajoute le jus d'une orange, une banane coupée en rondelles et une cuillerée de miel. Un coup de mixeur et voilà une boisson super énergétique pour les petits matins difficiles !

BONNES NOTES POUR LES FRUITS

Aux États-Unis, on a fait l'expérience de donner chaque jour des fruits au petit déjeuner à des écoliers. Et on a remarqué que leurs résultats scolaires s'amélioraient nettement. Plus 16 % sur leurs notes ! Tu sais ce qu'il te reste à faire...

Le juste équilibre

Attention, si tu ne vis que de frites ou de tartines à la confiture ! Pour être en pleine forme, il faut manger de façon équilibrée et variée. Les besoins de ton corps sont importants parce que tu grandis. Ce qui est essentiel, c'est la régularité. Pas de grignotage toute la journée, mais 4 vrais repas chaque jour : petit déjeuner, déjeuner, goûter et dîner.

Un grand petit déjeuner

Le repas du matin est le plus important de la journée. N'hésite pas à te lever plus tôt pour prendre le temps d'un vrai petit déjeuner. Cela te donnera l'énergie nécessaire pour bien démarrer la journée. Et pour ton 10 heures, prends plutôt un fruit, du fromage ou des barres aux céréales que des friandises...

IDÉE

Mets la table la veille : tu éviteras de perdre un temps précieux et ça fera plaisir à tout le monde ! Pour stimuler ton appétit, fais preuve d'imagination. Le traditionnel pain-beurre-confiture, c'est parfois lassant, et pas très équilibré. Car tu dois absolument manger en plus de pain et d'une boisson, des fruits frais (le jus de fruit, pressé au dernier moment, garde toutes ses vitamines !) et des protéines (œufs ou fromage ou jambon). Pense aussi au yaourt, au muesli, aux différentes céréales, au porridge, au pain d'épices...

une cuillère de mayonnaise ou 10 chips : 100 calories

100 g de chocolat : 500 calories

LES CALORIES

Une calorie, c'est la quantité de chaleur nécessaire pour élever d'un degré Celsius la température d'un gramme d'eau. Les diététiciens se servent de cette mesure pour définir la valeur énergétique des aliments. Sur les emballages de nombreux produits, le nombre de calories et la valeur nutritive sont indiqués. Lis ces informations, c'est instructif !

un morceau de sucre : 20 calories

une pomme : 60 calories

un verre de lait entier : 150 calories

un hamburger : 600 calories

Besoins journaliers en calories
- Enfants de 7 à 9 ans : 1 830 à 2 190.
- De 10 à 12 ans : 2 600 (garçons) et 2 350 (filles).
- De 13 à 15 ans : 2 600 à 2 900 (garçons) et 2 350 à 2 490 (filles).
- Adultes : 2 400 à 2 700 (homme) et 2 000 à 2 400 (femme).

lait

céréales

jus d'orange

biscottes

fruit

confiture

beurre

Les secrets de l'alimentation

Eau, sucre, graisses, protéines... À chacun son rôle pour te faire bouger et grandir.

Vive l'eau

L'eau constitue près des 3/4 de ton poids. C'est dire combien elle t'est indispensable ! Elle permet aussi d'éliminer les déchets de ton organisme. Chaque jour, tu perds environ 2,5 litres d'eau : il faut donc que tu en absorbes une quantité équivalente. Heureusement, les aliments sont tous composés d'une majorité d'eau. Même dans le pain, il y a environ 50 % de liquide. Mais tu dois boire, en plus, chaque jour un litre et demi d'eau, même si tu n'as pas soif.

IL Y A SUCRES ET SUCRES !

Les sucres sont aussi appelés glucides ou hydrates de carbone. Les sucres « rapides », tu les connais (trop) bien : sucre, miel, confiture, chocolat, bonbons... Ils te donnent de l'énergie immédiatement utilisable par ton corps. Utiles en cas de coup de pompe, ils doivent être consommés en quantité modérée. Sinon, gare aux kilos superflus et aux caries ! Les sucres « lents », comme les pâtes, le pain, les céréales, les pommes de terre, sont excellents car ils te fournissent de l'énergie au fur et à mesure de tes besoins.

VÉGÉTARIENS ET VÉGÉTALIENS

Les végétariens ne mangent ni viande ni poisson, mais ils consomment des produits laitiers et des œufs. Les végétaliens, eux, refusent tout aliment d'origine animale. Ils compensent le manque de protéines animales par celles contenues dans les céréales et les légumes secs.

ATTENTION AUX RÉGIMES

On n'est pas tous bâtis sur le même modèle : certains sont très menus, d'autres plus enveloppés. Il faut savoir s'accepter comme on est...
Si tu te trouves vraiment trop gros(se), demande conseil à ton médecin.
Mais n'entreprends jamais de régime sans avis médical. Ce peut être dangereux pour ta croissance et ta santé !

Manger pour grandir

Les « aliments bâtisseurs » portent bien leur nom : ils t'aident vraiment à grandir. Les laitages, bourrés de calcium, sont bons pour tes os et tes dents. La viande, le poisson, les œufs et les légumes secs t'apportent les protéines indispensables aux muscles et aux organes. Il y a autant de protéines dans 1/2 l de lait, 100 g de viande, 100 g de poisson et 2 œufs. Tu as le choix...

GRAISSES CACHÉES

Ce sont les graisses, appelées aussi lipides, qui font le plus grossir. Parmi les corps gras, il y a les « purs », faciles à repérer : huiles, beurre, margarine, crème fraîche... D'autres cachent bien leur jeu : ils se camouflent dans les aliments que nous aimons. Sais-tu qu'il y a beaucoup de graisses dans certaines viandes (porc, viande rouge), dans la charcuterie, les biscuits pour l'apéritif, les chips, les gâteaux...

CONSEIL

À éviter ! Les boissons sucrées, surtout gazeuses, sont mauvaises pour les dents et apportent beaucoup de calories (un verre de soda, c'est comme un verre d'eau dans lequel tu aurais mis 4 morceaux de sucre !).

Les amis invisibles

**Apprends le drôle d'alphabet des vitamines
et des éléments dont ton corps a besoin.**

Le plein de vitamines

Tu en connais sûrement déjà, des vitamines : la vitamine C, qui t'aide
à résister aux rhumes, la vitamine A, bonne pour la croissance,
la vision, la peau... Présentes en quantités infimes dans ton corps,
les vitamines (du latin *vita* qui veut dire « vie ») sont essentielles
pour ta santé. C'est ton alimentation qui doit te les fournir,
car ton corps ne les fabrique pas lui-même
(sauf la vitamine D).

Il existe 13 sortes
de vitamines.

vitamine B1
(thiamine)

vitamine B2
(riboflavine)

vitamine A

vitamine B5
(acide pantothénique)

vitamine B3
ou PP (niacine)

biotine

vitamine C

vitamine B12

vitamine B9
(acide folique)

vitamine B6
(pyridoxine)

vitamine K

vitamine D

vitamine E

OÙ SE CACHENT LES VITAMINES ?

Certaines (B2, B12 et D)
se trouvent surtout dans
les produits d'origine animale
(viande, poisson, œufs, lait),
d'autres, comme les vitamines
C, K et B9, dans les fruits
et les légumes. Mais une
alimentation variée t'apporte
normalement toutes
les vitamines !

CHIFFRE

Un adulte de taille moyenne
contient environ 1 kilo de
calcium. C'est le sel minéral
le plus abondant dans le corps
(squelette et dents).

Drôles d'éléments

Calcium, phosphore, magnésium, sodium, potassium, fer, cuivre...
la liste des sels minéraux présents dans ton corps est longue
(il y en a au moins 17 !). Ce n'est pas une « originalité »
humaine : tous les êtres vivants, plantes et animaux,
en contiennent. Le plus connu est le calcium.
C'est lui qui rend tes os et tes dents durs et
qui aide au bon développement de ton squelette.

Cristaux de vitamines vus
au microscope électronique.

ALIMENTATION ET SPORT

Même si tu n'es pas un sportif de haut niveau, la façon dont tu t'alimentes peut avoir une influence sur ta forme. Évite de manger juste avant ton activité physique (digestion et performances ne font pas bon ménage !). En revanche, une bonne assiette de pâtes ou de riz, quelques heures à l'avance, t'aidera à tenir. Pendant l'effort, fruits secs ou barre de céréales peuvent te donner un coup de fouet. Le plus important, c'est de boire beaucoup car tu perds plus d'eau (respiration, transpiration...).

VRAI OU FAUX ?

Les fibres des fruits, des légumes ou des céréales font mal au ventre.

Vrai et faux. Ce qu'on appelle fibres en diététique est la cellulose présente dans tous les végétaux. Nous en avons besoin pour être en bonne santé parce qu'elle aide à rendre plus volumineux et plus mous les déchets de notre intestin, et donc à mieux les évacuer... Mais les personnes qui sont particulièrement sensibles des intestins doivent éviter d'en consommer trop.

MALADES DE MANGER

Ceux qui sont atteints de boulimie ont tout le temps faim. Celles (ce sont surtout des filles) qui souffrent d'anorexie, au contraire, n'ont jamais faim et refusent de manger. Ces deux maladies graves, dues à des problèmes psychologiques, doivent être soignées.

LE PLAISIR
DE MANGER

Tu prends ton temps pour savourer. Tu dévores avec un appétit d'ogre. Tu salives à la vue d'un plat tout en couleurs. Il y a mille et une manières de se faire plaisir en mangeant. Et tout y contribue : les saveurs, les odeurs,mais aussi le décor et l'ambiance !

la vue

le toucher

l'ouïe

le goût

l'odorat

Un monde de sensations

C'est grâce à tes cinq sens que tu découvres le monde qui t'entoure... Et chaque sens contribue à faire de la nécessité, purement biologique, de manger, un vrai plaisir !

Cinq sens pour un même plaisir

Les aliments t'envoient des messages en provenance de tous tes sens. Parfois même avant que tu les portes à ta bouche ! Une simple pomme, par exemple. Son aspect te donne déjà des renseignements. Elle est verte et brillante, sans taches ni coups : elle sera fraîche et acidulée. En la prenant en main, tu te fais une idée de sa dureté. Tu mords dedans : elle croque sous la dent. Vision, toucher, ouïe sont déjà entrés en action. C'est au tour du goût et de l'odorat maintenant !

Attention : papilles en action !

PAPILLES EN FÊTE

Abrités dans tes papilles et disséminés dans ta bouche, sur ton palais et sur tes gencives, des milliers de récepteurs sensoriels, les « bourgeons du goût », reconnaissent certaines molécules et transmettent l'information à ton cerveau qui fait le tri. Conclusion : cette pomme est acide et légèrement sucrée. Mais ton odorat a aussi son mot à dire : il détecte le parfum typique de la pomme verte... L'ensemble de la perception saveur-arôme forme ce qu'on appelle la flaveur d'un aliment.

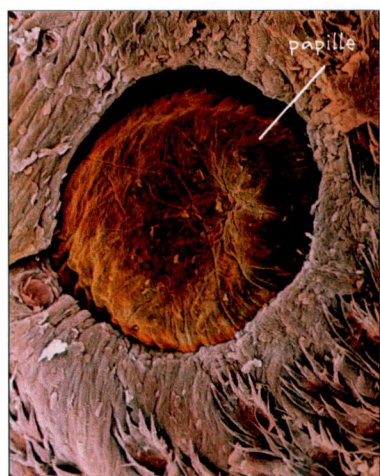
papille

Nous avons environ 9 000 papilles sur notre langue. Les bourgeons du goût qu'elles renferment se renouvellent tous les 8 à 10 jours.

CHIFFRE

Le temps de réaction aux saveurs est variable : 1 seconde pour percevoir le sucré, et jusqu'à 7 secondes pour reconnaître l'amer.

Enquête approfondie

Tes dents et ta langue te donnent encore d'autres informations utiles sur ce que tu mets en bouche. La consistance des aliments : solide, mou, gluant... Leur température : froid, tiède, chaud, brûlant. Leur effet en bouche : piquant comme les épices ou donnant une drôle de sensation au palais, comme les épinards... Toutes ces combinaisons, tu les aimes... un peu, beaucoup ou pas du tout !

Il existe 4 saveurs de base seulement, mais qui forment des nuances gustatives presque infinies.

Amer

papille

Acide

miam! miam!

Salé

LA CARTE DU GOÛT

Un chimiste français, Henning, propose, dès 1916, une « carte » du goût. D'après lui, la bouche ne distingue que 4 saveurs : le sucré, le salé, l'acide et l'amer, perçues par des papilles disposées à des endroits précis de la langue. Depuis, les scientifiques ont un peu compliqué les choses. Tout d'abord, même s'ils sont plus nombreux là où Henning les a localisés, il y aurait des récepteurs du goût partout dans la bouche. Ensuite, il existe quelques saveurs, comme la réglisse, qu'on ne peut classer dans les saveurs de base.

Sucré

LE NEZ A DU GOÛT

Quand tu es enrhumé, tu as l'impression que plus rien n'a de goût. En fait, ton nez étant bouché, tu ne sens plus les arômes. Il te reste uniquement les saveurs... En mangeant un éclair au chocolat, par exemple, tout ce que tu en percevras, c'est qu'il est sucré et un peu amer (cacao)... Frustrant pour les gourmands, mais heureusement vite passé !

BON APPÉTIT !

As-tu remarqué que le plaisir que tu as à manger peut varier en fonction du décor et du lieu ? Un banal sandwich se révèle savoureux quand tu as l'appétit ouvert par une balade... et un magnifique paysage sous les yeux ! De toute manière, une table joliment dressée ou un panier de pique-nique bien présenté font beaucoup pour réveiller les sensations gustatives...

Comment
naît le goût

Sais-tu que les bébés dans
le ventre de leur mère sont
déjà sensibles aux saveurs ? !
Des expériences semblent
prouver qu'ils aiment le sucré,
qui déclenche chez eux le réflexe
de téter, alors que l'amer et
l'acide leur déplaisent fortement.
Les enfants découvrent
le monde... et les aliments,
par l'intermédiaire de leur
entourage. Les goûts – et
les dégoûts ! – sont d'ailleurs
souvent un héritage familial.

ODEURS ET ARÔMES

Comme ta bouche possède des récepteurs du goût,
ton nez est tapissé de cellules spécialisées dans la « capture »
des odeurs, reliées au **bulbe olfactif**. Là, elles entrent
en contact avec des terminaisons nerveuses
qui transmettent les informations
au **cerveau**.

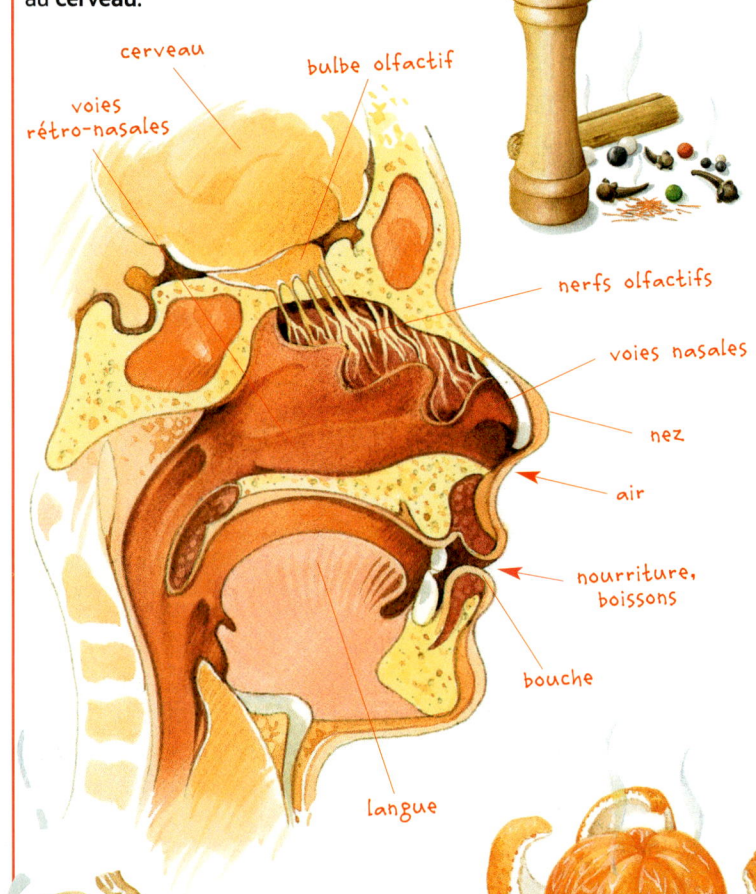

Si tu renifles un fromage,
son « parfum » passe directement dans ton nez avant d'être envoyé
au cerveau pour analyse. Mais certains aliments ne développent
leur arôme qu'une fois mâchés. Il passe alors par les **voies
rétro-nasales**, et vient chatouiller tes **cellules olfactives**...

Le parfum d'un bon plat...
Quel plaisir !

Goûter, c'est essentiel

Tous les grands chefs te le diront, pour devenir un bon cuisinier : il faut que tu aies du palais... et du nez ! Humer et goûter les préparations, ça fait partie du métier. Mais rassure-toi : si tu n'as pas l'impression d'être très « doué », cela se travaille. Avec un peu d'attention, tu réussiras à affiner tes perceptions... pour ton plus grand plaisir !

Il y a plein de jeux sympas pour réveiller tes papilles et devenir un fin gourmet, à faire tout seul ou avec des copains.

LE JEU DES SAVEURS

Fais une liste contenant au moins une vingtaine d'aliments différents. Sur un papier, trace quatre colonnes avec les saveurs de base : sucré, salé, amer, acide. Le but, c'est d'arriver à classer tous les aliments le plus vite et le plus justement possible. Exemple : citron : acide ; café : amer, etc.

LE GOÛTER SURPRISE

Prépare dans le secret une série d'aliments ou d'aromates, et organise une dégustation collective. Chaque participant devra, les yeux bandés, reconnaître les produits, leur saveur, et donner un qualificatif décrivant leur consistance (granuleux, onctueux, velouté, gluant...). Inutile de choisir des aliments rares pour troubler tes invités : tu verras que ce n'est pas si facile !

LA SEMAINE DU GOÛT

Chaque année, au mois d'octobre, a lieu la Semaine du goût, une initiative du Centre d'études et de documentation du sucre. Des « artistes » de la cuisine viennent dans les classes pour faire découvrir la palette des saveurs aux écoliers : une expérience riche en sensations ! Renseigne-toi dans ton école ou auprès du Centre d'études et de documentation du sucre (CEDUS).

De bons produits

Choisir les bons ingrédients, c'est tout le secret des bons cuisiniers... En faisant attentivement tes courses, tu prépares déjà la réussite de ton plat !

PAS DE MIRACLE

En cuisine, tout dépend de la qualité des produits. Si la viande sent mauvais, si les légumes sont raplapla, le résultat sera immangeable. Un cuisinier ne fait pas de miracle. Il rehausse le goût des aliments, combine les saveurs, mais il ne fera jamais du bon avec du mauvais !

Faire son marché

Quand tu as choisi une recette, tu te procures les ingrédients. Mais beaucoup de grands chefs font l'inverse : c'est au marché qu'ils décident de la recette, en fonction des produits les plus alléchants qu'ils trouvent. Le marché, c'est déjà un plaisir gourmand ! Tu y trouves de tout, et même ce que tu ne cherchais pas : variétés anciennes ou spécialités locales. Tu peux comparer les prix, la fraîcheur des produits... et le sourire des commerçants !

QUELQUES TRUCS

- Fruits et légumes doivent être fermes et brillants, sans taches ni coups.
- Ne laisse pas attendre des légumes trop longtemps au frigo : ils perdent leurs vitamines et deviennent moins bons pour la santé !
- Lis les dates qui figurent sur l'emballage des produits pour choisir les plus frais (ils sont souvent cachés derrière les autres dans le rayon).
- Méfie-toi des apparences : ce n'est pas toujours le fruit le plus gros et le plus beau qui a le plus de goût. Une viande trop rouge est sans doute colorée artificiellement par des produits chimiques ou par les lumières rosées du magasin...

STÉRILISÉ...

Les aliments stérilisés ont perdu beaucoup de vitamines. Ce n'est donc pas très sain de se nourrir uniquement de conserves. Ne consomme pas celles dont le couvercle est bombé, ou dont la boîte est déformée ou présente des coups. Les produits surgelés, eux, gardent l'essentiel de leurs vitamines.

CONGELÉ...

Le froid « endort » les microbes mais ne les tue pas : dès qu'un aliment est décongelé, ces bestioles reprennent tranquillement leurs activités... Il faut donc manger rapidement un aliment décongelé, comme un produit frais. Et il ne faut jamais le recongeler !

LES CONSERVES

Comment conserver les aliments tout au long de l'année ? Un Français, Nicolas Appert (1749-1841), cuisinier et confiseur, découvre un procédé révolutionnaire : la stérilisation. Il enferme du lait et des légumes dans des bocaux en verre parfaitement bouchés, et les met à bouillir dans une marmite remplie d'eau. Plusieurs mois après, le contenu est encore bon à manger : la conserve est née ! Plus tard, les boîtes en fer-blanc, plus solides et économiques, s'imposeront.

Toujours frais ?

Rien de meilleur que les produits frais ! Avec eux, tu fais à la fois le plein de saveurs et de vitamines. Que tu te fournisses au marché, au petit magasin du coin ou dans une grande surface, choisis de préférence les produits de la saison et ceux de la région où tu habites (ils ont moins voyagé). Quant aux conserves et surgelés, ils te permettent de manger varié, même en plein hiver !

SURGELÉ OU CONGELÉ ?

La première « machine à produire de la glace artificiellement » date de 1857, mais les premiers réfrigérateurs ne font leur entrée dans les maisons qu'en 1922. Aujourd'hui, la conservation par le froid fait partie du quotidien. Sont appelés « surgelés » les aliments soumis à un froid très vif (− 40 ou − 50 °C), pendant un temps très court. Mais quand tes parents mettent dans le congélateur un reste de plat cuisiné, ils le « congèlent » (le plat sera progressivement gelé à cœur, à un froid moins intense).

Le plaisir du repas

Le repas, c'est l'occasion de se retrouver autour d'une table, en famille ou avec des amis, pour partager des aliments, mais aussi des idées, des rires, des émotions... C'est la fête au quotidien !

MERCI LES CUISINIERS !
c'était bon !

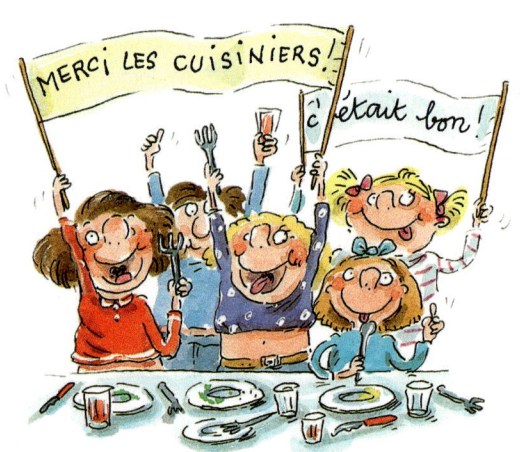

Tous ensemble

« Quand est-ce qu'on mange ? » Pour un affamé comme toi, le repas est une nécessité vitale ! Mais cette réunion autour d'une table bien garnie est aussi un moment de rencontre privilégié. Les membres d'une même famille sont « obligés » de partager la même table, et c'est parfois la seule occasion de la journée pour se retrouver... Une étude réalisée auprès de milliers d'enfants de 10-11 ans montre qu'ils considèrent le repas comme le symbole de la vie familiale. Et qu'ils trouvent important de bien cuisiner pour ceux qu'on aime !

Merci, les cuisiniers !

Tu t'es régalé d'un plat, chez toi ou chez des amis ? Ne crois pas que le fait que tu aies mangé comme quatre suffise à prouver que c'était bon. Pourquoi ne pas le dire ? Ça fait tellement plaisir ! Quand on te propose une préparation nouvelle, fais l'effort d'en goûter. Et s'il y a des choses que tu ne peux vraiment pas avaler, explique-le gentiment. Quand tu prépareras tes premiers plats, tu verras que l'opinion des convives compte !

Chiffre

1 Français sur 4 démarre son repas du soir par une soupe.

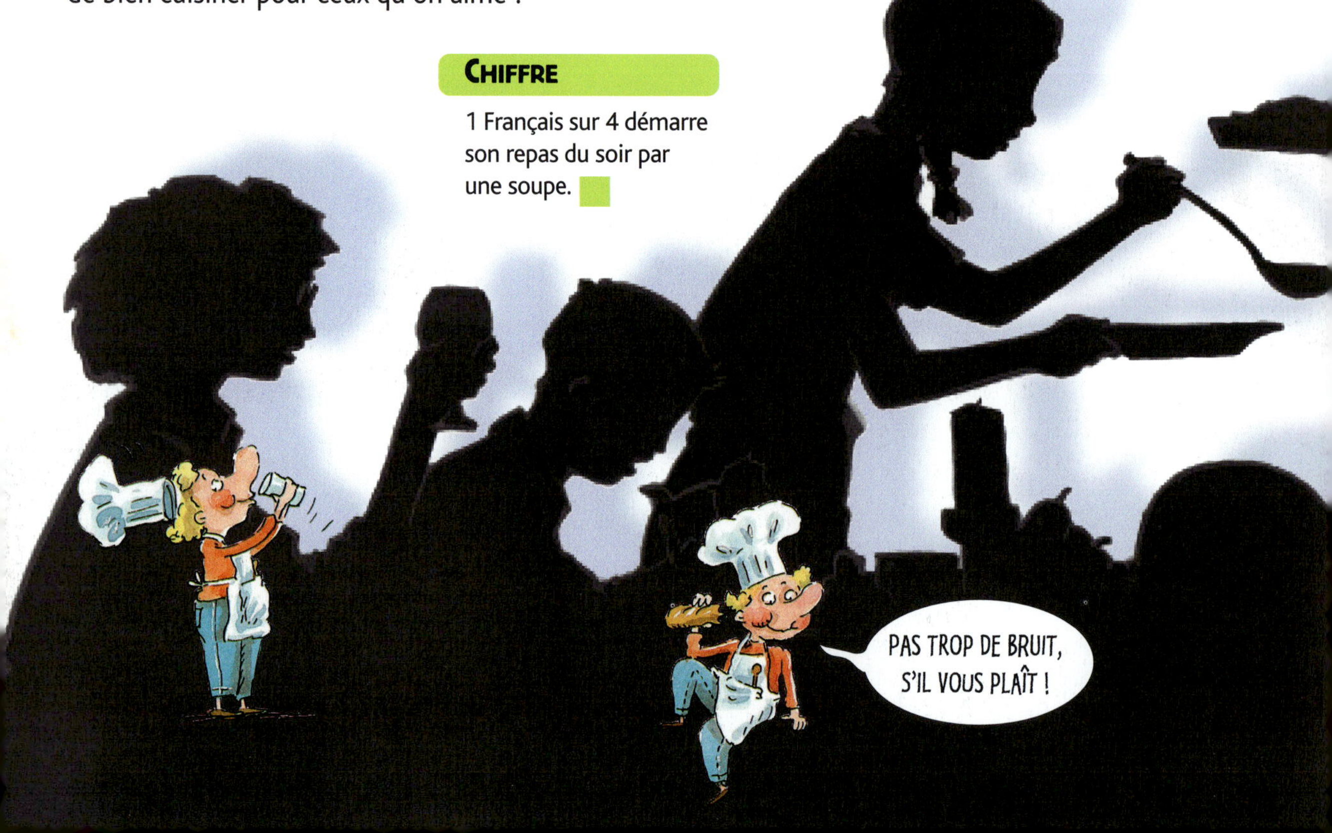
PAS TROP DE BRUIT, S'IL VOUS PLAÎT !

Savoir-vivre à table

« Lave-toi les mains avant de manger », « Ne mets pas tes coudes sur la table », « Ne commence pas à manger avant que tout le monde soit servi », « Ne fais pas de bruit en mangeant ta soupe »... Tu as déjà entendu ces petites phrases si énervantes que les parents disent « pour ton bien » ! Mais imagine une table où tout le monde tremperait ses mains sales dans les plats, où les moins rapides – ou les plus éloignés – se retrouveraient sans rien dans leur assiette. Avec les bruits divers, plus ou moins répugnants, il n'y aurait plus moyen de se parler...

Pris dans le calme et la bonne humeur, un repas même copieux sera mieux digéré et profitera à ton corps ! Évite donc de faire de la table un lieu de conflits... Manger en regardant la télé ou en lisant n'est pas non plus recommandé pour la digestion.

ÇA NE SE FAIT PAS !

Certaines règles de savoir-vivre ont évolué. Avant, les enfants n'avaient pas le droit de parler à table. Et il était très impoli de manger dans la rue...

LES RÈGLES DU REPAS

Chaque région du monde a ses traditions culinaires, et l'organisation du repas peut beaucoup varier d'un endroit à l'autre. En France, déjeuner et dîner, les deux repas principaux, suivent les mêmes règles de base en ce qui concerne la succession des plats : hors-d'œuvre, entrée, plat principal, dessert (précédé ou non du fromage). L'usage veut aussi que le poisson précède la viande, si les deux sont au menu. Mais il existe des pays où l'on sert tous les plats sur la table en même temps !

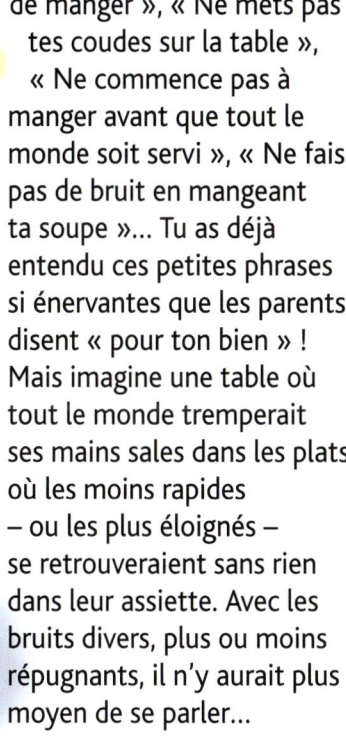

L'art de la table

Pas besoin d'une baguette magique pour
faire des miracles dans ce domaine !
Avec quelques notions des bons usages,
une pincée de goût et un zeste d'imagination,
tu vas installer une table de rêve...

DENTS EN HAUT OU DENTS EN BAS ?

Jadis, les gens riches avaient des couverts en argent gravés. Pour que les initiales du maître de maison soient visibles, il fallait que les dents de la fourchette et le creux de la cuillère soient tournés vers la table. La tradition est restée... en France. En Angleterre, on fait l'inverse !

LES INDISPENSABLES

Le couteau existe depuis très longtemps : les hommes préhistoriques s'en bricolaient déjà avec un simple éclat de silex. La cuillère est également très ancienne. La fourchette, elle, fait son apparition à la fin du Moyen Âge. C'est à la même époque que l'assiette en faïence commence à remplacer l'écuelle, et les verres, les gobelets. Mais tous ces objets ne sont utilisés par la majorité des gens que depuis 200 ans.

En Afrique...

En Italie...

Avec ou sans table

On ne mange pas assis autour d'une table depuis toujours. Les Romains, par exemple, avaient coutume de prendre leurs repas couchés sur un lit... C'est à partir du Moyen Âge que la table trouve sa place dans les foyers. À cette époque, elle n'est souvent qu'une simple planche posée sur des tréteaux. Depuis, elle s'est fait une beauté : on l'a ornée, pomponnée, couverte de tissus fins et d'argenterie...

En France...

verre à vin

verre à eau

Le verre à eau se place devant l'assiette, avec, à sa droite, le verre à vin.

VRAI OU FAUX ?

Le couteau doit toujours être mis avec le côté tranchant tourné du côté opposé à l'assiette.

Faux. Il faut mettre le couteau avec son tranchant côté assiette. Ainsi, on ne risque pas de se blesser en le prenant.

Et ailleurs ?

Dans le monde, il n'y a qu'une minorité d'utilisateurs de couteaux et de fourchettes. En Chine (plus d'un milliard d'habitants !) et dans beaucoup d'autres pays asiatiques, ce sont les baguettes qui sont de rigueur. En Afrique, il y a tout un art de manger avec les doigts. En Occident même, les coutumes de table changent d'un pays à l'autre : en Italie ou aux États-Unis, beaucoup de gens mangent debout le midi devant des comptoirs de snack, alors que ce n'est pas fréquent chez nous...

HEY ! LE COUTEAU EST À DROITE !

LES LOIS DE LA TABLE

Tu as été désigné pour mettre la table. Pourquoi ne pas faire les choses bien ?
À l'emplacement de chaque convive, tu disposes une assiette plate, sur laquelle tu places une assiette creuse s'il y a du potage. Ensuite, tu mets le couteau et la cuillère à soupe à droite de l'assiette, et la fourchette, à gauche. Pourquoi ? Parce que c'est plus facile de porter la cuillère à sa bouche et de guider son couteau avec la main droite. Tu es gaucher ? Tais-toi et mange !

En Chine...

En Espagne...

couteau à droite, le côté tranchant vers l'assiette

fourchette, à gauche, pointe sur la table

clac clac !

Aux États-Unis...

Mise en scène

Une jolie nappe, quelques bougies, et c'est le signal de la fête. Mais si tu veux raffiner ton décor, prévois du temps pour tes préparatifs. Fleurs ou feuillages égaieront la table. Marque-places originaux ou petits cadeaux surprendront les invités...

Idées déco

LES FLEURS

Pas besoin d'un gros bouquet (au contraire, un grand vase oblige à jouer à cache-cache avec son voisin !). Une fleur fraîche dans un verre devant chaque invité, ou une guirlande disposée au milieu de la table font beaucoup d'effet.

Idées déco

LA VERDURE

Elle donne un décor pas cher et original : feuillages (lierre, laurier...), branches sur lesquelles tu peux accrocher des rubans colorés, ou même des sujets en pâte d'amandes ou des petits cadeaux.

Idées déco

NAPPE, SERVIETTES, ASSIETTES, PLATS, COUPES...

Mais aussi papier crépon, étoiles, confettis, ballons, banderoles... Fais un inventaire des possessions de la maison pour savoir ce dont tu disposes. Assortis les couleurs ou joue les contrastes.

Idées déco

LA LUMIÈRE

Rien de plus romantique que la lueur des bougies ! N'oublie pas de disposer bougies et chandeliers sur une assiette ou un plat pour ne pas abîmer la nappe avec les écoulements de cire.

Bonne place

As-tu pensé au « plan de table » ? Car le succès du repas en dépend aussi... Si tu mets l'un à côté de l'autre des gens qui ne s'entendent pas, bonjour l'ambiance ! Normalement, le maître et la maîtresse de maison sont assis l'un en face de l'autre. Pour les autres places, ton objectif est de faire plaisir à tous... Pas si facile !

L'art de plier les serviettes

Il existe mille et une manières de plier les serviettes. Peut-être inventeras-tu la tienne ? Les plus habiles les transforment en rose, en lapin, en oiseau… Voici trois idées de pliage, faciles à réaliser.

Attention : tu peux essayer avec des serviettes en papier, mais le résultat n'est pas aussi beau. Pour bien réussir tes pliages, il vaut mieux des serviettes en tissu épais (les plis tiennent mieux), de couleur unie (c'est dommage de cacher le dessin des serviettes décorées), et assez grandes.

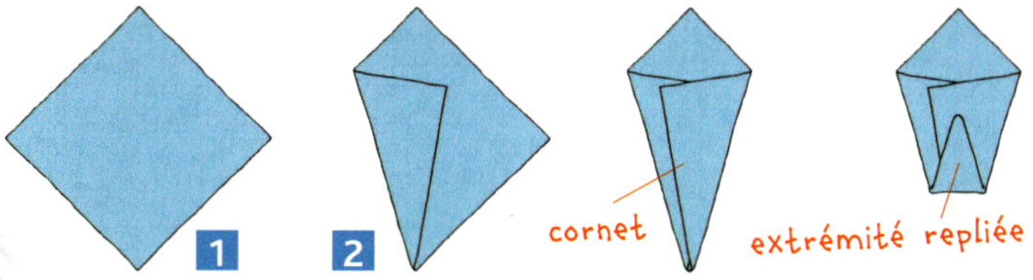

1 **2** cornet extrémité repliée **3**

Le cache-pain

1 Plie ta serviette en quatre.

2 Puis fais un cornet dont tu replies l'extrémité.

3 Retourne le tout. Mets-la sur l'assiette ou à côté de l'assiette, avec un petit pain caché sous la pointe.

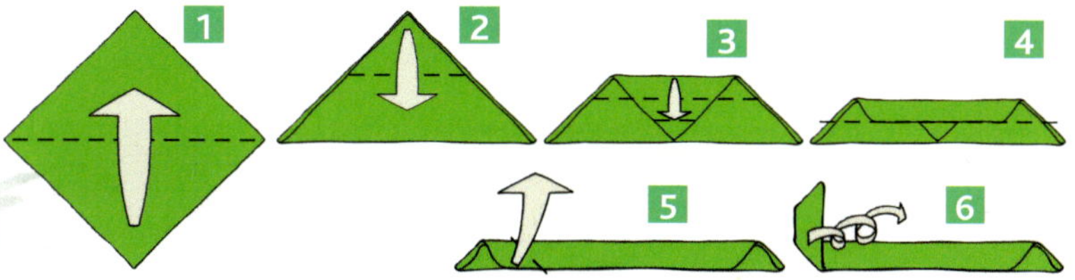

1 **2** **3** **4** **5** **6**

La chandelle

1 Plie la serviette en deux dans le sens de la diagonale.

2 Rabats les pointes en bas. **3** et **4** Replie deux fois vers le bas. **5** Prends l'extrémité gauche de la serviette, qui va devenir la flamme, et redresse-la. **6** Puis enroule-la vers la droite dans le reste de la serviette. Rentre le bout en dessous. Fais tenir ta chandelle debout.

L'éventail

1 et **2** Plie ta serviette en trois. Le bord inférieur de la serviette ne doit pas atteindre le sommet. **3** Plie-la en accordéon. Pince le bas entre tes doigts : ton éventail se déplie. Dispose-le dans un verre (l'effet est plus joli dans un verre à vin).

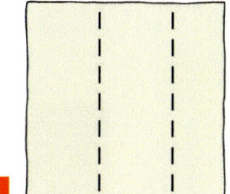

1

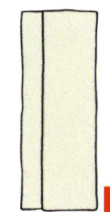

2

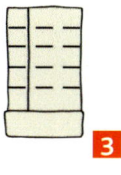

3

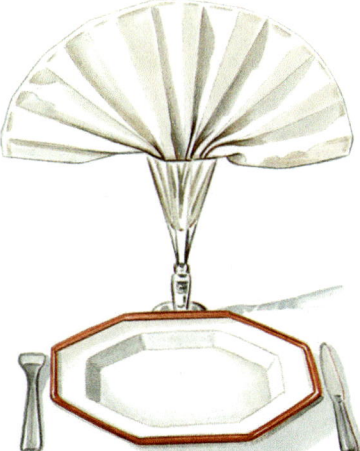

CONSEILS
& ASTUCES

Tu as repéré
une recette ?
Tu brûles
de l'essayer ?
Il te suffit
de connaître
quelques trucs et tours
de main pour te débrouiller
comme un chef !

CUISINE

ne pas déranger

Les secrets du cuisinier

Tu vas prendre possession de la cuisine... Fais-en le royaume de l'efficacité et de la propreté, comme un vrai professionnel !

Assurance tous risques

Fais un petit sondage auprès de quelques adultes : tu verras qu'ils se sont déjà tous coupés ou brûlés en faisant la cuisine. Ce n'est pas une raison pour refermer à tout jamais ton *Copain de la cuisine* ! Prends seulement la précaution d'avoir un adulte à proximité, qui pourra superviser le déroulement des opérations, et t'assister si nécessaire.

ATTENTION, C'EST CHAUD !

Les cuisiniers « jouent avec le feu », et les risques de brûlure sont réels... Enfile toujours un **gant de cuisine** quand tu dois manier une casserole ou un plat chaud. Méfie-toi de la **vapeur**, quand tu soulèves un couvercle. N'ajoute jamais d'eau, ou de légumes trop mouillés, dans de l'**huile chaude** : au contact de l'eau, l'huile saute dans tous les sens. Gare au visage ! Demande à un adulte de mettre, et surtout de sortir, les plats du four. Et de verser la casserole pleine d'eau bouillante des pâtes... N'oublie pas de poser les casseroles sur la cuisinière avec le **manche tourné sur le côté**, pour éviter de les renverser.

N'oublie pas de mettre un gant.

Attention à la vapeur. C'est chaud.

NON

OUI

Rentre bien le manche de la casserole !

Attention à l'huile qui saute !

Débuts tranquilles

Tu es décidé à faire une recette ?
Super ! C'est peut-être le début d'une
vocation de grand chef... Mais quelques
mesures s'imposent pour que tes essais
ne transforment pas la cuisine
en un champ de bataille... D'abord,
prévois d'avoir du temps devant toi :
un après-midi tranquille, par exemple.
Si tu commences ta préparation
au dernier moment, tu risques
de rater le dessert du siècle parce
que tu t'énerves... Dommage !

ATTENTION, ÇA COUPE !

Pense à utiliser une planche à découper et un couteau bien aiguisé.
Tiens toujours ton couteau pointe en bas ; maintiens ce que tu
découpes fermement, les doigts placés le plus loin possible de la
lame pour qu'ils soient à l'abri d'un dérapage. Et si tu ne te sens
pas sûr de toi, demande à un adulte de le faire à ta place : les plus
grands cuisiniers ont leurs assistants !

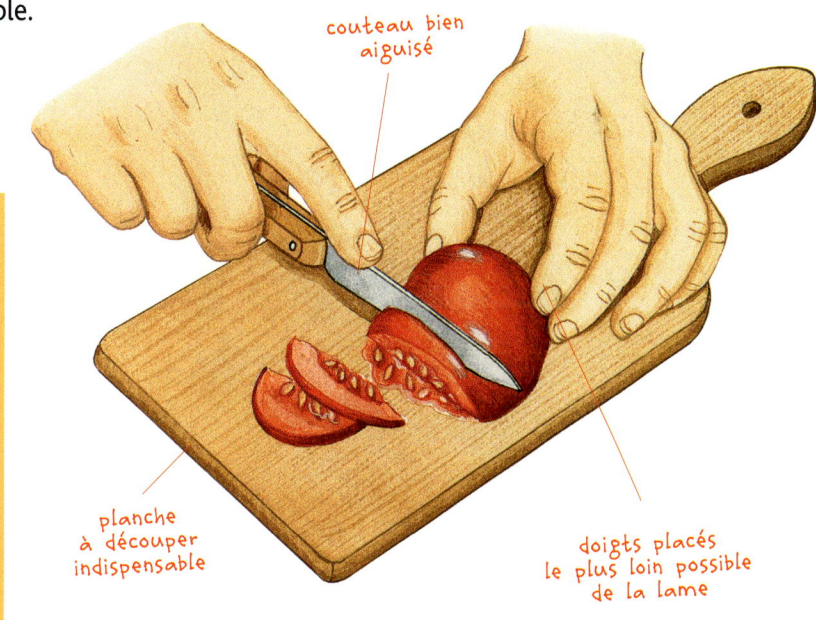

couteau bien
aiguisé

planche
à découper
indispensable

doigts placés
le plus loin possible
de la lame

SI TU AS BESOIN
D'AIDE, JE SUIS LÀ !

CONSEIL

Avant de commencer,
lave-toi toujours les mains, et
retrousse tes manches. Le tablier
est une bonne solution, si tu ne
veux pas voir ton T-shirt décoré de
taches de tomate ou de chocolat...
Ton plan de travail doit être propre
et dégagé. Lis attentivement la liste
des ingrédients, et prépare
les produits et les ustensiles dont
tu auras besoin (c'est très agaçant
d'avoir à les chercher quand tu es
occupé à cuisiner !). Essaie de ne
pas te laisser envahir par la vaisselle
sale. Nettoie et range au fur
et à mesure. Et surtout, sois sympa :
pense à remettre la cuisine en ordre
quand tu as fini !

Seul... ou avec des copains ?

La cuisine, c'est aussi une chouette activité à partager. Mais une bonne collaboration exige une bonne organisation...

Une fine équipe

Deux ou trois marmitons pour une seule recette ? Pourquoi pas ? Inviter un ou deux copains à fabriquer – et à manger ! – avec toi le gâteau qui couronnera l'après-midi, ça peut être une super idée ! Faire la cuisine à plusieurs, c'est sympa et instructif. Et surtout, déguster ce qu'on a réussi ensemble, quelle fête !

La cuisine à plusieurs, c'est possible... si ta cuisine n'est pas trop petite. Au-delà d'une équipe de deux ou trois, ça tourne vite à la foire... Réserve le travail en groupe à la préparation de « grands événements » (pique-niques ou fêtes d'anniversaire). Un volontaire s'occupera de l'organisation, et veillera à ce que chacun ait son rôle.

Qui fait quoi ?

La première chose à décider, en fonction des indications de la recette, c'est la répartition des tâches, la plus équitable possible. Pas question que l'un d'entre vous se retrouve seul condamné à la corvée d'épluchage ou de nettoyage ! Établir clairement qui fait quoi avant de commencer vous évitera d'avoir à gérer des conflits au moment le plus délicat de la recette... Se disputer pour savoir qui tourne la cuillère n'est pas idéal pour réussir la pâte !

Au menu

**Un plat, plus un plat, plus un plat égale...
un repas. En combinant les recettes, c'est
un vrai menu que tu composes. Tout un art !**

C'est quoi, un vrai repas ?

Entrée, plat principal, dessert... Fruits et légumes pour les
vitamines, féculents comme le riz ou les pâtes pour l'énergie,
viande, poisson et produits laitiers pour grandir... Que ça paraît
compliqué, de préparer un repas équilibré ! Rassure-toi. Tu n'es pas
obligé de respecter toutes les règles de la diététique à chaque fois
que tu manges : l'équilibre
alimentaire se construit
tout au long de la journée.
À l'occasion, un plat unique
du style pâtes au jambon fait
plaisir à tous... sans danger
pour la santé !

*TOI, TU COUPES,
ET TOI, TU SERS !*

*Tu retrouveras
les numéros de page
de ces recettes
en fin de livre.*

CONSEIL

Quand tu crées ton
menu, tu es libre de
te laisser guider par tes goûts
ou par ceux de tes invités...
Mais il y a quand même
de petites erreurs à ne pas
commettre. Évite de mettre
à ton menu deux fois le
même produit. Si tu as du riz
aux légumes comme plat
principal, le riz au lait en dessert
risque de lasser... Souviens-toi
aussi que le bourratif appelle
le léger. Après un gratin
de pommes de terre,
une petite salade ira mieux
que des nouilles !

Menu Hiver
- Soupe pois cassés-croûtons
- Bœuf à la catalane
- Salade banane-mangues

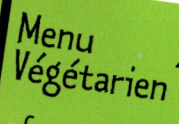

**Menu
Végétarien**
- Carottes à l'orange
- Potiron Cendrillon
- Gâteau au chocolat

Voici des exemples de menus
composés avec des recettes
de ton *Copain de la cuisine*...
juste pour stimuler
ton inspiration.

Menu Été
- Caviar d'aubergines
- Brochettes d'agneau à l'orientale
- Pêches cœur de glace

Menu Marin
- Pamplemousse aux crevettes
- Patates pirates
- Fruits rouges à la nage

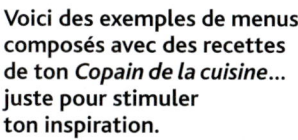

Les ustensiles

Pour faire la cuisine, tu as besoin d'un minimum de matériel. En cherchant bien, tu trouveras tout ce qu'il te faut dans les tiroirs et les placards de la cuisine.

Les indispensables

Pas moyen de se débrouiller sans ces objets !
Il faudrait vraiment que tes parents soient abonnés au restaurant pour qu'ils ne les possèdent pas !

COUTEAU ÉCONOME

Facile à utiliser, il remplace le couteau de cuisine pour l'épluchage de beaucoup de légumes, avec moins de risques de se couper.

cuillère en bois

couteau économe

ciseaux

spatule en bois

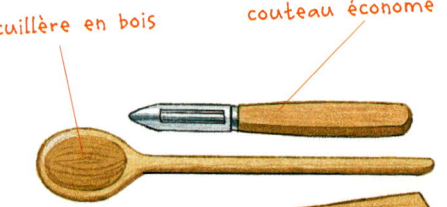

CUILLÈRE ET SPATULE EN BOIS

Pourquoi en bois ? Essaie de laisser une cuillère en métal dans une casserole qui chauffe… Ou plutôt n'essaie pas : ce serait dommage de te brûler pour ta première recette !
La cuillère sert à mélanger, la spatule à empêcher les aliments d'attacher au fond de la casserole.

dessous-de-plat

planche à découper

couteaux de cuisine

COUTEAUX DE CUISINE

L'idéal est d'en avoir de différentes tailles : un petit couteau sera parfait pour éplucher de l'ail… mais un peu juste pour couper un melon !

ROULEAU À PÂTISSERIE

(Une bouteille en verre fait aussi l'affaire.)

jatte

saladier

rouleau à pâtisserie

bols

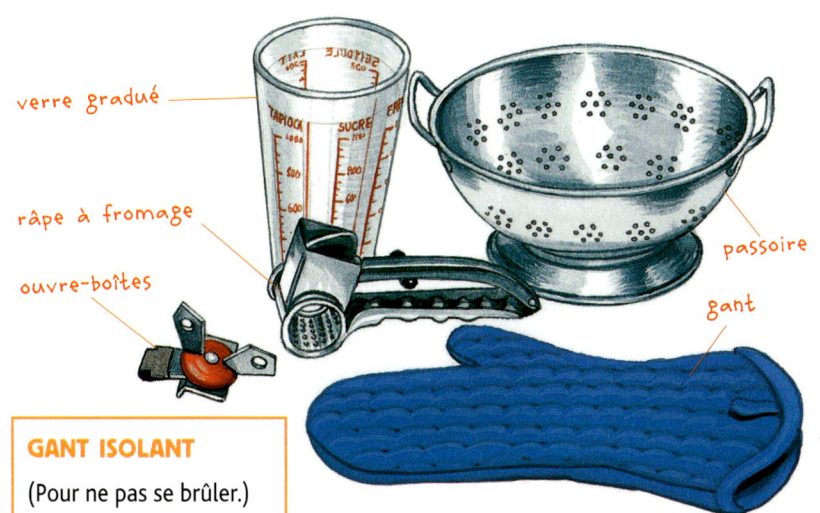

verre gradué

râpe à fromage

ouvre-boîtes

passoire

gant

GANT ISOLANT

(Pour ne pas se brûler.)

POIDS ET MESURES

Petit rappel des unités couramment utilisées en cuisine :

1 litre

= 10 décilitres (dl)
= 100 centilitres (cl)
= 1 000 millilitres (ml)
= 1 000 centimètres cubes (cm^3 ou cc)

1 litre d'eau

= 1 kilo = 1 000 grammes

1/2 litre = 50 cl = 500 cc

1/4 de litre = 25 cl = 250 cc

VERRE GRADUÉ

(Aussi appelé verre doseur.)
Il permet de mesurer facilement les volumes de liquides (eau, lait), mais aussi le poids de quantité d'ingrédients : farine, sucre, semoule, riz, cacao...
Tu t'en serviras tout le temps.

CASSEROLES

Il en faut au moins deux : une grande et une petite.

TOUT EST PRÊT ?

JE PÈSE 31 LITRES D'EAU !

casserole

sauteuse

poêle

fait-tout

moule à tarte

moule à tarte avec fond amovible

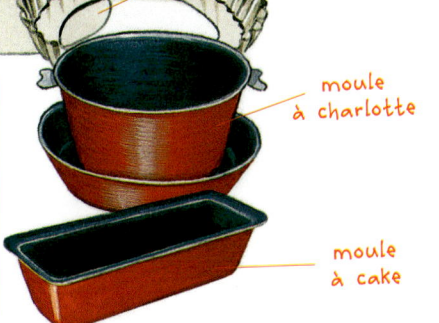

moule à charlotte

moule à cake

MOULES

Préfère ceux qui ont un revêtement antiadhésif : ils attachent moins et demandent donc moins de matière grasse.
Il existe des moules à tarte dont le fond est amovible, qui permettent de démouler plus facilement, mais réserve leur usage à des préparations qui ne coulent pas...

PLATS

Avant de mettre un plat au four, assure-toi qu'il supporte la chaleur (il peut fondre ou se casser...).
Si tu n'en as pas, tu peux utiliser un moule à gâteau ou à tarte.

Les utiles

Certains sont presque indispensables, d'autres tiennent plus du gadget utile. Tous ces ustensiles peuvent te faciliter la vie pour l'une ou l'autre recette.

presse-purée

FOUET

Une simple fourchette suffit pour battre une omelette, mais pour éviter les grumeaux dans les sauces et faire monter la mayonnaise, difficile de s'en passer...

vide-pomme

fouet

piques pour brochettes

écumoire

ÉCUMOIRE

Pour sortir un morceau de viande ou un œuf poché d'un liquide.

CONSEIL

Attention : ne touche jamais un appareil électrique (batteur ou mixeur) avec des mains mouillées. Essuie-les bien avant de t'en servir.

balance

bol mixeur

BALANCE

Pense à remettre l'aiguille sur le zéro avant de t'en servir pour peser les ingrédients.

mixeur

batteur

pinceau à pâtisserie

moules à tartelettes
et à petits fours

louche

emporte-pièce
de différentes
formes

CHOISIS BIEN !

SPATULE EN CAOUTCHOUC

Pratique pour vider complètement un récipient rempli de pâte ou de crème.

presse-citron

spatule
en caoutchouc

pelle à poisson

PELLE À POISSON

Sert aussi pour détacher une omelette ou retourner les crêpes.

papier aluminium

PAPIER DE CUISSON OU PAPIER ALUMINIUM

Pour mettre dans les fonds des moules ou pour les papillotes.

papier de cuisson

presse-ail

COT! COT! COT!

PAS À LA COCOTTE !

La cuisson

« Un poisson mal cuit est un poisson mort pour rien » (proverbe chinois). La cuisson est une affaire sérieuse... dont tu vas découvrir les mystères.

À FEU DOUX OU À FEU VIF

Tu as décidé de cuire ta cuisse de poulet plutôt que de la manger crue ? D'accord, mais comment ? Lentement, à petit feu, ou bien à grandes flammes ? Vas-tu la « rôtir », la « faire sauter », ou la « braiser » ?

Le miracle de la cuisson

Ton gâteau cuit au four. Observe-le par la vitre : il gonfle progressivement, le dessus durcit, forme une croûte et dore. Quand tu ouvres la porte du four, un parfum délicieux s'en échappe... La pâte que tu as mise dans le moule il y a trois quarts d'heure a beaucoup changé, d'aspect et de goût ! Sous l'effet de la chaleur, elle a subi des réactions chimiques, et sa composition s'est modifiée : les millions de molécules qu'elle contient se sont agencées différemment.

HÉ ! C'EST CUIT !

N'oublie pas que le four est brûlant !

Cuit, c'est meilleur !

Pourquoi s'embêter à cuire ? Pour certains produits, pas moyen de faire autrement : crus, ils sont carrément immangeables. Essaie donc la cuisse de poulet crue... L'amidon de la pomme de terre est indigeste tant qu'il n'est pas transformé par la cuisson. Le manioc, base de l'alimentation de beaucoup de pays africains, est un véritable poison s'il n'est pas longuement travaillé et chauffé. Mais la cuisson est surtout une affaire de gourmandise.

Les progrès de la cuisson

Depuis qu'il maîtrise le feu, l'homme a imaginé de nombreuses méthodes pour faire chauffer ses aliments, et a inventé différents « outils » pour rendre la cuisson plus facile et plus efficace. Du fourneau à bois, on est passé à la cuisinière au charbon mais, à présent, c'est le gaz et l'électricité qui se disputent l'équipement des cuisines.

Gaz ou électricité ?

Avec la cuisinière au gaz, tu passes instantanément du feu le plus doux au feu le plus vif, et, comme tu vois la flamme, tu la règles facilement. La bonne vieille plaque électrique

en métal n'a pas cet avantage (attention : elle reste brûlante longtemps après que tu l'as coupée !), mais elle est idéale pour mijoter tout doucement. Avec les nouvelles technologies (halogène, induction...), il est maintenant aussi facile de cuisiner à l'électricité qu'au gaz. Question de goût... D'ailleurs, le feu de bois a toujours ses partisans !

AU FOUR

Chaque four est différent : avant de t'en servir, demande conseil à ceux qui l'utilisent tous les jours. Ils le connaissent et savent s'il cuit plus ou moins vite ou fort. Pour les recettes au four de ton *Copain de la cuisine*, tu trouveras souvent une indication générale (chaleur douce, modérée, très chaude...). Voici un tableau qui t'aidera à t'y retrouver entre les chiffres indiqués sur le thermostat et les températures.

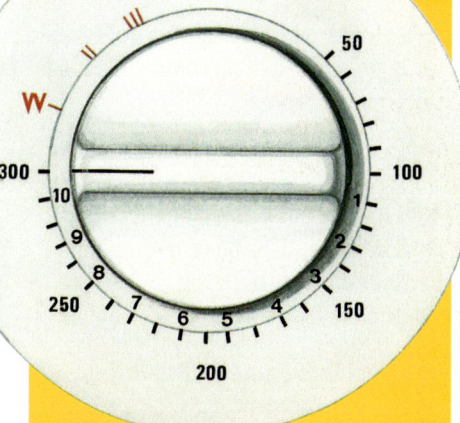

Thermostat :
bouton de réglage de la température

TEMPÉRATURE	THERMOSTAT	CHALEUR	ALIMENTS
100-120 °C	1	à peine tiède	meringues
120-140 °C	2	tiède	macarons
140-160 °C	3	très douce	crèmes
160-180 °C	4	douce	ragoûts
180-200 °C	5	modérée	biscuits, flans
200-220 °C	6	moyenne	gâteaux, soufflés
220-240 °C	7	assez chaude	tartes, poisson
240-260 °C	8	chaude	viande
260-280 °C	9	très chaude	grillades, gratins
280-300 °C	10	très vive	gratins

LES MOTS DE LA CUISSON

Bain-marie : une grande casserole remplie d'eau chaude dans laquelle on trempe une plus petite casserole contenant l'aliment à cuire. Une cuisson tout en douceur.

Blanchir : plonger quelques instants dans l'eau bouillante.

Blondir (faire blondir) : faire prendre une couleur légèrement dorée en faisant revenir doucement.

Bouilli : cuit dans l'eau, à gros bouillons.

Braiser : cuire doucement une viande dans une casserole bien fermée.

Court-bouillon : liquide aromatisé et épicé dans lequel on fait cuire le poisson.

Déglacer : ajouter un peu de liquide dans le fond de cuisson pour en faire une sauce.

Frémir : quand un liquide commence à s'agiter, avant qu'il ne bouille avec de grosses bulles.

Frire : plonger dans une grande quantité de matière grasse très chaude.

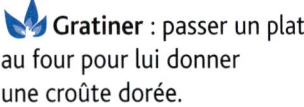

Gratiner : passer un plat au four pour lui donner une croûte dorée.

Griller : cuire au-dessus des braises, sur la grille du four, ou sur une plaque brûlante, sans matière grasse.

Mijoter : cuire tout doucement, à petit feu.

Paner : passer un aliment dans la farine, dans un œuf battu et dans la chapelure, avant de le faire frire.

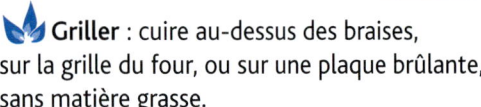

Papillote (cuire en papillote) : envelopper l'aliment dans une feuille d'aluminium ou un papier de cuisson pour qu'il cuise dans son jus, au four.

Pocher : cuire (des œufs, du poisson...) dans une eau à peine bouillante.

Poêler : faire cuire à la poêle.

Pression (casserole à pression ou Cocotte-Minute) : l'eau bout à 100 °C, c'est connu... sauf si on augmente la pression de l'air dans la casserole.

Dans une casserole à pression la vapeur atteint 150 °C, les aliments y cuisent donc beaucoup plus vite !

Revenir (faire revenir) : cuire dans un peu de matière grasse.

Rissoler : faire revenir l'aliment de tous côtés jusqu'à ce qu'il se couvre d'une enveloppe croustillante.

NON, PAS AU MICRO-ONDES !

Rôtir : cuire dans un four bien chaud une viande sans sauce.

Saisir : jeter l'aliment dans la matière grasse très chaude pour qu'il dore rapidement en surface et reste cru à l'intérieur.

Sauter (faire sauter) : faire revenir à feu vif.

Vapeur (cuire à la vapeur) : cuire dans un panier suspendu au-dessus d'un liquide bouillant.

Le four à micro-ondes

Tu en as peut-être un chez toi : un foyer européen sur deux possède un four à micro-ondes ! Cet appareil étonnant réchauffe ton bol de chocolat en une minute à peine.

OUI
NON
OUI

verre de lait
casserole
papier alu
surgelé en barquette spécial M-O
assiette

Oui ou non ?

Si tu veux réchauffer vite fait du lait, faire fondre du chocolat, dégeler un plat surgelé, le micro-ondes est pratique. Il est aussi parfait pour le poisson, les légumes ou les ragoûts. Mais il ne convient ni pour réchauffer du pain, qu'il rend tout mou, ni pour faire cuire des gâteaux, qui ne dorent jamais, ni pour rôtir la viande, sauf si c'est un modèle qui fait gril en même temps. N'utilise pas de plat ou de casserole en Inox ou en aluminium, parce que le métal arrête les ondes, et vérifie que le récipient en plastique dont tu te sers supporte la chaleur.

Pas de danger !

Les ondes électromagnétiques du four ne sont pas plus dangereuses que celles de la télévision...

Cuisson au radar

C'est un ingénieur américain, Percy Spencer, qui imagina la cuisson au micro-ondes dès 1945. Il remarqua que les tubes utilisés dans les radars produisent de la chaleur, et il eut l'idée d'y soumettre des aliments : le maïs se transforma aussitôt en pop-corn, et le chocolat se mit à fondre !

Chiffre

2,5 milliards de fois par seconde, c'est la vitesse à laquelle les molécules des aliments s'agitent quand elles sont soumises à ces ondes électromagnétiques.

Chaud dedans !

Traditionnellement, les fours chauffent les aliments par l'extérieur. Le micro-ondes, lui, les chauffe aussi de l'intérieur. Les ondes électromagnétiques traversent la surface de l'aliment et agitent ses molécules d'eau. C'est cette agitation qui produit de la chaleur. Le plat, qui ne contient pas d'eau, sera donc moins chaud que l'aliment, à l'inverse d'un four traditionnel !

Les tours de main

Pour impressionner les spectateurs, il suffit de quelques gestes de « pro ». Avec un peu d'entraînement, c'est le succès assuré... pour tes recettes aussi !

Casser un œuf en séparant le blanc du jaune

jaune d'œuf

blanc d'œuf

Tape doucement la coquille sur le bord d'un bol. Avec tes pouces, tu ouvres l'œuf en deux au-dessus du bol, en laissant couler le blanc et en gardant le jaune dans une demi-coquille. Tu passes délicatement le jaune d'une coquille dans l'autre (sans le crever !), jusqu'à ce que tout le blanc soit tombé dans le bol.

blancs en neige

Faire monter des blancs d'œufs en neige

Quand on bat très fort des blancs d'œufs, avec un fouet, ou avec un batteur, ils commencent par mousser, puis la mousse durcit : on obtient alors des « blancs en neige ».

TRUC

Mets toujours une petite pincée de sel dans tes blancs avant de les battre.

Beurrer un moule

Pour que ton plat ou ton moule n'attache pas, enduis-le de matière grasse, beurre, margarine ou huile (en t'aidant éventuellement d'un papier absorbant). Si c'est un moule à gâteau, tu peux en plus le saupoudrer de farine. Cela s'appelle « fariner » le moule.

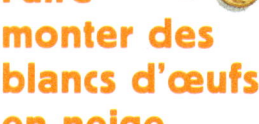
ÇA SENT LE ROUSSI

Le fond de la casserole est en train de brûler ! Tout n'est pas perdu : verse ce qui n'est pas attaché dans une autre casserole, sans gratter le fond. Et continue ta cuisson à feu plus doux !

Aplatis bien dans tous les sens

Étendre la pâte au rouleau

Saupoudre la table de farine. Pose ta boule de pâte au milieu, écrase-la avec les mains, et saupoudre-la également de farine. Avec le rouleau, aplatis la pâte dans toutes les directions. Quand elle est bien ronde, enroule-la autour du rouleau et déroule-la à sa place dans le moule.

Démouler

Quand ton gâteau a refroidi, passe la pointe d'un couteau tout autour pour qu'il se détache bien du bord.

1 Pose une assiette sur le moule et retourne le tout. Retire le moule.

2 Recommence la même opération avec un plat. Le gâteau est démoulé... et à l'endroit !

CREUSE BIEN LA FARINE !

1

2

assiette

moule

plat

gâteau démoulé et à l'endroit

LES MOTS DES TOURS DE MAIN

Caramel (faire un caramel) : faire chauffer du sucre avec un tout petit peu d'eau. Plus il cuit, plus le caramel sera sombre et dur.

Délayer : dissoudre (de la farine...) dans un liquide.

Émincer : couper en fines tranches la viande ou les légumes.

Filets (lever les filets) : séparer la chair du poisson (les filets) de l'arête centrale qui va de la tête à la queue.

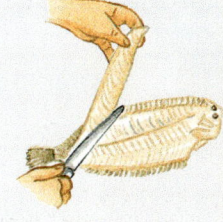

Fontaine : tas de farine en forme de volcan. On y pratique un trou au sommet, le puits, dans lequel on place les autres ingrédients de la future pâte.

Fouetter (ou battre) : aucune violence ! Il s'agit de remuer vivement un liquide (de la crème fraîche, des œufs...) avec une fourchette ou un fouet.

Grumeaux : ces petites boules de farine mal mélangées dans les sauces et les crèmes sont les ennemis du cuisinier ! On s'en débarrasse à coups de fouet... ou de mixeur !

Lier (faire une liaison) : épaissir une sauce avec un féculent (farine, fécule), de l'œuf ou de la crème.

Monter : rendre plus ferme un ingrédient liquide en le battant (monter une mayonnaise).

Tamiser : passer farine, sucre ou cacao à travers une passoire pour les rendre plus fins.

La décoration

La cerise sur le gâteau : un détail
qui change tout ! En soignant
la présentation de tes plats,
tu ajoutes le plaisir des yeux
au plaisir du palais...

Pourquoi se casser la tête ?

L'aspect des plats a presque autant d'importance
que leur goût. Tu en doutes ? Sais-tu que
le plus banal des hamburgers fait l'objet
d'une étude poussée pour que son apparence
séduise le consommateur (la viande hachée
doit dépasser du pain pour donner
une impression d'abondance, la tranche
de fromage doit fondre juste ce qu'il faut...).
Si même les fast-foods font des efforts
de présentation, tu peux en faire aussi, non ?

OH ! C'EST JOLI !

Une idée vraiment folle ?

Un plat de présentation...
en glace !

1 Dans l'évier, remplis
d'eau un très grand bol
en plastique ou en métal.
Ajoute des herbes (laurier,
persil, ciboulette, romarin,
etc.), des fleurs comestibles
(soucis, capucines...),
des rondelles d'orange,
de citron...

citron

persil

fleur

2 Place un récipient plus petit
dans le grand, en le lestant avec des
cailloux ou des haricots secs pour qu'il s'enfonce... sans couler.
Répartis bien ton décor tout autour de ce second moule et mets
le tout au congélateur.

3 Le lendemain, démoule sous l'eau chaude. Tu verras tout ton
décor apparaître en transparence au cœur de ta coupe en glace !
Idéal pour présenter des crevettes, des langoustines ou une salade
de fruits...

TOUT EN COULEURS !

Pour les plats et les entrées froides,
tu as tout ton temps pour raffiner
la présentation. Pense aux crudités
(rouge des radis ou des tomates
cerises...), aux fines herbes (vert
du persil, des feuilles d'estragon
ou de la ciboulette sur le bord
de l'assiette), aux poivrons rouges,
jaunes ou verts, aux olives vertes
ou noires, aux œufs durs émiettés
à la fourchette (jaunes et blancs
séparés).

HÉRISSON GOURMAND

Les amuse-gueules seront plus jolis et plus pratiques à picorer par les invités s'ils sont répartis dans plusieurs petites assiettes plutôt que réunis dans un grand plat. Et pourquoi ne pas les piquer sur des supports colorés : orange, poivron, pamplemousse, grosse tomate...

Tout est beau !

Prends le plat le plus banal : saucisse-purée-petits pois. Si tu jettes le tout n'importe comment dans l'assiette, c'est plutôt moche. Mais si tu mets de la purée dans un bol que tu démoules au milieu de chaque assiette, si tu la saupoudres de paprika ou de persil haché, et que tu disposes la saucisse d'un côté et les petits pois de l'autre, tu verras tout de suite, à la mine gourmande de tes invités, que le plus plat des plats, le plus menu des menus peut aussi être une fête.

De sucre et d'art

Pour les desserts, l'imagination est au pouvoir. Les magasins regorgent de décors tout faits : dragées, perles et bonbons de toutes les couleurs, ombrelles chinoises, drapeaux, etc. Pas très original, mais effet garanti ! Avec une poche à douille remplie de crème fouettée, tu peux signer ton œuvre ou écrire un mot de circonstance, mais aussi donner libre cours à ta créativité.

Le pochoir

Le pochoir permet des décors étonnants, sur les gâteaux ou sur l'assiette : de la simple étoile à la sorcière d'Halloween, en passant par les sapins et les cœurs... Découpe le motif de ton choix dans une feuille de bristol, avec des ciseaux ou un cutter (pour les dessins symétriques, plie la feuille en deux). Pose-le sur le gâteau ou sur le plat à décorer et saupoudre-le de sucre glace, de cannelle ou de cacao. Pour un résultat parfait, sers-toi d'une petite passoire pour tamiser la poudre (vois p. 61). Enlève le bristol... et admire ton œuvre !

bristol découpé

sucre glace

Crèmes de beauté !

Pour donner à un morceau de tarte ou de gâteau un air de fête, sers-le sur une assiette avec du coulis de fruits ou de la crème anglaise (vois p. 218). Sur la crème anglaise, tu peux faire une tache de coulis de fruits rouges ou de confiture de fraises (rendue liquide en la diluant avec un peu d'eau chaude). Avec le manche de la cuillère, tire la tache dans la crème comme les rayons d'un soleil. Une feuille de menthe sur le bord de l'assiette fera aussi très joli.

crème anglaise

coulis de framboises

OH ! LES GOURMANDS !

DES GOÛTS ET DU BON GOÛT

Il suffit souvent d'un peu de sens esthétique pour disposer joliment les ingrédients sur le plat ou sur l'assiette. D'une manière générale, essaie de ne pas entasser les ingrédients : il vaut mieux les disposer tout autour du plat que les mélanger au milieu. À toi de jouer avec les formes et les couleurs !

LES MOTS DE LA DÉCO

Coulis : purée liquide à base de légumes ou de fruits (tomates, fraises, abricots...).

Crème anglaise : crème liquide à base d'œufs et de lait (vois p. 218).

Crème fouettée : si tu bats de la crème fraîche liquide, tu la verras s'épaissir de plus en plus... (vois p. 119) Un régal, avec un peu de sucre ! Mais si tu la bats trop, elle se transforme en beurre !

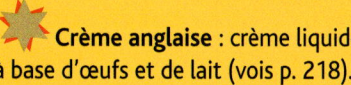

Croûtons : les croûtons de pain dorés au four ou dans l'huile sont excellents dans la soupe. En pain de mie, ils peuvent aussi servir de décoration, si on les découpe en triangles, en cœurs, en ronds...

Dorer : passer du jaune d'œuf sur une pâte avec un pinceau pour qu'elle prenne une belle couleur dorée, au four.

Garniture : les légumes qui accompagnent une viande.

Givrer (verre givré) : trempe le bord des verres dans une soucoupe remplie de jus de citron ou de sirop (menthe, grenadine, orange...) puis dans du sucre en poudre. Très joli à l'apéritif !

Glacer : couvrir le dessus d'un gâteau d'un mélange de 5 cuillères à soupe de sucre tamisé (vois p. 61) pour un blanc d'œuf. Le glaçage peut être coloré avec un colorant alimentaire.

Glaçons : personnalise-les en mettant de petites fraises, des bonbons, une feuille de menthe... dans chaque case du bac à glaçons avant de le faire geler.

Napper : recouvrir de sauce.

Zestes d'orange et de citron : très décoratifs, surtout si on arrive à les faire très longs et minces (il existe des couteaux spéciaux : les zesteurs).

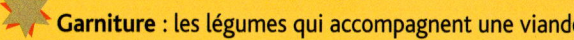

L'ART DE L'ASSAISONNEMENT

Une pincée d'épices, une poignée d'herbes, et tous les parfums du monde se donnent rendez-vous dans ton assiette ! Assaisonner un plat, c'est un geste magique : tu révèles des saveurs cachées, tu fais voyager les papilles...

Le sel

cristaux
de sel

**Utile, le sel ? Indispensable, oui !
Le premier des condiments a paru si précieux
aux hommes qu'ils l'ont surnommé l'or blanc...**

Une vie sans sel ?

Quand on parle de quelque chose de sans intérêt,
on dit « sans sel ». Pour nous, humains, il est vital !
Par chance, il présente l'avantage de donner du goût
à nos aliments ! Pendant longtemps, il fut aussi
l'un des seuls moyens pour conserver la viande
ou le poisson, car il freine l'activité des bactéries.
Heureusement que nous n'en manquons pas !
Il y en a plein les océans, et on en trouve
même dans le sous-sol, à l'emplacement
d'anciennes mers.

Mines de sel.

CHIFFRE

Les océans, qui couvrent les 3/4
de notre planète,
contiennent en
moyenne
35 g de sel par
litre d'eau. La
mer Morte, elle,
en contient
275 g par litre !
Tu y flotterais
sans effort...
et sans
bouée !

CONSEIL

Saler un plat, ça paraît
tout simple, mais
c'est un art difficile ! Vas-y
doucement, parce qu'il est
plus facile de rajouter du sel
que d'en retirer... Et n'hésite
pas à goûter souvent pour
rectifier ton assaisonnement !

IL Y A SEL ET SEL

Le sel, que les chimistes
appellent chlorure de sodium,
peut aussi être extrait d'une
mine. Il est alors appelé sel
gemme. Sel de mer et sel
gemme ne sont pas très
différents. On dit que le sel
de mer, plus gris, est meilleur
pour la santé, car il n'est pas
aussi raffiné et contient encore
quelques traces d'autres
minéraux (magnésium,
calcium...).

TRUC ANTIHUMIDITÉ

Jadis, les cristaux de sel s'agglutinaient avec l'humidité et ne parvenaient
plus à passer par les trous de la salière. On y mettait donc des grains
de riz, car le riz absorbe l'humidité. Maintenant, la plupart des sels
sont traités avec des additifs antihumidité, mais le vieux truc du riz
est encore bien utile à la mer
ou quand il pleut beaucoup.

LE SEL DE LA MER

L'eau de mer est acheminée dans une succession de bassins reliés par des canaux à l'océan : les marais salants, appelés aussi salins. L'eau s'évapore sous l'action du soleil et du vent, et le sel se dépose. On le récolte avec des machines. La fleur de sel – des flocons de sel plus blancs qui « bourgeonnent » à la surface – est ramassée à la main. Son goût est plus intense, et son prix, beaucoup plus élevé !

Marais salants.

fleur de sel

gros sel

sel fin

À consommer avec modération

Le sel règle l'équilibre des liquides dans ton corps : quand il fait très chaud ou que tu as fourni un effort, tu as autant besoin de sel que de boisson. Mais de nombreux aliments sont déjà salés : le pain, les boissons gazeuses, les fromages, et même les pâtisseries ! Ce sel « caché » représente les trois quarts de ta consommation. Alors, n'en rajoute pas trop !

LES MOTS DU SEL

Sais-tu que saucisse, salami, salade ont pour origine le mot « sel » ? Saucisse vient du latin *salsus* (salé), salami de l'italien *salame* (chose salée). Normal, la charcuterie était toujours fabriquée et conservée avec du sel. Le mot « salaire » vient du latin *salarium* : le sel était si précieux que les soldats romains en recevaient une poignée en guise de paiement.

SEL LONGUE DURÉE

Les anciens Égyptiens faisaient tremper le corps des défunts dans une solution de sel, le natron. De nombreuses momies se sont ainsi conservées jusqu'à nos jours...

LA PÂTE À SEL

Elle ne se mange pas, elle se sculpte ! Comme décor de table, elle permet toutes les fantaisies... Mélange 100 g de farine, 100 g de sel, 1 dl d'eau. Tu peux la colorer avec des colorants naturels comme du jus de carotte, de betterave ou d'épinard... Mets la pâte au moins 3 heures au four, thermostat au minimum, puis décore-la.

La salière, un objet décoratif pour une table raffinée.

La belle histoire des épices

Ouvrir une boîte à épices, c'est comme ouvrir un coffre à trésor ! Pendant des siècles, les épices furent aussi recherchées que l'or ou les diamants...

Le grand marché des épices

Chinois, Égyptiens, Romains les offrent à leurs dieux, s'en servent pour parfumer leur nourriture et leur corps, et même soigner des maladies. Évidemment, les épices de chez soi sont moins appréciées que celles des pays lointains... Tout un trafic s'organise au fil des siècles, et les précieuses épices voyagent par bateau ou en caravanes, au risque des tempêtes et des attaques de brigands...

QUESTIONS DE MOTS

Épices, aromates ou condiments : quelle est la différence ? Pas évident ! Ces produits servent tous à la même chose : donner plus de goût aux aliments. Les condiments, comme la moutarde, relèvent. Les aromates, comme le thym ou le fenouil, parfument. Les épices, comme la cannelle, le poivre ou le curry, parfument, relèvent... bref, épicent ! Mais où classer la vanille ?

Voyage immobile

Sous forme de graines, de racines, d'écorces, de fleurs ou de fruits, les épices te font voyager par la magie de leur parfum... Tu en connais beaucoup : poivre, baies de genévrier (dans la choucroute), noix de muscade (dans la purée de pommes de terre), clous de girofle (dans le pot-au-feu), cannelle (sur la tarte aux pommes), vanille (dans la crème)... Mais il en existe bien d'autres !

De toutes les couleurs ?

Poivre noir, blanc et vert proviennent de la même plante, le poivrier, un arbuste grimpant originaire d'Inde qui peut atteindre 10 m de long. Le poivre vert est fait à partir de baies fraîches. Le poivre noir, le plus piquant, est fait à partir de baies récoltées avant maturité et mises à sécher au soleil. Le poivre blanc, plus doux, est fait de graines mûres auxquelles on a enlevé l'enveloppe extérieure. Ce qu'on appelle « poivre rose » n'est pas du poivre... pas plus que le « poivre de Cayenne », qui est en fait du piment rouge.

poivre noir

poivre vert

poivre blanc

ANTIPOIVRE !

Tu détestes ce qui pique ? Alors, tu es comme Pline, cet écrivain de la Rome antique, qui ne comprenait pas que les Romains raffolent de cette satanée baie « qui brûle la langue, et coûte aussi cher que de l'or ! »

BOUOUOUOUOUOOH !

VRAI OU FAUX ?

C'est Marco Polo qui a fait connaître les épices en Europe au XIIIe siècle.

Faux. La famille de Marco Polo s'occupait du commerce des épices, mais celles-ci étaient déjà connues du temps des Romains !

LE FEU À LA BOUCHE

Le piment, originaire d'Amérique, appartient à la même famille que la tomate et la pomme de terre. Sa particularité : plus il est petit, plus il est redoutable ! Le piment oiseau antillais ou le pili-pili africain sont si forts qu'ils font pleurer ceux qui les coupent ! Certains pays en raffolent et ont inventé des sauces incendiaires comme la harissa (tunisienne) ou le chili (mexicain).

C'est facile d'avoir toujours du sucre vanillé chez toi. Achète une gousse de vanille et enfonce-la dans un pot de sucre en poudre que tu fermes bien.

La **vanille**, tu la connais bien, mais sais-tu que c'est le fruit séché d'une liane de la famille des orchidées, cultivée dans les pays tropicaux ? On la trouve en gousse, en poudre, en liquide, ou mélangée à du sucre. Ne la confonds pas avec la vanille synthétique, moins chère, mais moins bonne…

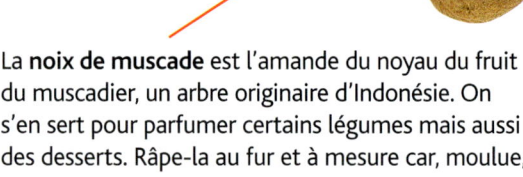

La **noix de muscade** est l'amande du noyau du fruit du muscadier, un arbre originaire d'Indonésie. On s'en sert pour parfumer certains légumes mais aussi des desserts. Râpe-la au fur et à mesure car, moulue, elle perd vite son arôme.

La **cannelle** est l'écorce séchée du cannelier, arbre de la même famille que le laurier. La meilleure est celle de Ceylan (actuel Sri Lanka). Tu la trouves généralement en poudre. Elle fait merveille dans les pâtisseries, mais on l'utilise parfois pour parfumer des plats salés.

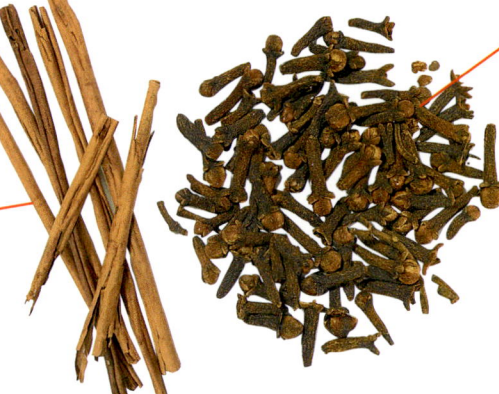

Le **clou de girofle** est le bouton séché de la fleur du giroflier. Un peu piquant, il fut aussi apprécié que le poivre. Il parfume soupes, charcuterie et gâteaux… On l'a même utilisé pour calmer les maux de dents.

Le **safran** est la partie supérieure du pistil d'une espèce de crocus. Il est très rare et très cher ! Heureusement, une petite pincée suffit à parfumer le riz de la paella et à le colorer en jaune.

Il faut 100 000 fleurs pour obtenir un demi-kilo de safran !

La **cardamome** est une graine contenue dans une gousse de couleur verte, brune ou blanche. Elle est surtout employée en Inde, dont elle est originaire, et dans les pays nordiques. Douce, elle aromatise les desserts.

Le **gingembre** frais ressemble à une racine, mais c'est la tige souterraine d'une plante d'Asie. Il faut le peler avant de s'en servir. On le trouve aussi confit au sucre ou moulu. Limonades (*ginger ale*) et bonbons au gingembre sont surprenants avec leur goût poivré !

Le **curry** est un mélange de plusieurs épices (15 à 20 en moyenne). Typiquement indien, le curry est aussi utilisé par les Chinois. Il varie du doux au très piquant.

Le **paprika** hongrois est fait de poivrons rouges réduits en poudre. Il est plus ou moins fort selon qu'il contient seulement la peau ou qu'on y rajoute les graines.

Le **cumin** est la graine d'une plante méditerranéenne de la même famille que le fenouil. Alsaciens, Allemands, Arabes, Indiens et Mexicains s'en servent abondamment.

L'**anis**, tu l'as sûrement déjà goûté dans les bonbons et les pâtisseries. Déjà employé par les Romains, il aromatise gâteaux, pains, légumes et poissons, et, en plus, il aide à digérer. Le vrai anis, l'anis vert, est la graine d'une plante méditerranéenne. L'anis étoilé, aussi appelé badiane, est la graine d'un arbre chinois, le badianier. Il a un goût un peu plus fort.

Le pain d'épices

Dans un saladier, mélange la farine, les épices, les zestes et la levure.

1 Dans une casserole, fais fondre le miel dans le lait, à feu très doux.

2 Ajoute ce « sirop » dans la farine, avec l'œuf entier. Remue jusqu'à obtenir une pâte bien lisse.

3 Préchauffe le four thermostat 5 ou 6 (chaleur modérée). Beurre un moule à cake. Verse ta pâte dedans et mets au four pendant une heure.

4 Beurré ou non, ton pain d'épices sera parfait pour le petit déjeuner ou le goûter, mais tu peux aussi le servir en dessert avec une crème anglaise (vois p. 218).

- 250 g de miel
- 300 g de farine
- 1/8 de litre de lait
- 1 œuf
- 1 sachet de levure chimique
- 1 cuillère à café bien remplie de quatre-épices ou d'épices de ton choix
- quelques zestes d'orange non traitée.

Quatre-épices : mélange tout prêt qui contient souvent de la noix de muscade, de la cannelle, des clous de girofle et du gingembre.

Du soleil dans la cuisine

Quelques herbes dans un plat, et c'est toute la cuisine qui embaume... Découvre vite les vertus de ces plantes dont aucun cuisinier ne peut se passer !

Herbes de Provence

Au rayon des épices, ce qu'on appelle « herbes de Provence » est un mélange de thym, de sarriette, de sauge, de romarin, de laurier, d'origan, et parfois de graines de fenouil.

Le **thym**, c'est l'herbe de Provence par excellence. Impossible de s'en passer dans les ratatouilles ! En tisane, le thym soigne la toux et les maux de ventre.

La **sauge**. « *Qui a de la sauge dans son jardin ne saurait mourir !* », disait-on au Moyen Âge, tellement cette plante serait bonne pour la santé. On l'utilise surtout pour parfumer la viande.

Le parfum de la **sarriette** ressemble un peu à celui du thym. On en met souvent dans les légumes secs car on lui prête des effets antigaz...

Une seule feuille de **laurier-sauce** suffit à parfumer un plat. Attention, ne confonds pas avec les feuilles du laurier-rose ou du laurier-cerise, qui sont toxiques !

L'**origan** est un cousin sauvage de la marjolaine. Les Italiens l'adorent sur leurs pizzas.

Le **romarin**, avec ses feuilles en forme d'aiguilles, est utilisé pour parfumer les grillades.

thym   persil

laurier

Le bouquet garni

Le « bouquet garni », dont on parle dans certaines recettes, est un « bouquet » formé d'une branche de thym, d'une feuille de laurier et de quelques tiges de persil, que tu attaches ensemble avec du fil alimentaire. N'oublie pas de l'enlever quand ton plat est cuit.

Fines herbes

Qui porte ce joli nom ? Le persil, le cerfeuil, la ciboulette, l'estragon... De saveur délicate, ces herbes s'associent pour relever sauces, omelettes, salades...

Persil plat ou **persil frisé** ?
L'un comme l'autre apportent une touche de fraîcheur et beaucoup de vitamines. La persillade est un savoureux mélange de persil et d'ail, dans lequel on fait sauter pommes de terre, viandes...

L'**estragon** se marie bien avec le poulet, le vinaigre, et parfume les sauces. Mais son goût ne plaît pas à tout le monde...

La **ciboulette** est une herbe au petit goût d'oignon.

La **coriandre** ressemble à s'y méprendre au persil, mais son goût est très différent. Son nom vient du mot grec *koris* qui veut dire punaise... C'est dire si son parfum n'est pas toujours apprécié !

Le **basilic** est très employé dans les cuisines provençales, italiennes, mais aussi asiatiques. Il est inséparable des tomates, qu'il parfume merveilleusement !

Le **cerfeuil** a été surnommé le « persil des riches ». Délicieux en soupe.

L'**aneth**, au goût anisé, est très employé dans les pays scandinaves, pour parfumer le saumon.

Conseil

Ajoute les fines herbes au dernier moment dans un plat chaud, mais bien à l'avance dans un plat froid. Coupe-les finement avec des ciseaux dans un verre après les avoir lavées et séchées. Pour les conserver, mets-les dans un verre d'eau, comme un bouquet de fleurs.

VOILÀ UN BOUQUET POUR LA CÔTELETTE DE MIDI !

HERBES EN STOCK

Pour avoir des herbes fraîches toute l'année, cultive-les toi-même ! Sème des graines dans un bon terreau ou procure-toi de jeunes plants. Installe-les en pots, ou dans une grande jardinière. La ciboulette, le thym, l'estragon vivent longtemps ; le persil et le basilic doivent être renouvelés chaque année.

basilic

ciboulette

persil

Bulbes en folie

Si tu veux ouvrir l'appétit de tes amis, fais frire quelques oignons dans une poêle... Ils seront irrésistiblement attirés par ce que tu fricotes. L'oignon, l'échalote et l'ail sont de puissants alliés du cuisinier !

La plupart des **oignons** sont cueillis quand les feuilles extérieures commencent à sécher et à jaunir. Les « oignons nouveaux » ou « jeunes oignons » sont cueillis avant maturité. Il existe plusieurs variétés d'oignons, plus ou moins forts. L'oignon rouge, plus doux, est délicieux cru.

Bons pour tout... mais pas pour tous !

Oignon, échalote et ail sont des bulbes de plantes, c'est-à-dire la partie souterraine, où sont concentrées les réserves nutritives. Ce sont des aliments de base partout dans le monde. L'oignon était au menu de tous les Égyptiens, et les ouvriers qui construisaient les pyramides mangeaient beaucoup d'ail, pour avoir force et endurance. De nos jours, tout le monde n'apprécie pas le parfum puissant de l'ail... notamment les vampires !

L'oignon

1 Coupe le sommet de ton oignon, mais laisse la racine pour qu'il ne se défasse pas.

2 Épluche-le. Coupe-le en deux, puis pose la partie coupée sur la planche, et maintiens-le avec les doigts rentrés.

3 Coupe des tranches régulières dans un sens puis dans l'autre.

TU AIMES OU TU N'AIMES PAS ?

Certains aiment l'oignon cuit et pas cru, pour d'autres, c'est l'inverse. Pareil pour l'ail ! On dit que ces condiments sont difficiles à digérer et donnent une haleine désagréable. Quelques trucs évitent ces inconvénients. Pour l'ail, il suffit d'enlever le germe vert, car c'est la partie la plus « parfumante »... Quant à l'oignon cru, on peut le passer d'abord quelques minutes à l'eau bouillante. Pour neutraliser la mauvaise haleine, mâche des feuilles de persil, de menthe ou des grains de café.

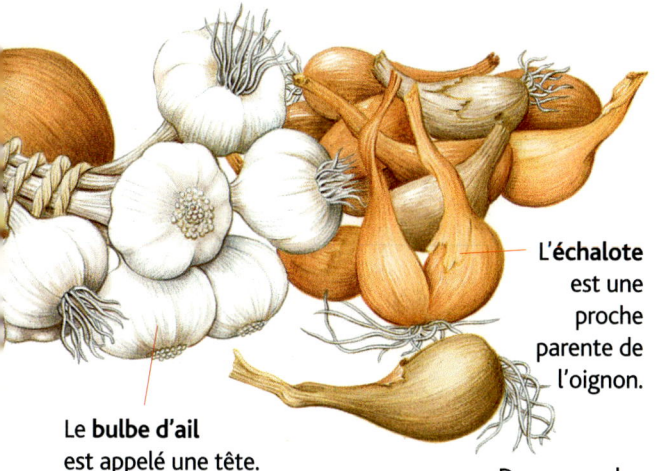

L'**échalote** est une proche parente de l'oignon.

De saveur plus fine, l'échalote se digère mieux.

Le **bulbe d'ail** est appelé une tête. Il est formé de 12 à 16 caïeux, mieux connus sous le nom de gousses. Il existe de l'ail blanc, violet et rose.

CONSEIL

Tu pleures quand tu épluches un oignon ? C'est la faute du sulfure d'allyle, une substance irritante. Des solutions ? Épluche l'oignon sous l'eau du robinet ; porte des lunettes ou un masque de plongée ; mets l'oignon une heure au frigo ou un quart d'heure au congélateur. Surtout, ne te frotte pas les yeux avec la main qui a touché l'oignon !

L'ail

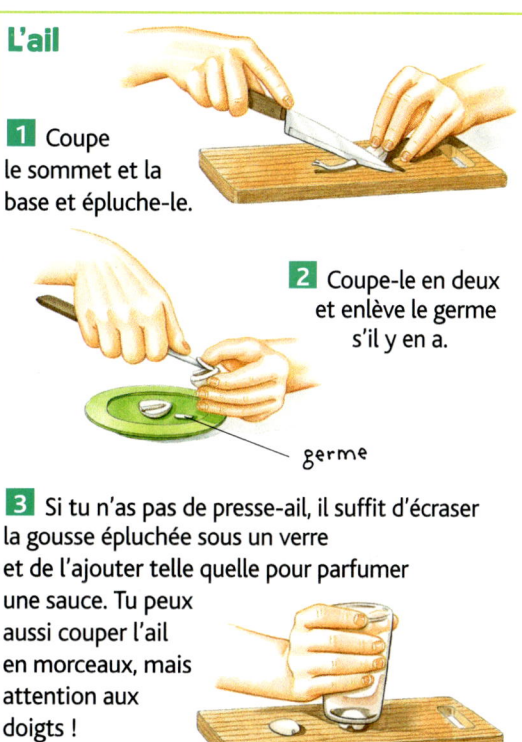

1 Coupe le sommet et la base et épluche-le.

2 Coupe-le en deux et enlève le germe s'il y en a.

germe

3 Si tu n'as pas de presse-ail, il suffit d'écraser la gousse épluchée sous un verre et de l'ajouter telle quelle pour parfumer une sauce. Tu peux aussi couper l'ail en morceaux, mais attention aux doigts !

La tarte aux oignons

1 Déroule ta pâte dans un moule à tarte (vois p. 60).

2 Épluche les oignons et coupe-les en petits morceaux.

3 Mets la matière grasse (huile, beurre ou margarine) dans une cocotte. Fais-y cuire les oignons (saupoudrés de thym, si tu l'aimes) à feu très doux, avec un couvercle, pendant une vingtaine de minutes.

Pour 4 personnes

- 1 pâte brisée (vois p. 94)
- 5 gros oignons
- 3 cuillères à soupe de matière grasse
- 3 cuillères à soupe de farine
- 1/2 litre de lait
- 1 œuf
- du gruyère râpé
- sel, poivre, thym, noix de muscade

4 En remuant avec une cuillère en bois, ajoute la farine. Quand elle est bien mélangée, augmente le feu et verse le lait petit à petit, tout en continuant à remuer, jusqu'à obtenir une sauce bien crémeuse. Coupe le feu, ajoute l'œuf entier, le sel, le poivre et la noix de muscade. Verse le tout dans ta pâte et saupoudre de gruyère râpé.

5 Mets ta tarte au four à chaleur moyenne (thermostat 6-7) pendant 35 minutes. Servie avec une salade, elle constitue un repas complet !

noix

olive

soja

arachide

L'huile essentielle

On ose la traiter de « matière grasse » !
Un peu de respect : l'huile est un des produits
les plus nobles de la cuisine.

Le bon choix

On fait de l'huile avec
des fruits (olive, noix, noix
de coco...), des graines
(tournesol, soja, arachide...)
et même – horreur ! –
avec des animaux (baleine,
phoque, morue...). Mais
nous ne consommons que
des huiles végétales.

MON POTE LE VINAIGRE

Complice de l'huile dans la
vinaigrette, le vinaigre est tout
simplement du « vin aigre ». Mais
il existe aussi du vinaigre d'alcool
et du vinaigre de cidre.
La moutarde est un mélange
de vinaigre et de graines
d'une plante appelée moutarde.
Finement broyées, les graines sont
invisibles, sauf dans la moutarde
« à l'ancienne ».

ASSAISONNEMENT OU CUISSON ?

Toutes conviennent pour
l'assaisonnement, mais on préfère
les plus parfumées. Ah, le petit goût
de la noix ou de l'olive... Pour
la cuisson et la friture, il faut des huiles
qui supportent des températures
élevées : huile
d'arachide, de pépins
de raisin, d'olive...
Les meilleures pour
la santé seraient
l'huile de colza
et l'huile d'olive.

huile d'olive

vinaigre d'alcool

huile de tournesol

moutarde forte

moutarde
à l'ancienne

vinaigre de cidre
vieilli en fût

tournesol

Luxe contre raffinement

Les « huiles raffinées », celles qui ont subi
le plus de traitements, ne sont pas les plus... raffinées !
La meilleure huile d'olive est encore fabriquée
traditionnellement. Les olives mûres sont broyées et réduites
en pâte, puis pressées sous des meules. L'huile obtenue est ensuite filtrée
et mise en bouteilles : c'est « l'huile d'olive vierge de première pression à
froid ». Les olives peuvent aussi être pressées à chaud, c'est-à-dire que la
pâte est chauffée très fort, entre 80 et 100 °C, ce qui permet d'obtenir
davantage d'huile, mais moins savoureuse.

Au beurre ou à l'huile ?

La graisse grésille dans la poêle. Devinette : est-ce du beurre, de la margarine ou de l'huile ? Si tu habites une région du Nord, il y a beaucoup de chances que ce soit du beurre... Là où abondent les riches pâturages, la cuisine au beurre reste une tradition bien établie. Même si la margarine entre en concurrence. Dans les pays du Sud, c'est forcément de l'huile et, sans doute, de l'huile d'olive !

L'huile parfumée

Choisis des aromates que tu aimes (basilic frais ou herbes de Provence, zestes de citron, ail épluché et écrasé, ou même petits piments si tu n'as pas peur des goûts « costauds »). Mets-les dans la bouteille remplie d'huile d'olive. Une semaine de patience, et voilà ! (Fais ta préparation en petite quantité et consomme-la rapidement : l'huile risque de rancir.)

Aromatise toi-même l'huile et le vinaigre. Tu donneras à tes salades et tes grillades un parfum original...

Pour faire du vinaigre à l'estragon

estragon

Fais bouillir le vinaigre dans une casserole en Inox, avec deux ou trois branches d'estragon. Laisse infuser une demi-heure. Enlève l'estragon, et verse le vinaigre dans la bouteille. Mets-y une branche fraîche, et referme.

piment

huile d'olive

vinaigre

herbes de Provence

basilic

ail

• 1 petite bouteille bien nettoyée (demi-bouteille de vin, flacon de ketchup...)
• aromates

piment

zeste de citron

mayonnaise
à la tomate

À toutes les sauces

**Il y a les légères et les épaisses, les froides et les chaudes, les fortes et les douces...
Tu n'as pas assez de doigts pour te les lécher !**

Assaisonner la salade

Au Moyen Âge, on disait que, pour bien assaisonner une salade, il fallait confier le sel à un sage, le poivre à un avare, et l'huile à un dépensier ! N'oublie pas, toi, d'ajouter aussi un peu de vinaigre (on dit un « filet ») ou de jus de citron.

IDÉE

Pour rendre ta vinaigrette plus originale, tu peux te servir d'huiles et de vinaigres variés : huile de noix ou d'olive, vinaigre de vin, de cidre ou de framboise, ou les aromatiser avec des herbes, de l'ail ou de l'oignon hachés.

VINAIGRETTE AVEC MOUTARDE

Commence par une cuillère à café de moutarde dans le fond du bol, 2 pincées de sel et du poivre. Rajoute 5 à 6 cuillères à soupe d'huile petit à petit en battant avec une fourchette. C'est presque aussi épais qu'une mayonnaise ! Le vinaigre se met tout à la fin (une cuillère à soupe).

TRUC

Prépare plus de vinaigrette que tu n'en as besoin, et mets le reste dans un bocal au frigo. Il te suffira de bien l'agiter (comme si tu jouais des maracas...) avant de t'en servir. Vérifie d'abord que le couvercle ferme bien !

vinaigrette

mayonnaise
au fromage
blanc

mayonnaise
rémoulade

VINAIGRETTE SANS MOUTARDE

Mets une cuillère à soupe de vinaigre dans un bol, ajoutes-y 2 pincées de sel, le poivre, et 5 cuillères à soupe d'huile. Bats bien à la fourchette pour mélanger le gras de l'huile avec l'eau du vinaigre. C'est fait !

CHIFFRE

Avec un seul jaune d'œuf, un Américain est parvenu à faire 24 litres de mayonnaise ! (En ajoutant de l'eau à l'huile au fur et à mesure.)

mayonnaise à l'ail

La mayonnaise

1 Pose ton bol sur une serviette pliée en quatre (ça lui évitera de trop bouger quand tu battras). Mélange un jaune d'œuf, une cuillerée à café de moutarde, une pincée de sel, du poivre et attends 5 à 10 minutes (pour séparer le blanc du jaune, vois p. 60).

2 Verse de l'huile goutte à goutte, tout en battant vigoureusement avec une fourchette ou avec un fouet.

C'est plus facile à deux !

Quand tu auras fait toi-même ta mayonnaise, tu auras du mal à te contenter de celle en pot !

Plus tu ajoutes d'huile, plus ta mayonnaise devient dure. Magique... jusqu'à un certain point ! Au-delà de 2 dl d'huile, tout s'effondre lamentablement.

TRUC

Ta mayonnaise est ratée ? Ça arrive si tu as mis trop d'huile en une fois. Tu peux rattraper le coup en recommençant avec un nouveau jaune d'œuf et en te servant du mélange raté comme si c'était de l'huile.

mayonnaise aux fines herbes

LES MAYONNAISES « AMÉLIORÉES »

On peut ajouter plein de choses dans la mayonnaise pour la marier avec des plats froids ou chauds :

● de l'ail pressé : ce n'est pas le vrai « aïoli » provençal (qui se fait sans œuf), mais c'est très bon et plus facile à réussir ;

● des fines herbes variées, du cresson haché très fin : cela fait des sauces vertes excellentes avec le poisson ;

● du concentré de tomate, un peu de sucre et (éventuellement) une goutte d'alcool (whisky) : c'est la « sauce cocktail », idéale avec des crevettes ;

● de la moutarde, des cornichons, des câpres, un œuf dur écrasé : c'est une « sauce rémoulade » à essayer avec des pommes de terre ou du céleri-rave ;

● du fromage blanc ou de la crème fouettée : un régal !

LA SAUCE AU YAOURT

1 ou 2 yaourts nature, le jus d'un demi-citron, 1 cuillère à café de moutarde, sel, poivre et fines herbes... Mélange le tout et sers avec avocats, crudités, grillades ou pommes de terre au four. Excellent et diététique !

NON ! PAS D'EAU ÇA VA EXPLOSER !

CONSEIL

Risque d'explosion ! Attention à ne jamais ajouter de liquide froid (eau, vin, lait...) dans un plat en terre ou en verre quand il est dans le four ou qu'il en sort. La différence de température le ferait aussitôt éclater.

Pour 4 personnes

- 1 cuillère à soupe d'huile (d'olive)
- 1 oignon
- 6 tomates moyennes bien mûres
- 1 gousse d'ail
- 1 pincée de thym
- 1 feuille de laurier
- 2 pincées de sel, poivre

La sauce tomate

1 Pèle les tomates (vois « Truc » p. 145) et coupe-les en morceaux.

2 Hache un oignon (vois p. 77), et fais-le cuire (les cuisiniers disent « revenir ») 10 minutes à feu doux dans une casserole avec l'huile et le thym.

3 Ajoute alors les tomates, la gousse d'ail, que tu écrases sous le fond d'un verre, et la feuille de laurier coupée en deux. Sale et poivre. Mets un couvercle et fais mijoter à feu doux pendant un quart d'heure en remuant de temps en temps. Si tu vois que le fond commence à attacher, ajoute un petit peu d'eau. Retire la feuille de laurier à la fin de la cuisson.

LA SAUCE À L'EAU

La plus simple des sauces est celle qu'on obtient en « déglaçant » le fond bien caramélisé du plat de viande rôtie (mais pas brûlée !) avec un petit peu d'eau. Tu remues en grattant bien avec la fourchette ou la cuillère... Tu ajoutes juste un peu de sel et de poivre si nécessaire... Quel régal ! Quand on pense qu'il existe des préparations tellement compliquées alors qu'on peut faire si simple et si bon !

LA SAUCE BOLOGNAISE

La « vraie » sauce à spaghettis ! La base, c'est une sauce tomate normale, sauf que, juste avant de mettre les tomates, tu fais cuire, dans les oignons, 300 g de viande de bœuf hachée (pour 4 personnes). Sers à part les pâtes, la sauce, et du parmesan râpé. C'est plus joli que de tout mélanger !

huile d'olive

laurier

thym

oignon

tomate

ail

sauce tomate

sauce bolognaise

béchamel
aux champignons

béchamel au curry

béchamel
aux oignons

La béchamel

1 Dans une plaquette de beurre, coupe une tranche de 2 cm d'épaisseur environ et fais-la fondre à feu doux dans une casserole.

2 Ajoute 2 grosses cuillères à soupe de farine. Dès que le beurre et la farine sont bien mélangés, ajoute un peu de lait et remue jusqu'à ce qu'il ait complètement disparu, absorbé par la farine.

3 Rajoute encore du lait, petit à petit, jusqu'à obtenir la consistance voulue : celle d'une belle crème blanche et onctueuse à laquelle tu ajouteras sel, poivre et muscade, à ton goût.

Pour 4 personnes

- 50 g de beurre
- 40 g de farine
- 1/2 litre de lait environ
- sel, poivre, noix de muscade

Remue bien afin d'éviter les grumeaux.

TRUC

Servie avec des pâtes, ou sur des œufs durs (gratinés au four, avec du fromage râpé, un délice !) la béchamel doit être presque liquide pour ne pas « bétonner ». Avec un légume (endives, chou-fleur), au contraire, elle doit être épaisse pour ne pas se dissoudre dans le jus.

LES BÉCHAMELS « AMÉLIORÉES »

Comme la mayonnaise, la béchamel se prête à toutes les transformations :
- aux oignons (fais revenir d'abord les oignons à feu doux, puis rajoute le beurre, la farine, etc.) ;
- aux champignons (même principe qu'avec les oignons) ;
- au curry ;
- aux cornichons et/ou aux câpres ;
- au fromage (ajoute le fromage râpé à la fin) : étalée bien épaisse sur des toasts et dorée au four, c'est tout simplement… bon !

LES CÉRÉALES

Il fut un temps où les hommes
ne connaissaient pas les céréales.
Comment vivaient-ils sans pain,
ni pâtes, ni riz ? Difficile à imaginer
pour toi, qui t'en régales à tous
les repas ! Voici les secrets des petites
graines qui ont fait avancer
l'humanité d'un pas de géant.

Généreuses graminées

Ça fait plus de 10 000 ans qu'elles nourrissent
le monde, et pas seulement au petit déjeuner !
Les céréales, cultivées et appréciées partout,
sont vitales pour toute la planète !

Pour tous les goûts

Les céréales, ce sont des graines comestibles : blé, avoine,
seigle, riz, maïs, millet... produites par des plantes appartenant
à la vaste famille des graminées. Tu as sans doute
tes préférences... tout comme le reste du monde !
Les Asiatiques ne peuvent se passer de riz ;
les Américains consomment beaucoup de maïs ;
les Européens du Nord et de l'Est aiment le goût
particulier du seigle et de l'avoine ; les Africains
se nourrissent surtout de millet et de sorgho.

VOUS AVEZ DIT BLÉ ?

En Europe, le blé est souvent appelé froment.
Le « blé noir », qui fait les bonnes crêpes bretonnes,
n'est pas du blé ! C'est du sarrasin, qui fait partie
de la famille des polygonacées.

CARTE D'IDENTITÉ

NOM SCIENTIFIQUE : *TRITICUM*.
Hauteur : 60 cm à 1,20 m.
On confond souvent le **blé**
avec l'orge, le seigle, ou l'avoine,
qui se ressemblent beaucoup.
Pas de panique : toutes ces
céréales sont comestibles !

blé
tendre

blé dur

AVOINE

Tu manges peut-être
des flocons d'avoine
au petit déjeuner
(*porridge*), comme
les Écossais. Mais les
chevaux en raffolent aussi.

SEIGLE

On en fait un excellent
pain, mais son usage
principal, c'est comme
aliment pour les animaux.

ORGE

L'orge est assez peu
utilisée en cuisine. Elle
sert surtout à nourrir
le bétail. L'orge germée
est employée pour
la préparation de bières
et d'alcool (whisky).

Un air de famille

Les grains des céréales ont tous la même structure :
• une peau, dure et indigeste ;
• des couches de son ;
• une amande, riche en protéines et en glucides lents ;
• un germe, qui donnera une nouvelle plante.
Vitamines (B et E) et minéraux (fer, phosphore, magnésium...) sont surtout concentrés dans le son et le germe. Seules les céréales « complètes » les conservent dans leur intégralité.

Les exotiques

Le sorgho ou « gros mil »

Les Africains, les Indiens et les Chinois l'utilisent beaucoup sous forme de farine, de semoule, de boissons alcoolisées... Mais en Europe et en Amérique, cette céréale est uniquement cultivée pour nourrir les animaux.

Africain

sorgho

Le millet

Le millet est aussi appelé « petit mil », pour le distinguer du sorgho. Le millet a été une des céréales préférées des Européens jusqu'au Moyen Âge. Aujourd'hui, il reste un aliment de base en Afrique et en Asie.

Asiatique

millet

Le quinoa

La graine sacrée des Incas ! Cette plante – qui appartient à la famille de l'épinard – est très nutritive, et résiste à des climats extrêmes.

Inca

quinoa

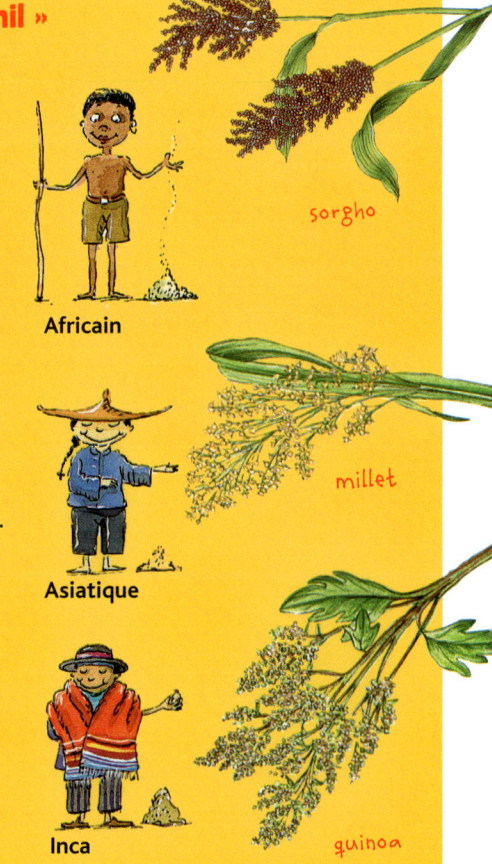

CONSEIL

Au petit déjeuner, les céréales toutes prêtes, c'est pratique. Mais le muesli, c'est encore mieux. D'origine suisse, ce cocktail de flocons de céréales et de fruits secs est très nourrissant. Si tu y ajoutes un produit laitier et des fruits de saison, c'est un régal, garantie de bonne humeur matinale... et de superforme.
(Vois la recette p. 257.)

VRAI OU FAUX ?

Si tu manges des céréales, tu peux te passer de viande.

Faux. Les protéines des céréales ne peuvent remplacer celles de la viande ou des produits laitiers. Sauf si tu associes dans un même repas céréales et légumineuses (lentilles, haricots) ou céréales et fruits secs, car les protéines de ces aliments se complètent.

Du blé à la farine

Tu crois connaître le blé ? Le blé moissonné sous le soleil d'été... Le blé dont on fait la farine... La plus vieille céréale connue a pourtant de quoi t'étonner !

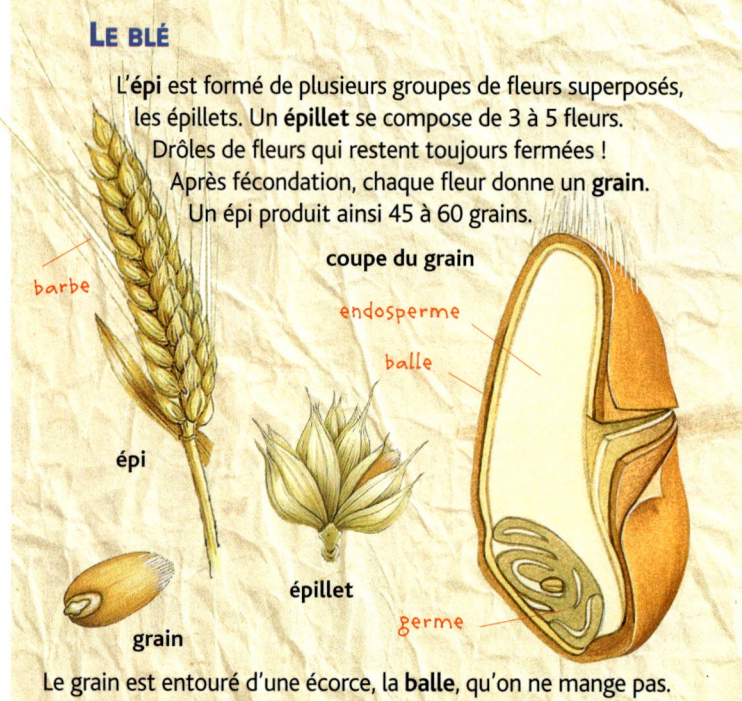

LE BLÉ

L'**épi** est formé de plusieurs groupes de fleurs superposés, les épillets. Un **épillet** se compose de 3 à 5 fleurs. Drôles de fleurs qui restent toujours fermées ! Après fécondation, chaque fleur donne un **grain**. Un épi produit ainsi 45 à 60 grains.

coupe du grain

endosperme

balle

barbe

épi

germe

épillet

grain

Le grain est entouré d'une écorce, la **balle**, qu'on ne mange pas. Il comprend une amande, appelée l'**endosperme**. Une couche fibreuse recouvre l'amande, c'est le son de blé. À la base du grain se trouve le **germe**, riche en éléments nutritifs. Le grain de blé contient surtout de l'amidon (une sorte de sucre) et du gluten.

Dur ou tendre ?

Il existe 2 grandes sortes de blé : le blé dur et le blé tendre. Le blé tendre sert à faire du pain et des gâteaux. Avec le blé dur, on fait les pâtes et le couscous. Mais des milliers de variétés sont cultivées dans le monde ! Semé en automne (on l'appelle alors blé d'hiver !) ou au printemps, le blé est toujours moissonné l'été. Dans certains pays, la moisson est encore faite à la faucille. Chez nous, d'immenses machines, les moissonneuses-batteuses, sillonnent les champs.

Pas d'été à la campagne sans champs qui dorent au soleil ! Profites-en pour observer de plus près le blé...

Les moissonneuses-batteuses font tout à la fois : la coupe du blé, le battage, le nettoyage, l'ensachage du grain, et le liage de la paille en bottes ou le pressage en balles.

Pour devenir farine, le blé doit être broyé. Autrefois, c'était sous la meule en pierre du moulin. Maintenant, à la minoterie, de gros cylindres métalliques écrasent les grains.

La céréale de tous les records

C'est la plus ancienne : les hommes en cultivaient il y a plus de 12 000 ans. C'est aussi la plus consommée dans le monde. Le blé, qui a permis aux hommes de survivre depuis des millénaires, reste encore l'aliment de base pour un tiers de la population mondiale ! Chaque civilisation, chaque région a ses spécialités à base de blé. Les premiers boulangers furent sans doute les Égyptiens : ils fabriquaient des dizaines de sortes de pains différents.

CHIFFRE

100 kg de blé donnent 75 kg de farine.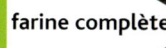

Les Égyptiens fabriquaient du pain non levé.

LES DIFFÉRENTES FARINES

La **farine complète** est faite à partir du grain de blé entier : elle a conservé le son et le germe (l'enveloppe extérieure du grain, coriace, est toujours ôtée). Elle est plus nutritive, mais moins facile à digérer. La farine la plus blanche, appelée **farine « fleur »**, est faite uniquement à partir de l'amande du blé. L'appellation chiffrée que tu vois sur les paquets de farine te donne une information sur la pureté de la farine. La **farine « type 55 »** sert à faire du pain. La **farine « type 45 »**, plus blanche, sert plutôt à la pâtisserie.

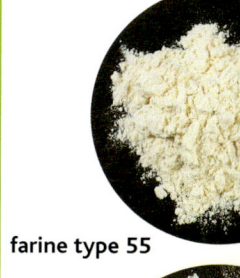

farine complète

farine type 55

farine type 45

Les mains à la pâte

Tu adores remuer, triturer, malaxer, pétrir ? Tu vas être à la fête ! Tu ne sais pas ce qu'est le vrai goût d'une tarte ou d'une pizza, tant que tu n'as pas fait sa pâte toi-même !

Le pain quotidien

Dans les pays orientaux, le pain ressemble à des galettes plates. Chez nous, il est « levé » : la mie est aérée et présente des trous. Le pain fournit des sucres lents (amidon) qui donnent de l'énergie, des protéines, des vitamines et des sels minéraux (phosphore, fer, potassium). On l'accuse parfois de faire grossir, mais les responsables sont surtout sur la tartine...

CUISSON

• Miche 500 g ➟ 45 min à 1 h
• Pain rond 250 g ➟ 30 min
• Tresse 500 g ➟ 30 min
• Petits pains 50 g ➟ 20 min

LEVURE OU LEVAIN ?

La levure est un champignon microscopique qui transforme l'amidon de la farine en alcool et en acide carbonique. Cette fermentation produit des bulles qui font lever le pain. Les boulangers n'utilisent pas directement la levure. Beaucoup confectionnent un levain, mélange d'un agent fermentant, de farine et d'eau, qu'ils laissent reposer plusieurs jours. Cette fermentation lente donne au pain au levain un agréable goût aigrelet.

La pâte à pain

Le pain « à l'ancienne » se fait au levain. Mais tu peux en faire de l'excellent, plus facilement, en utilisant des levures de boulangerie sèches.

Pour 1 grosse miche ou 2 pains

• 500 g de farine (type 65, de préférence biologique)
• 2 sachets de levure de boulangerie en poudre
• 2 cuillères à café de sel fin
• 3 dl d'eau tiède
• 1 jaune d'œuf

1 Dans un récipient, mélange farine, levure et sel. Ajoute l'eau petit à petit jusqu'à former une pâte qui ne colle plus aux doigts. Pose la boule de pâte sur ton plan de travail saupoudré de farine et pétris-la pendant 10 minutes. Puis mets-la dans un récipient, couvre-la d'un linge humide et laisse-la reposer à une température de 22 à 25 °C (pose le récipient sur une planche, au-dessus d'un radiateur, s'il fait trop froid).

Pour faire ton pain toi-même, l'ingrédient le plus important, c'est le temps...

CONSEIL

Avant de commencer à malaxer ta pâte, t'es-tu bien lavé les mains ?

COMMENT PÉTRIR LA PÂTE ?

Maintiens la boule d'une main et étire la pâte de l'autre. Puis reforme une boule et recommence.

Tire fort !

Les boules s'entaillent **en losanges**, les baguettes **en traits parallèles**. Le couteau, bien tranchant, doit s'enfoncer d'un bon centimètre.

La **tresse** se fait à partir de 3 boudins que tu roules dans les paumes pour les amincir. Commence ta tresse à partir du milieu et continue vers les extrémités.

La **couronne** se fait à partir d'un seul long boudin dont tu assembles les 2 bouts. Entaille, avec des ciseaux, en guirlande.

Un peu plus tard...

2 Une heure ou deux plus tard, la pâte a doublé de volume. Retravaille-la légèrement pour chasser les bulles de fermentation, et donne-lui la forme que tu souhaites. Dispose ton (ou tes) pain(s) sur la plaque huilée du four et laisse à nouveau doubler de volume (au moins une heure, toujours sous un linge, entre 22 et 25 °C).

3 Dans le four, mets un récipient sans couvercle rempli d'eau chaude pour humidifier l'air de cuisson et préchauffe à 7. Donne quelques coups de couteau sur le dessus du pain, badigeonne-le avec un jaune d'œuf à l'aide d'un pinceau, puis enfourne.

IDÉE

Quand tu seras un expert, essaie avec d'autres farines (complète, de seigle...) ou en ajoutant noix, olives ou lardons à ta pâte.

LES PAINS AUX RAISINS

Plus originaux que les croissants, les petits pains aux raisins ! Mets 100 g de raisins secs à tremper dans un bol d'eau tiède. Prépare ta pâte à pain, sans oublier le sel, mais avec 50 g de sucre en plus. Lors du deuxième pétrissage, ajoute les raisins, séchés dans un torchon. Les gourmands y ajoutent encore 50 g de noisettes entières... Divise en 10 boules sur la plaque de cuisson. Deuxième fermentation, cuisson 20 minutes...

IDÉE

Les petits pains maison, pour chaque convive, c'est déjà la classe ! Mais si tu varies les formes, escargots, tortillons, trèfles... ça devient du grand art. Mets-les en forme juste avant la deuxième fermentation.

TRUC

Avant d'enfourner, saupoudre les petits pains de farine, pour leur donner un aspect « rustique », ou passe-les au jaune d'œuf avec un pinceau pour les dorer. Tu peux aussi parsemer la surface de graines d'anis, de pavot ou de cumin, ou de morceaux de noix...

Le pain perdu

Le pain de mie commence à sécher ? Il n'est pas perdu... ou plutôt si ! Mais de délicieuse manière...

uf
tasse de lait
- 1 cuillère à soupe de sucre (parfumé à la vanille, si possible)
- 1 pincée de cannelle
- 8 tranches de pain de mie ou de pain rassis (aux raisins, c'est encore meilleur...) ou même de pain d'épices
- 1 cuillère à soupe de beurre et 2 cuillères à soupe d'huile

1 Bats les œufs, le sucre et le lait (avec un peu de cannelle, si tu l'aimes) dans une assiette à soupe. Trempe une tranche jusqu'à ce qu'elle soit bien imbibée (plus ton pain est dur, plus il doit tremper...).

2 Mets la matière grasse dans la poêle et fais dorer ton pain des deux côtés, à feu moyen. Recommence l'opération avec les autres tranches.

3 Sers nature, saupoudré de sucre, ou tartiné de miel ou de confiture.

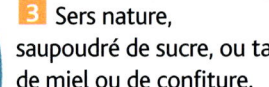

Pour 1 pizza

- 250 g de farine blanche (type 55)
- 1 sachet de levure de boulangerie
- 1 cuillère à café de sel
- 12 cl d'eau tiède
- 1 cuillère à soupe d'huile d'olive

Pauvre pizza !

De spécialité italienne, la pizza est devenue une vedette de fast-food international. Avec sa pâte industrielle, sa garniture sortie de la boîte, la voici emballée sous vide ou surgelée... pour finir ramollie dans un micro-ondes... En plus, les bonnes pizzérias deviennent rares ! Si tu veux goûter aux délices de la vraie pizza, le mieux est encore de la faire toi-même !

La pâte à pizza

1 C'est presque une pâte à pain : mélange farine, sel et levure dans un récipient, incorpore l'eau tiède et pétris 5 minutes. Ajoute alors l'huile, et pétris encore 10 minutes. Laisse reposer à 22/25 °C, jusqu'à ce que la pâte ait doublé de volume (vois la recette de la pâte à pain).

2 Écrase la pâte avec les mains et étire-la en forme de disque avec un rouleau à pâtisserie. Pose-la sur la plaque du four huilée, et garnis-la.

Dispose ta garniture avec art !

La garniture

La base de la garniture de la pizza, c'est la tomate. En été, quand les fruits sont bien charnus, dispose des rondelles directement sur la pâte. En hiver, quand elles sont gorgées d'eau, il vaut mieux une sauce tomate bien épaisse. Ensuite, à toi d'improviser ! Les ingrédients les plus utilisés sont le fromage (mozzarella...), les olives, le jambon, les cœurs d'artichaut, les câpres, les œufs (entiers crus)... Saupoudre le tout d'origan, de basilic ou de persil haché. Sale, poivre, puis mets 20 à 25 minutes dans un four préchauffé à 8.

CONSEIL

Avant de commencer à malaxer ta pâte, t'es-tu bien lavé les mains ?

La quiche lorraine

Pour 1 quiche

1 Préchauffe le four à 7. Étends la pâte au rouleau et mets-la dans le moule (vois p. 61) en la laissant dépasser.

- 1 pâte brisée salée
- 3 œufs
- 15 cl de crème fraîche
- 15 cl de lait
- 150 g de lard fumé
- 200 g de gruyère

2 Coupe le lard et le gruyère en petits dés.

3 Casse les œufs dans un récipient et bats-les comme pour faire une omelette. Ajoute les autres ingrédients, du poivre (pas de sel), et mélange le tout avant de le verser sur la pâte.

4 Replie doucement la pâte qui dépasse du moule vers l'intérieur (tu peux en voler un peu au passage, c'est trop bon !).

CUISSON

30 à 35 minutes. La quiche doit être bien dorée !

 La pâte brisée

Pour 4 personnes

- 250 g de farine
- 125 g de beurre mou
- 1 pincée de sel (pour tarte sucrée) ou 2 (pour tarte salée)
- 1 œuf

1 Verse la farine et le sel dans un récipient, ajoute le beurre (en petits morceaux, s'il n'est pas assez mou) et casse l'œuf.

beurre

farine + sel

2 Mélange l'œuf avec une cuillère, puis retrousse tes manches, plonge à 2 mains dans la farine et malaxe avec les doigts jusqu'à ce que le tout forme une boule élastique.

TRUC

Si la pâte est cassante, rajoute 1 ou 2 cuillères à soupe d'eau. Si elle devient collante, remets un peu de farine.

La pâte sablée

Pour 4 personnes

- 250 g de farine
- 125 g de sucre
- 125 g de beurre mou
- 1 pincée de sel
- 1 œuf

1 Avec une fourchette, bats ensemble le sucre et l'œuf. Quand le mélange devient lisse et blanchâtre, retrousse tes manches et ajoute la farine.

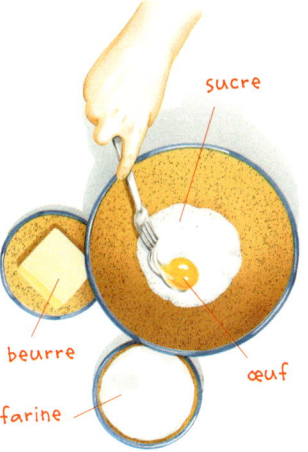

sucre

beurre

œuf

farine

2 Remue du bout des doigts jusqu'à obtenir une sorte de « sable » granuleux. C'est ce sable que tu vas malaxer avec le beurre jusqu'à ce que le tout se transforme en une belle boule lisse, qui ne colle plus aux doigts.

TRUC

Pour que le fond ne se déforme pas à la chaleur, recouvre-le avec une feuille de papier sulfurisé lestée d'un bon poids de riz ou de légumes secs.

FOND DE TARTE EN PÂTE SABLÉE

La pâte sablée est idéale pour les tartes aux fruits frais... qui doivent le rester. Pas question de les mettre au four ! Il faut donc cuire séparément le fond de tarte avant de le garnir. Préchauffe le four à 7. Roule la pâte et mets-la dans le moule (vois p. 61). Replie ce qui dépasse vers l'extérieur du moule et enlève-le en écrasant le bord avec le rouleau. (Tu peux faire 1 ou 2 biscuits avec les restes.)

À toi de choisir les fruits frais

CUISSON

25 minutes (les bords doivent commencer à dorer).

LES BISCUITS SABLÉS

Saupoudre de farine ton plan de travail et roule ta pâte sablée en forme de galette d'un centimètre d'épaisseur. Préchauffe le four à 7. Enfonce un verre pas trop large dans la pâte pour découper des ronds que tu disposes directement sur la plaque huilée du four.

Il existe aussi des emporte-pièce en forme d'étoile, de lune et autres.

CUISSON

10 à 12 minutes au four.

96

Les pâtes

Incroyable, mais vrai : elles plaisent à tous ! Aux petits et aux grands, aux chipoteurs et aux gloutons, aux paresseux et aux sportifs... et même aux cuisiniers. Car les pâtes sont faciles à préparer, pas chères et... tellement bonnes !

Les formes... et la forme

Pour mieux t'ouvrir l'appétit, elles prennent toutes les formes : coquillages, cheveux d'ange, papillons, étoiles, plumes, rubans, nids... Elles se colorent et se farcissent. Pas étonnant qu'au hit-parade des aliments préférés des jeunes, les pâtes concurrencent sérieusement les frites ! Et il n'y a pas qu'en Italie... Beaucoup de pays les ont mises à leur menu ! Quant aux sportifs, ils s'en gavent avant chaque compétition, car ils savent qu'elles représentent de l'énergie longue durée.

DES PÂTES

spaghettis
macaronis
nouilles
vermicelles
lasagnes
cannellonis
fettucinis
papardelles
raviolis
pennes
nids
tagliatelles
stelles
farfalles
tortellinis
coquillettes

oOOH ! COMME C'EST BEAU !

CHIFFRE

Les Italiens mangent 25 kg de pâtes par an et par personne. Soit 3 à 6 fois plus que les autres Européens.

BONNES PÂTES

Les pâtes alimentaires doivent leur nom au fait qu'elles sont fabriquées à base... de pâte : un mélange de semoule de blé dur ou de farine de blé, et d'eau, auquel on rajoute parfois des œufs. Les pâtes italiennes sont toujours à base de blé dur ; les pâtes asiatiques peuvent être réalisées à partir de farine de riz, de soja ou de haricots. Les pâtes sèches se conservent des années ; les pâtes fraîches doivent être mangées rapidement.

VRAI OU FAUX ?

C'est Marco Polo qui a ramené la recette des pâtes de Chine au XIIIe siècle.

Faux. Les Italiens mangeaient des pâtes bien avant le voyage de Marco Polo... mais les Chinois les connaissaient également !

Querelle de pâtes

Les grands spécialistes des pâtes sont bien sûr les Italiens.
Ils nous ont donné les mots pour les appeler, et les recettes
pour les préparer. Mais en sont-ils vraiment les « inventeurs » ?
Les habitants de deux villes italiennes, Naples et Bergame,
se disputent la découverte des célèbres macaronis.
Mais Chinois, Japonais et Coréens, qui consomment des pâtes
depuis des siècles, revendiquent également leur invention.

COMMENT MANGER LES SPAGHETTIS ?

Grave question ! Les impatients les coupent
à grands coups de couteau : un véritable scandale
pour les Italiens ! Il faut reconnaître que ce n'est
ni élégant ni très pratique... La technique officielle consiste
à enrouler les spaghettis dans un mouvement tournant
de la fourchette. Certains Italiens
s'aident d'une cuillère,
au creux de laquelle
les pâtes s'enroulent
mieux.

cuillère

fourchette

couteau

LA CUISSON

Pas si facile ! Pour un plat principal, il faut compter 100 à 125 g de pâtes sèches
par personne. Dans une très grande casserole, fais bouillir un litre d'eau salée
par 100 g de pâtes. Jette tes pâtes dans l'eau quand elle bout à gros
bouillons. Remue-les avec une cuillère en bois dès que l'ébullition reprend.
Ne mets pas de couvercle, sinon ça déborde ! Le temps
de cuisson est en général indiqué
sur la boîte, mais l'important est
que les pâtes soient *al dente*
(un peu fermes sous la dent).
N'hésite pas à les goûter.
Il vaut mieux arrêter la
cuisson trop tôt que trop tard,
car les pâtes se ramollissent
encore un peu après avoir été
égouttées. Fais-toi aider par
un adulte pour les verser dans
une passoire au-dessus de l'évier.

Fabrication de pâtes
dans les années 50.

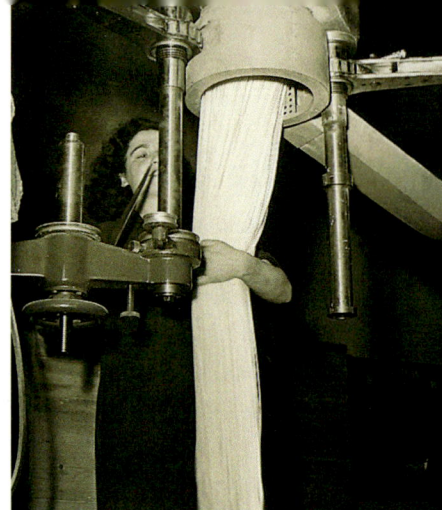

Fais tes pâtes toi-même

AU SECOURS !

Tu crois aimer les pâtes ? Attends d'avoir fait
tes pâtes fraîches maison ! La pâte n'est pas très
difficile à faire, c'est plutôt le façonnage qui
pose problème. Si tu disposes d'une machine
spéciale, à toi les spaghettis, les
tagliatelles et autres fettucinis... Sinon,
rassure-toi : la cuisine italienne a plus
d'un tour dans son sac !

La pâte des pâtes

Pour 4 personnes

- 400 g de farine • 4 œufs
- 1 cuillère à soupe d'huile

1 Verse la farine dans un récipient, puis
ajoute les œufs, l'huile et une pincée de
sel. Mélange avec une cuillère en bois.
Farine ton plan de travail et dépose
la pâte en t'aidant
d'une spatule.

2 Pétris-la 10 minutes
(vois p. 91) jusqu'à
en faire une boule élastique.
Ne t'énerve pas si elle est trop
collante, rajoute de la farine !
Mets-la dans le réfrigérateur
pendant 30 minutes, emballée
dans un film transparent.

grand
ovale

3 Sur le plan de travail fariné (attention,
tu auras besoin de beaucoup de place !), étale
la pâte au rouleau pour obtenir un grand ovale
de 1,5 mm d'épaisseur environ.

À partir de cette pâte, tu peux faire toutes sortes
de pâtes, notamment des raviolis.

DÉCOUPER LA PÂTE

C'est assez facile de couper des lasagnes en rectangles de
6 cm sur 12 environ. (N'appuie pas trop avec le couteau :
attention à la table !) Mais comment découper les étroites
tagliatelles ? Il y a un truc !

1 Saupoudre
de farine ton
ovale de pâte.
Puis enroule-le
sur lui-même,
très serré.

pâte enroulée sur
elle-même

tronçon
de 3 à 5 mm
de large

2 Découpe le cylindre
obtenu en tronçons
de 3 à 5 mm de large.

3 Il n'y a plus qu'à les dérouler
pour obtenir de superbes
tagliatelles... ou de spectaculaires
papardelles, si tu as fait des
tronçons plus larges (2 cm).

IDÉE

Des pâtes de toutes les couleurs !
Introduis dès le début de ta préparation
250 g d'épinards cuits, hachés et bien égouttés.
Tu peux aussi faire des pâtes rouges, avec une petite
boîte de concentré de tomates, et pourquoi pas
des pâtes aux herbes, avec du persil, du basilic,
ou de l'estragon hachés !

Les raviolis

Attention, grand art ! Ne te lance dans cette recette que si tu as déjà réussi des pâtes fraîches au moins une fois ! C'est 100 fois plus difficile que d'ouvrir une boîte de conserve... mais c'est au moins 1 000 fois meilleur ! (On trouve aussi d'assez bons raviolis au rayon frais des grands magasins et d'excellents dans certaines boutiques spécialisées...)

La farce

Tout (ou presque) est permis. Au choix...

Pour 4 personnes

- 500 g de ricotta (fromage frais italien) ou de brousse de brebis, sel, poivre, thym ou basilic ;
ou
- 300 g de ricotta, sel, poivre, 200 g d'épinards cuits ;
ou
- 100 g de fromage de chèvre frais, 300 g de crevettes hachées, 1 œuf entier, persil, jus d'un demi-citron ;
ou
- 300 g de saumon fumé, 4 cuillères à soupe de crème épaisse, aneth, poivre.

La technique

1 Fais ta pâte (vois page ci-contre). Étale-la au maximum (elle doit être presque transparente !).

farce

Sur une moitié de l'ovale de pâte, dépose une cuillère à soupe de farce tous les 4 cm. Recouvre le tout avec la deuxième moitié. Avec les doigts, aplatis bien la pâte tout autour des boules de farce.

2 Sépare tes raviolis en les découpant en carrés avec une roulette à pâte ou en ronds avec un petit verre (3 à 4 cm de diamètre environ).

Appuie bien avec le verre pour découper la pâte.

3 Pince les bords pour être sûr qu'ils sont bien collés. Fais cuire comme des pâtes normales dans beaucoup d'eau salée jusqu'à ce que les raviolis soient *al dente*.

Les sauces

Les pâtes fraîches et les raviolis maison sont tellement bons qu'ils peuvent se contenter de petits morceaux de beurre pour tout accompagnement. Mais le goût délicat des pâtes peut servir de support à une infinité de préparations.

LA SAUCE TOMATE

C'est le grand classique.
À la recette de base de la page 83, tu peux ajouter des aromates (persil, basilic, céleri, sauge...) ou un petit piment si tu aimes ce qui est piquant. Sur la même page, tu trouveras la recette de la fameuse sauce bolognaise.

 ## Les spaghettis carbonara

1 Fais cuire tes spaghettis (vois p. 97). Bats les œufs et la crème dans un bol. Poivre bien. Prépare le persil, les petits dés de lard, l'ail prêt à être mis dans le presse-ail.

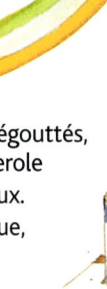

2 Quand les spaghettis sont égouttés, verse l'huile dans la même casserole et fais cuire les lardons à feu doux. Ajoute l'ail pressé, le persil, remue, puis verse les spaghettis.

 Pour 4 personnes

- 400 à 500 g de spaghettis
- 250 g de lard fumé en petits dés
- 2 œufs
- 20 cl de crème liquide
- 2 cuillères à soupe d'huile d'olive
- 2 gousses d'ail pelées
- 2 cuillères à soupe de persil haché
- parmesan râpé

3 Réchauffe quelques secondes les spaghettis à feu vif en remuant vivement, puis retire la casserole du feu et verse le mélange crème-œufs sans cesser de remuer. Le mélange épaissit à la chaleur, mais il tournerait si la casserole restait sur le feu ! Vérifie le sel et le poivre et sers avec le parmesan à part.

 ## IDÉE

Et pourquoi pas en salade ? Froides, les pâtes se marient avec tous les ingrédients d'une bonne salade. Assaisonne avec du citron et de l'huile d'olive ou de la mayonnaise à l'ail.

sauce tomate

gruyère

beurre

sauce crème

pesto

Le gratin de pâtes au gorgonzola

LA SAUCE À LA CRÈME

Pendant que tes pâtes égouttent, fais chauffer 20 cl de crème liquide (pour 4), avec du sel, du poivre et une herbe (sauge, basilic, estragon…). Mélange aux pâtes. Idéal avec des raviolis.

1 Fais cuire les pâtes le temps indiqué sur la boîte dans une grande casserole. Demande à un adulte de les verser dans une passoire au-dessus de l'évier pour les égoutter. Préchauffe le four à 8.

2 Dans la casserole, fais fondre à feu doux le gorgonzola dans la crème fraîche en remuant avec un fouet. Sors du feu et ajoute les œufs, 2 pincées de sel, du poivre, puis les pâtes.

3 Mélange, puis verse le tout dans un plat à gratin, saupoudre de fromage râpé et mets 5 minutes à four chaud.

Pour 4 personnes

- 500 g de pâtes « à trous » (macaronis, pennes…)
- 150 g de gorgonzola
- 2 œufs
- 20 cl de crème fraîche liquide
- 100 g de fromage râpé (parmesan ou gruyère)

La recette du pesto

Les pâtes al pesto sont délicieuses et pratiques, car le pesto peut se conserver plusieurs semaines pour un festin improvisé. Il suffit de hacher tous les ingrédients le plus finement possible, de les mélanger et d'en faire une pâte en les malaxant avec l'huile. Tu peux utiliser ton pesto tout de suite ou le mettre au frigo couvert d'un film transparent.

1 ROBOT MIXEUR OU 1 HACHOIR À PERSIL

- 100 g de pignons
- 250 g de parmesan râpé
- 1 gros bouquet de basilic
- 1 ou 2 gousses d'ail
- 10 cl d'huile d'olive

Quand tu fais des pâtes, il te suffit de prélever la valeur d'un petit œuf de ton *pesto* par personne. Tu le fais réchauffer dans une casserole en y ajoutant de l'eau de cuisson de tes pâtes, jusqu'à ce qu'il prenne une belle consistance crémeuse. Tu sales (éventuellement), tu poivres et tu ajoutes aux pâtes.

Le riz

Pas besoin d'être chinois pour l'apprécier, même si c'est un aliment toujours vénéré au pays de ses ancêtres. Incollable ou gluant, sucré ou salé, le riz nourrit une bonne moitié des habitants de la Terre...

Riz de Chine...

C'est sans doute en Asie que le riz est né, et il reste encore l'aliment roi dans ce continent ! On le cultivait déjà en Chine il y a 6 000 ans, mais c'est aussi une vieille connaissance en Inde, en Indonésie... Dans certaines langues orientales, on emploie le même mot pour dire riz et nourriture. Pour les Chinois, tout autre aliment n'est qu'un accompagnement ! Aujourd'hui, on le cultive en Europe (Camargue, Italie...), en Amérique, en Afrique, mais 94 % des récoltes proviennent d'Asie.

LES SECRETS DE LA CUISSON

Le riz gonfle énormément à la cuisson. Il faut donc compter un petit verre à moutarde de riz par personne. Le riz à long grain « normal » se cuit, comme les pâtes, dans une grande quantité d'eau bouillante salée (une douzaine de minutes environ), puis est égoutté. Tu peux aussi le faire revenir dans un peu d'huile, puis lui ajouter 2 fois et demie son volume d'eau et cuire à feu moyen, jusqu'à absorption complète du liquide. Selon les variétés de riz, la méthode de cuisson change. Lis bien les indications sur le paquet !

CHIFFRE

Il existe 8 000 variétés de riz différentes.

CARTE D'IDENTITÉ

NOM SCIENTIFIQUE :
ORYZA SATIVA.

Plante annuelle semi-aquatique, qui pousse en climat chaud et humide. Ses tiges peuvent atteindre 1,80 m de hauteur. Elles se terminent par une grappe de 50 à 300 fleurs ou « épillets », qui donneront les grains.

Le **grain de riz** est entouré d'une écorce dure, la **balle**. Il doit être décortiqué pour être mangé. Le riz brun, dit « complet », garde une partie de son écorce : ses vitamines (groupe B) et ses sels minéraux sont préservés ; le riz blanc, qui a subi plus de transformations, en a perdu une partie.

épillets

balle

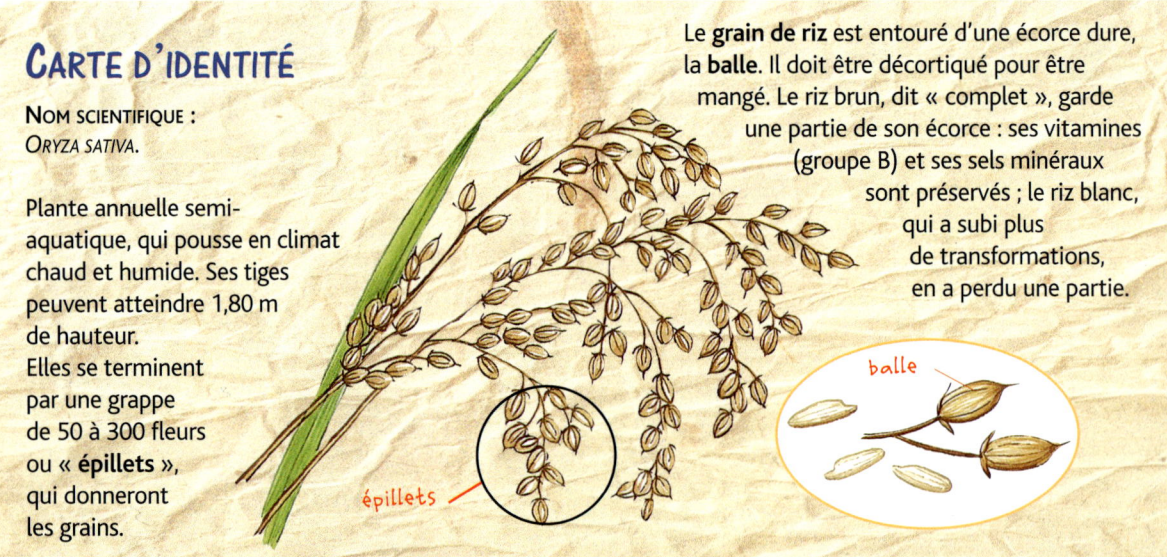

COURTS OU LONGS

Les variétés de riz sont classées selon la longueur de leur grain.

4 à 5 mm, c'est du riz à **grain rond** (il colle après cuisson car il contient plus d'amidon...).

5 à 6 mm, c'est du riz à **grain demi-long**.

6 mm et plus, c'est du riz à **grain long**. Il est léger et se détache facilement.

Le « **riz sauvage** » américain, déjà connu des Indiens, n'est pas du vrai riz, mais une autre espèce de graminée.

Avec le riz, on peut aussi fabriquer des pâtes, des gâteaux, du sirop, des boissons alcoolisées (vin et saké)...

LE RIZ DES MARIÉS

Pourquoi lance-t-on du riz sur les jeunes mariés ? C'est une coutume d'origine hindoue. Le riz symbolise le bonheur et l'abondance (à cause de la multitude des grains qu'il porte).

Le riz pousse les pieds dans l'eau, dans des rizières inondées une grande partie de l'année. De la qualité de l'irrigation dépend la récolte : plus il y a d'eau (et de chaleur), mieux le riz pousse.

RIZ ET RIZ

Le riz rond est parfait pour le risotto italien. On le fait revenir dans l'huile, avec des légumes, et on y ajoute progressivement du bouillon jusqu'à ce qu'il atteigne la bonne consistance. Il vaut mieux rincer le riz basmati (*basmati* veut dire « reine du riz » : c'est un riz indien très parfumé) pour lui ôter son amidon ; on le cuit ensuite à feu très doux dans 1 fois et demie son volume d'eau froide.

risotto

La paella à ta façon

Même les Espagnols ne sont pas d'accord entre eux sur sa composition. Alors vive l'improvisation ! La paella permet de mêler viande et poisson : ne t'en prive pas !

1 Prépare tous les ingrédients que tu as choisis, découpés, et à portée de main. Fais chauffer ta poêle à feu moyen, et fais revenir les légumes dans l'huile d'olive.

2 Ajoute l'ail, écrasé sous un verre, la viande, puis, quand tout est doré, le riz. Remue le tout et verse la moitié de ton eau, 1 cuillère à soupe de sel, le poivre et le safran.

3 Au fur et à mesure que le liquide est absorbé, ajoute de l'eau... jusqu'à ce que le riz commence à être tendre. Rajoute les petits pois et les produits de la mer !

Dès que les coquillages sont bien ouverts et que le poisson se défait, c'est prêt.

Pour 4 personnes

- 200 g de riz rond
- 15 cl d'huile d'olive
- 2 doses de safran
- 3 gousses d'ail
- 1/2 l d'eau
+ ingrédients au choix :

POÊLE À PAELLA

- **légumes** : poivrons, haricots verts, carottes en bâtonnets, champignons coupés, oignon haché, etc.
- **viande** : morceaux de saucisse, de côte de porc, de poulet, de lapin, tranches de chorizo...
- **produits de la mer** : filets de poisson, moules et autres coquillages (nettoyés), crevettes, gambas, langoustines...
- 1 petite boîte de petits pois

LE RIZ CANTONAIS

Pour 4 personnes

- 150 g de riz à grain long
- 4 œufs
- 1 petite boîte de petits pois
- 200 g de jambon d'York (1 tranche épaisse)
- 25 g de beurre

1 Fais cuire le riz dans une grande quantité d'eau bouillante salée pendant une dizaine de minutes. Quand il est presque cuit, casse les œufs dans une assiette creuse et brouille-les avec une fourchette (sans les battre).

2 Coupe le jambon en dés et fais-le dorer dans une sauteuse, avec un peu d'huile. Ajoute les petits pois égouttés. Verse les œufs. Remue le tout avec une cuillère en bois jusqu'à ce que les œufs soient cuits.

3 Égoutte le riz, et remets-le dans la casserole de cuisson avec le beurre. Ajoute ta préparation et mélange bien. Sers sur un plat ou dans des bols chinois, et décore avec du persil.

IDÉE

C'est meilleur avec des petits pois frais ou surgelés. Tu peux remplacer les dés de jambon par des crevettes.

Menu de lundi :
Salade de riz
" Paella
Riz au lait

LE RIZ AU LAIT

Pour 4 personnes

- 100 g de riz rond
- 65 cl de lait
- 80 g de sucre vanillé « maison » (vois p. 72) ou 70 g de sucre et 2 sachets de sucre vanillé
- 1 pincée de sel
- 1 cuillère à soupe rase de Maïzena
- 1 orange non traitée

RÂPE

1 Fais cuire le riz 5 minutes à l'eau bouillante. Égoutte-le bien. Fais chauffer le lait à feu doux dans une casserole (sauf la valeur d'un demi-verre que tu gardes pour la fin), avec le sel et le sucre.

2 Râpe un peu de pelure d'orange dans le lait. Ajoute le riz et laisse cuire doucement pendant 20 minutes. Remue de temps en temps et surveille surtout que ça ne déborde pas !

3 Casserole hors du feu, laisse gonfler le riz une demi-heure, avec un couvercle. Mélange la Maïzena dans le demi-verre de lait restant, verse-la dans le riz et refais cuire 5 minutes à feu moyen, en remuant. À servir tiède ou froid.

LE RIZ AUX CACAHUÈTES

Pour accompagner un plat exotique…
Fais revenir ton riz dans un peu d'huile, ajoute une poignée de cacahuètes salées par personne et fais cuire avec 2 fois et demie son volume d'eau légèrement salée. Tu peux aussi simplement mettre les cacahuètes à cuire dans l'eau de cuisson du riz. Le riz est à point quand toute l'eau est absorbée.

LA SALADE DE RIZ

Il te reste du riz ? Sers-le en salade. La salade niçoise est très connue (riz, olives noires, tomates et poivrons émincés, anchois, œufs durs, huile d'olive, citron), mais tu peux aussi improviser avec laitue, jambon, fromage en dés, fenouil, champignons crus, maïs en grains…

Le maïs

En flocons ou soufflé, le maïs croque gaiement sous ta dent... Couleur dorée, goût sucré, les Aztèques l'adoraient... bien avant l'invention du pop-corn !

CARTE D'IDENTITÉ

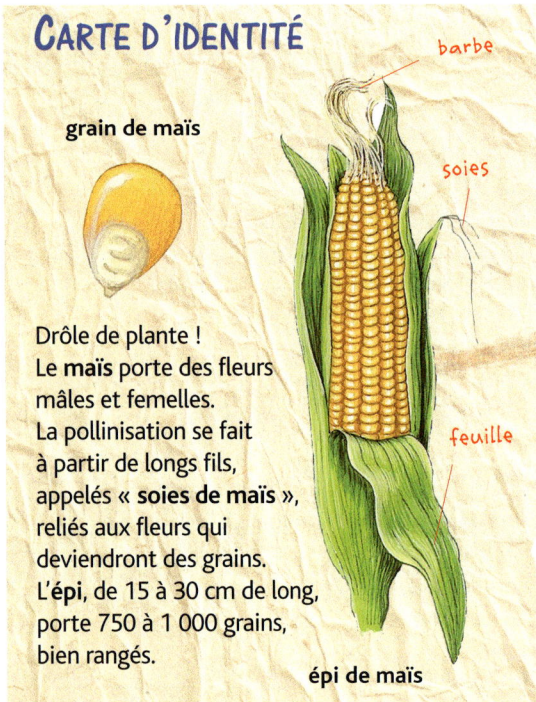

grain de maïs

barbe

soies

feuille

épi de maïs

Drôle de plante ! Le **maïs** porte des fleurs mâles et femelles. La pollinisation se fait à partir de longs fils, appelés « **soies de maïs** », reliés aux fleurs qui deviendront des grains. L'**épi**, de 15 à 30 cm de long, porte 750 à 1 000 grains, bien rangés.

Le maïs s'éclate !

Le pop-corn, tu en grignotes de pleins cartons dans les salles obscures... Chauffé vivement, il gonfle et saute en faisant « pop »... Le « maïs à éclater » est une variété à petits grains durs, très ancienne. Le maïs denté, lui, sert à nourrir les animaux. Le maïs sucré, réservé aux humains, tu le trouves parfois frais en appétissants épis jaunes, mais le plus souvent en conserve. Le maïs est la seule céréale d'origine américaine. Aztèques et Incas la cultivaient bien avant l'arrivée des Espagnols : des épis de maïs vieux de 7 000 ans, restes d'un lointain repas, ont été retrouvés.

LE POP-CORN

Pour faire ton pop-corn, il te faut du maïs à éclater (50 g environ) et une casserole avec un couvercle. Pas besoin de matière grasse. Fais cuire ton maïs à feu moyen avec le couvercle, en secouant souvent. C'est prêt quand tous les grains ont éclaté... Tu peux saler, sucrer ou manger nature.

AU FOUR

Au micro-ondes, le pop-corn ça marche aussi. C'est d'ailleurs en faisant éclater du maïs que l'inventeur du four à micro-ondes a constaté que son appareil fonctionnait !

Fêtes de maïs

Les rongeurs... et les gourmands l'adorent !
Le maïs, que tu achètes en épis tout frais, est
délicieux simplement cuit à l'eau, salé et beurré.
Les Québécois, qui l'appellent épinette ou blé
d'Inde, organisent des fêtes où ils en dévorent
de grandes quantités, grillé au feu de bois.

CORN-FLAKES

Ça te dit quelque chose ?
La recette des flocons de maïs
prêts à l'emploi a été inventée
par les frères Kellogg... en 1894 !

LA SALADE AU MAÏS

Plat principal pour 4 personnes

- 1 boîte de 300 g de maïs
- 1 petite barquette de mâche ou des feuilles de laitue nettoyées
- 150 g de cheddar ou de mimolette en bloc
- 150 g de lardons
- 4 grandes carottes
- vinaigrette

1 Nettoie la mâche (ou la laitue), et sèche-la dans un torchon propre.

2 Pèle les carottes, puis râpe-les (avec les gros trous de la râpe) Attention à tes doigts !

3 Coupe le fromage en petits cubes.

4 Dans un grand récipient, mélange délicatement carottes, fromage et maïs égoutté avec la vinaigrette. Dispose les feuilles de salade tout autour de ton plat de service, comme une guirlande. Au milieu, mets ton mélange.

5 Fais revenir à feu moyen les lardons dans une poêle antiadhésive, sans matière grasse. Quand ils sont bien croustillants, verse-les sur ta salade. Sers aussitôt.

LES GALETTES DE MAÏS

1 Dans un récipient, mélange la levure, le sel, le poivre et la farine. Ajoute l'œuf, en remuant avec un fouet, puis le lait, jusqu'à obtenir la consistance d'une crème épaisse et collante. Mélanges-y le maïs égoutté.

2 Recouvre le fond d'une sauteuse avec de l'huile. Fais chauffer à feu moyen, puis, à l'aide de 2 cuillères à soupe, fais-y tomber des boules de pâte (attention aux projections d'huile si celle-ci est trop chaude !).

3 Fais-les dorer sur les 2 faces en les retournant avec une spatule, puis pose-les sur du papier absorbant. Au besoin, rajoute de l'huile dans ta poêle entre 2 cuissons. Sers chaud avec une salade ou en accompagnement d'un plat en sauce.

Pour 4 personnes

- 1 boîte de 300 g de maïs
- 250 g de farine
- 20 cl de lait
- 1 œuf
- 1 sachet de levure chimique
- 1 cuillère à café de sel
- poivre • huile

ŒUFS ET PRODUITS LAITIERS

Quel point commun y a-t-il
entre les œufs et le lait ?
Ces deux aliments
      de base, tu les consommes
en très grande quantité
depuis que tu es tout bébé !
Car ils se cachent aussi dans une foule
de plats, pour mieux t'offrir
leurs bienfaits.

Simple comme un œuf ?

Au hit-parade des aliments, il est vraiment bien placé, l'œuf ! Car il est à la fois nourrissant et pas cher. Mais méfie-toi de son apparente simplicité : pour bien le cuisiner, tu dois bien le connaître...

Qui a commencé, de la poule ou de l'œuf ?

L'œuf contient le germe d'un embryon, et ses provisions. Mais tu peux manger une omelette sans craindre de tuer un poussin dans l'œuf. Car ce n'est que si une poule a été fécondée par un coq que son œuf donnera une naissance. Or les poules qui pondent les œufs du commerce ne voient jamais un coq de leur vie !

UNE QUESTION DE COULEUR

La couleur de la coquille (brune ou blanche) dépend de la race de la poule. La nuance du jaune dépend de son alimentation : si la poule est nourrie au blé, il sera plus clair que si elle est nourrie au maïs. Le blanc se solidifie à une température moins élevée que le jaune : il cuit donc plus vite.

CARTE D'IDENTITÉ

blanc
chalaze
jaune
coquille
membrane
chambre à air

L'œuf est formé de 4 parties différentes : la coquille, la membrane, le blanc et le jaune.

À la fois solide et fragile, la **coquille** est une merveille de la nature. Elle est percée d'une multitude de petits trous (10 000 environ), les pores, qui laissent passer l'air, l'humidité et les odeurs, mais pas les microbes.

La **membrane** est cette fine enveloppe blanche qui reste collée à la coquille. Elle a aussi un rôle de protection. Du côté arrondi de l'œuf, une poche d'air se forme après la ponte : cette **chambre à air** s'agrandit au fur et à mesure que l'œuf perd de sa fraîcheur.

Le **blanc**, formé surtout d'eau (87 %) et d'albumine (une protéine), représente les deux tiers de l'œuf. Les deux tortillons, appelés **chalazes**, servent à centrer le jaune.

Le **jaune** contient moitié d'eau, 30 % de lipides et 15 % de protéines. Le germe de l'œuf non fécondé est très discret : c'est une toute petite tache sur le jaune.

LES CATÉGORIES D'ŒUFS

La catégorie A est réservée à la table...

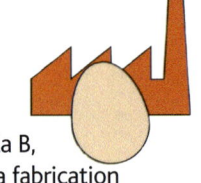

... la B, à la fabrication industrielle,

et la C ne peut pas être consommée par des humains.

Usines à poules

Parmi tous les volatiles, oies, canards, pintades..., ce sont les poules qui se sont montrées les meilleures pondeuses. Ces « stupides » gallinacés n'ont qu'un défaut : elles pondent moins en hiver, quand la lumière diminue. Les poules sont donc élevées « en batterie », dans des poulaillers-usines éclairés jour et nuit, et pondent tout le temps. En France, la majorité des œufs provient d'élevages qui comptent plus de 5 000 poules... et les œufs de ferme sont devenus une rareté !

Poules en batterie.

TRUC

Dans un verre rempli d'eau salée, plonge doucement ton œuf.

  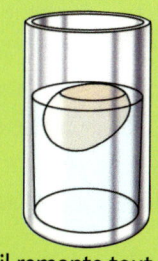

S'il se couche au fond, c'est qu'il est très frais.

S'il remonte un peu, c'est qu'il est assez frais.

S'il remonte tout à fait, c'est qu'il n'est pas frais du tout !

C'est une question de « chambre à air ». Plus l'œuf vieillit, plus elle s'agrandit, et donc plus il flotte !

CHIFFRE

Une bonne pondeuse pond en moyenne 300 œufs par an. Le record est détenu par une poule américaine : 371 œufs.

FRAÎCHEUR GARANTIE

Les œufs « extra-frais » ont été pondus 9 jours maximum avant la vente ; les « frais », jusqu'à 28 jours avant. La plupart sont maintenant datés du jour de ponte.

En catégorie A, les œufs « très gros » font au moins 73 g, les « gros », de 63 à 73 g, les « moyens », de 53 à 63 g, les « petits », moins de 53 g.

73 g   63 à 73 g   53 à 63 g   moins de 53 g

Poulailler industriel. Triage des œufs.

INFO

Le plus grand œuf de poule jamais pondu mesurait 31 cm, pesait 340 g et contenait 5 jaunes !

Pour se faire cuire un œuf...

Tes œufs, tu les veux à la coque, brouillés, en omelette... ?
Au petit déjeuner ou dans la journée, les œufs sont une réponse vite trouvée à ta petite ou grande faim.

mouillettes beurrées

IDÉE

Les « mouillettes » sont ces morceaux de pain frais, beurrés, longs et étroits (pour mieux entrer par l'ouverture) que tu « mouilles » d'œuf... C'est déjà délicieux, mais rien ne t'empêche de leur donner un air de fête en y ajoutant jambon ou saumon fumé. Tu peux aussi les remplacer par des asperges tièdes...

Les œufs à la coque

Regarde-le sur son coquetier, avec son chapeau posé à côté de lui, son blanc bien pris, et son jaune encore liquide. Une véritable œuf... vre d'art ! D'ailleurs, réussir un œuf à la coque exige le talent d'un artiste... ou, au moins, une bonne montre ! Tout se joue à la minute près : une minute en moins, et le blanc est encore visqueux, une minute en plus, et c'est le jaune qui se solidifie...

CHIFFRE

Pour faire un œuf d'autruche à la coque... tu dois le cuire plus de 40 minutes ! Il faut dire qu'il mesure environ 15 cm et pèse près de 2 kg.

Attention, surveille bien ta montre !

LA CUISSON

Sors ton œuf du frigo à l'avance, pour qu'il soit à la température de la pièce, ou compte 30 secondes de cuisson en plus. Fais chauffer de l'eau, avec quelques gouttes de vinaigre, dans une petite casserole. Quand l'eau frémit (des petites bulles commencent à remonter à la surface), plonges-y ton œuf délicatement, en le mettant d'abord dans une cuillère à soupe. Compte alors 3 minutes et demie, vide la casserole dans l'évier et récupère ton œuf.

œufs
durs

œufs
mollets

Les œufs mollets et durs

● Après 5 à 7 minutes de cuisson dans l'eau bouillante, les œufs deviennent « mollets » : le jaune commence à durcir, mais pas tout à fait. Pas mauvais dans les salades...

● Au bout de 7 à 10 minutes, les œufs sont durs.

● Mais au-delà de 10 minutes, rien ne va plus ! Le jaune vire au vert, les protéines de l'œuf libèrent une molécule « puante », le sulfure d'hydrogène. Ça sent l'œuf pourri ! Les œufs durs doivent être plongés directement dans l'eau bouillante (pas dans l'eau froide !). Résultat : un jaune mieux centré, et de plus jolies rondelles...

TRUC

Pour écaler plus facilement un œuf dur (c'est-à-dire enlever sa coquille), fais-le d'abord refroidir dans de l'eau froide. Commence par casser le côté rond de l'œuf en le tapotant contre une surface dure, puis souffle dans la coquille : elle se détachera mieux.

Les œufs durs aux sardines

1 Écale tes œufs durs. Coupe-les en deux dans le sens de la longueur. Enlève le jaune.

2 Dans un bol, écrase les sardines avec le jaune, rajoute le jus de citron, et mélange bien.

3 Recouvre les blancs d'une petite colline de farce. Mets un brin de persil, une rondelle de cornichon ou des câpres au sommet.

4 Dispose tes œufs en forme de fleur, avec la salade à la place du cœur.

Pour 4 personnes

- 4 œufs ● 1 boîte de sardines
- le jus d'un demi-citron
- quelques feuilles de salade
- brin de persil, câpres ou cornichons

Les œufs en cocotte

La « cocotte », ce n'est pas seulement la poule, c'est également un petit pot qui va au four. On l'appelle aussi ramequin.

1 Fais préchauffer ton four à chaleur moyenne (thermostat 6). Beurre tes cocottes. Dispose quelques dés de jambon, du gruyère râpé et une cuillère à soupe de crème dans chaque ramequin.

2 Casse un œuf par-dessus. Sale et poivre. Mets tes pots sur la plaque du four. Fais cuire 10 minutes.

Pour 4 personnes

- 4 œufs ● sel, poivre
- 4 cuillères à soupe de crème fraîche
- 100 g de dés de jambon
- 50 g de gruyère râpé

4 RAMEQUINS

Comment rater une omelette

On dit de quelqu'un qui ne sait vraiment pas cuisiner qu'il n'est « même pas capable de cuire un œuf ». Drôle d'expression ! Rien n'est moins facile que de réussir une omelette. Trop baveuse ou trop sèche, ce n'est pas bon. Et brûlée dans le fond, c'est carrément infect. Il y a mille manières de rater cette fausse simplette. Voici les trucs pour la réussir à tous les coups.

TRUC

Il est plus facile de réussir une petite omelette qu'une grosse. 2 œufs dans une grande poêle, c'est l'idéal, 4, un maximum ! S'il y a du monde, fais donc plusieurs omelettes...

L'OMELETTE SOUFFLÉE

Tu peux « souffler » tes amis avec une simple omelette ! Il suffit de séparer les blancs des jaunes et de battre les blancs en neige avec une pincée de sel. Tu incorpores les jaunes aux blancs en remuant doucement, dans un mouvement de bas en haut. Et tu cuis le tout comme une simple omelette, mais à feu plus doux.

Omelette « simplette »

1 Casse tes œufs à l'avance dans un bol et bats-les vigoureusement avec une pincée de sel.

2 Fais chauffer ta poêle avec une cuillère à soupe de matière grasse. Veille à ce que ta poêle soit graissée partout.

3 L'omelette se fait à feu vif. Verse tes œufs battus d'un coup et incline la poêle dans tous les sens pour qu'ils se répartissent sur toute sa surface.

- 2 œufs par personne
- sel, poivre
- 1 cuillère à soupe de matière grasse (huile, beurre ou margarine)

matière grasse

œufs battus

Les œufs au plat

Contrairement à l'omelette, les œufs au plat se cuisent à feu doux. Fais chauffer ta poêle avec une cuillère à soupe de matière grasse. Casse doucement ton œuf directement dans la poêle, sans crever le jaune. Dès que le blanc est complètement pris, c'est prêt. Sale et poivre... La seule difficulté est de faire glisser l'œuf dans l'assiette sans crever le jaune. Aide-toi d'une spatule !

IDÉE

Tu trouveras la recette des œufs au bacon du fameux *breakfast* anglais p. 256-257.

omelette aux fines herbes

omelette aux tomates

omelette au roquefort

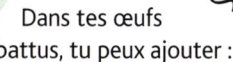
omelette aux champignons

IDÉE

Dans tes œufs battus, tu peux ajouter :
• des fines herbes ;
• des petits dés de fromage (on met souvent du gruyère, mais pourquoi ne pas essayer du chèvre, du reblochon ou du roquefort...) ;
• des oignons frits ;
• des champignons cuits (champignons de Paris, mais aussi cèpes ou girolles !) ;
• des tomates (déjà cuites) ;
• du sucre (eh oui !) ;
• des fruits revenus au beurre (pomme, ananas frais) ou crus (banane).

Le festival des omelettes

Omelettes (soufflées ou non) et œufs brouillés sont délicieux nature quand les œufs sont bien frais. Mais toutes les combinaisons sont permises. Voici quelques suggestions parmi des milliers d'autres... Rien ne t'empêche d'en combiner plusieurs ou d'inventer toi-même une nouvelle recette !

omelette aux oignons

4 L'omelette commence aussitôt à prendre, soulève les bords qui se forment avec une fourchette et fais couler en dessous ce qui reste de liquide.

5 Dès qu'il n'y a plus de liquide à faire couler, sors la poêle du feu. Il ne faut pas que le fond brunisse ! Replie l'omelette au tiers.

6 Fais glisser l'omelette dans une assiette en repliant le troisième tiers. À peine blonde à l'extérieur, tendre à l'intérieur, elle est parfaite !

omelette repliée au tiers

Les œufs brouillés

Ils se préparent comme une omelette, mais il faut les cuire à feu très doux, en remuant constamment avec une cuillère en bois. Le secret des bons œufs brouillés ? Les sortir du feu dès qu'ils sont crémeux, avant qu'ils ne se dessèchent.

Merci la vache !

En Égypte, c'était une déesse.
En Inde, elle est sacrée. Partout
dans le monde, on la vénère.
Car son lait nourrit petits et
grands depuis des millénaires...

Vive le lait

Comme tous les mammifères, le petit d'homme
est nourri au lait maternel au début de sa vie. Mais
l'homme peut aussi consommer du lait d'autres espèces.
Et il ne s'en est pas privé ! Depuis des
millénaires, vaches, brebis, chèvres,
bufflonnes, yacks ou chamelles
sont élevées pour leur lait.
La reine d'Égypte
Cléopâtre,
elle, prenait des
bains de lait
d'ânesse pour
avoir une
belle peau...

CARTE D'IDENTITÉ

La **vache** broute pendant 8 heures,
puis s'arrête de temps en temps
pour ruminer. L'herbe remonte
plusieurs fois de son premier
estomac, le **rumen**, jusqu'à
sa bouche, où elle la mâche
consciencieusement, avant
de l'avaler à nouveau.
Après un long passage
dans ses quatre estomacs,
les végétaux sont transformés
en éléments nutritifs,
qui passent dans le sang...
La vache ne possède qu'une
mamelle : le **pis**. Les tétines
sont appelées **trayons**.

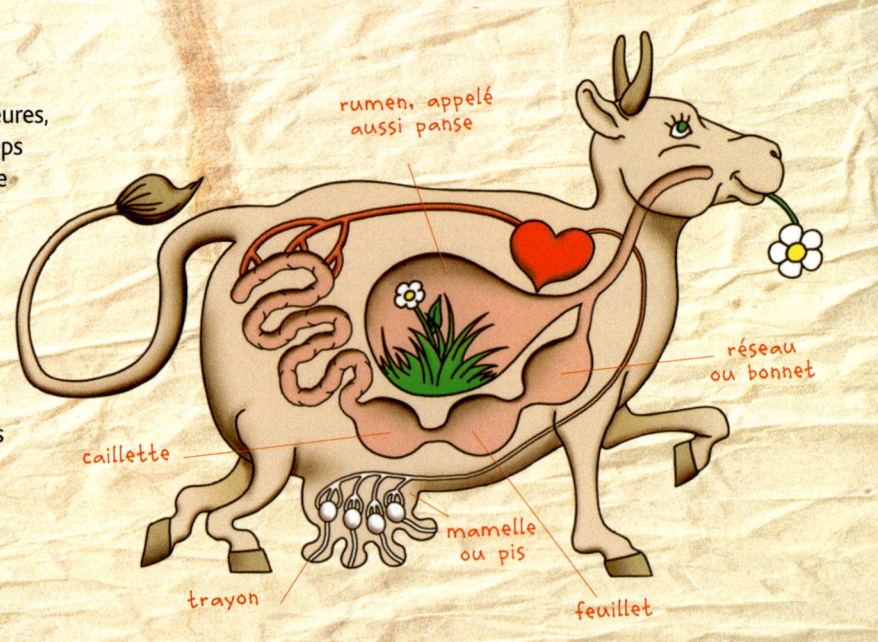

rumen, appelé aussi panse

réseau ou bonnet

caillette

mamelle ou pis

trayon

feuillet

5 534 litres, c'est la quantité moyenne de lait que donne en une année une bonne laitière. On peut en faire la même quantité de yaourt, soit 44 272 petits pots, 251,5 kg de beurre (1 006 plaquettes de 250 g) ou 461,2 kg d'emmental.

DÉVOREUSE D'HERBE

De l'herbe, ça ne nourrit pas son homme... Et pourtant, ça « profite » à une vache de 500 kilos, qui fabrique même du lait, en plus... Mais qu'est-ce qu'elle en engloutit ! Près de 1/6 de son poids par jour : 70 kilos environ, plus 80 litres d'eau.

Pour que la vache fasse du lait, il faut qu'elle donne naissance à un veau. La lactation dure 10 mois. Le lait sort de la mamelle de la vache quand les trayons sont stimulés par la tétée du veau, par la main de l'homme ou par la machine à traire.

Une collecte ultramoderne

À force de sélections et de soins, les vaches sont devenues des championnes de la production de lait ! On les trait au moins 2 fois par jour, et, dorénavant, les machines remplacent les mains des hommes. Quelques exploitations laitières testent même les machines en « libre-service » : les vaches vont se faire traire quand elles en ont envie, 4 ou 5 fois par 24 heures ! Les gobelets trayeurs sont reliés à un grand réservoir réfrigéré. Ainsi, le lait n'a plus de contact direct ni avec l'homme ni avec l'air. Tous les 2 jours, des camions-citernes viennent le pomper et l'emmènent à la laiterie.

« COCKTAIL » DE SANTÉ

Un litre de lait de vache pèse environ 1 035 g. Il contient 900 g d'eau et 135 g d'éléments nutritifs. C'est à la fois un liquide, et un véritable aliment, qui t'apporte tout ce dont ton corps a besoin : de l'eau, des protéines, des glucides (lactose) et des matières grasses. Sans oublier les vitamines (A, B2 et B12, C, D, E, K...) et les minéraux (surtout calcium et phosphore, indispensables à la formation de tes os)...

Bien conservé

Le lait est un produit vivant, qui contient des micro-organismes. Pour détruire ces microbes qui le font tourner, on le chauffe à une température plus ou moins élevée, et on le refroidit très rapidement. Ainsi, on peut le consommer, et le conserver sans problème !

AVEC OU SANS CRÈME ?

Lait écrémé, demi-écrémé et entier ? Quel choix ! Le lait entier doit contenir au minimum 36 g de matière grasse par litre ; le demi-écrémé, 15 à 18 g environ ; l'écrémé, moins de 3 g. Les cuisiniers... et les gourmands préfèrent le lait entier, qui garde une bonne partie de sa crème.

Le lait frais pasteurisé a été chauffé pendant 15 secondes à 72 °C. Il se conserve 7 jours maximum au frigo.

Le lait cru a été seulement réfrigéré, mais pas chauffé. C'est celui qui a gardé le vrai goût du lait. Tu peux le conserver maximum 48 heures au frigo, après l'avoir fait bouillir.

Le lait stérilisé a été chauffé à 115 °C pendant 20 minutes dans des bouteilles fermées. Tu peux le conserver 5 mois sans ouvrir la bouteille.

RANGE TON PRODUIT LAITIER AU FRIGO TOUT DE SUITE APRÈS SON UTILISATION.

Le lait stérilisé ultrahaute température (UHT) a été chauffé à une température très élevée (140 °C), pendant 2 secondes à peine, ce qui respecte mieux sa saveur que la stérilisation normale. Tu peux le conserver 3 mois sans ouvrir la bouteille.

Le milk-shake

C'est du lait « secoué » dans un shaker ou un mixeur. Verse un verre de lait avec une grosse boule de glace dans le bol mixeur, et mixe jusqu'à ce que ton milk-shake soit bien mousseux. Pense à varier les parfums, à ajouter des fraises, des framboises, des bananes ou du miel...

COCKTAIL « LA PÊCHE »

1 verre de lait bien froid, 1 sachet de sucre vanillé, 1 pêche pelée et coupée en morceaux, 2 cuillères à soupe de gelée de groseilles (ou autre confiture de fruits rouges).

LE LAIT ENTAMÉ NE SE CONSERVE QUE QUELQUES JOURS AU FRIGO.

COCKTAIL DES ÎLES

10 cl de lait, 10 cl de jus d'ananas et 1 rondelle d'ananas (pour décorer le verre).

GRENADINE D'ENFER

10 cl de lait, 1 cuillère à café de grenadine, 1 cuillère à café de sucre glace, le jus d'un citron, 2 glaçons.

COCKTAILS SYMPAS

Tu as du lait ? Fabrique des cocktails sympas en y ajoutant des sirops, des fruits frais ou des jus de fruits. Les quantités sont données pour un seul (grand) verre. Verse tous les ingrédients dans le bol mixeur, mixe, et sers glacé avec une paille.

La crème et le beurre

Du beurre sur le pain frais, de la chantilly sur la glace... Le lait t'offre des plaisirs gourmands... irrésistibles !

Tourne la crème...

La crème, c'est la matière grasse du lait. On l'extrait avec une centrifugeuse, une cuve qui tourne très vite. L'eau et les éléments plus lourds sont expédiés vers les parois, et la crème fraîche se rassemble au milieu. Quant au beurre, c'est de la crème battue jusqu'à ce qu'elle se solidifie.

Centrifugeuse.

DOUCE CRÈME

Comme le lait, la crème est proposée crue, pasteurisée ou stérilisée. Elle est soit liquide (et douce) soit épaisse (et un peu acidulée). La crème « allégée » contient jusqu'à moitié moins de matières grasses.

CONSEIL

La crème apporte sa douceur aux préparations sucrées ou salées. Mais les bons cuisiniers l'utilisent avec mesure ! Évite de faire trop chauffer le beurre quand tu cuisines.

 La crème Chantilly

1 Verse 20 cl de crème liquide bien froide dans un récipient de taille moyenne que tu as rafraîchi au frigo (ou, encore mieux, au congélateur après l'avoir mouillé à l'intérieur).

2 Bats vigoureusement avec un fouet ou un batteur électrique. La crème commence à épaissir : ajoute une grosse cuillère à soupe de sucre. Continue à battre jusqu'à ce que des pointes se forment quand tu soulèves le fouet.

Attention : dès que la crème jaunit, c'est qu'elle se transforme en beurre.

LA MARGARINE

La margarine a été inventée en 1869 pour remplacer le beurre, alors rare et cher. Elle est la plupart du temps faite à partir d'huiles végétales. Elle renferme autant de matières grasses que le beurre, et s'utilise de la même façon, mais n'a pas le même goût.

Yaourts et compagnie

Nature ou aux fruits ?
Le yaourt a toutes les qualités :
nourrissant, facile à digérer,
et délicieux. Mais sais-tu
qu'on peut aussi le cuisiner ?

CHIFFRE

Un yaourt contient
100 millions de bactéries
lactiques vivantes
par gramme.

SAUCE À L'AVOCAT

Écrase la chair coupée
en cubes d'un avocat
bien mûr avec deux
yaourts. Ajoute du jus
de citron, une cuillère
à café de moutarde, du
sel, du poivre. Délicieux
avec les crevettes !

Fais ton yaourt

1 Fais bouillir le lait dans un poêlon à bec verseur
(c'est plus facile pour verser le mélange dans les pots
par la suite) et laisse-le refroidir : entre 40 et 46 °C,
c'est la température idéale pour que les bactéries
fassent leur travail. En fait, dès que tu peux
y plonger le doigt sans te brûler.

2 Délayes-y alors le lait en poudre, ainsi
que les ferments ou le yaourt nature.

3 Mélange bien, puis verse
dans les pots. Dépose-les dans un
récipient qui ferme bien (Cocotte-
Minute, Tupperware...) avec un fond
d'eau bien chaude. Couvre-le avec
une petite couverture ou un vieux
pull, et installe-le dans un endroit
tiède pendant 6 à 8 heures. N'ouvre
pas le couvercle et ne bouge pas
le récipient pendant
ce temps-là.

4 Mets ensuite tes yaourts au frigo, et attends
une demi-journée avant de les déguster.

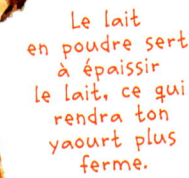

Le lait
en poudre sert
à épaissir
le lait, ce qui
rendra ton
yaourt plus
ferme.

**10 PETITS POTS
DE YAOURT EN VERRE**

Pour 10 yaourts environ

• 1 litre de lait entier
• 4 cuillères à soupe de lait en poudre
• 1 yaourt nature ou des ferments

1 THERMOMÈTRE DE CUISINE

Pour 4 personnes

CONCOMBRES AU YAOURT

1 concombre épluché et coupé en fines tranches, 3 yaourts, 1 cuillère à soupe d'huile d'olive, le jus d'un demi-citron, du persil haché, 1 gousse d'ail pressée (si tu aimes), du sel, du poivre. Mélange les ingrédients dans un saladier, décore avec des feuilles de menthe, et mets ta préparation au frigo une heure à l'avance...

Gentilles... les bactéries ?

Lactobacillus bulgaricus et *Streptococcus thermophilus*. Avec des noms pareils, difficile de croire que ce sont nos amies. Et pourtant ! Ces 2 bactéries lactiques font cailler le lait... pour notre plus grand plaisir ! Sans elles, il n'y aurait pas de yaourt. On les élève d'ailleurs avec autant d'amour que des vaches... mais en laboratoire. D'après la loi, n'ont droit au nom de yaourt que les laits qui contiennent ces 2 bactéries. C'est pourquoi les produits au bifidus ou à l'acidophilus sont simplement appelés « laits fermentés ».

Pour 4 personnes

MIXEUR

MOUSSE YAOURTS-FRAISES

Mets 200 g de fraises lavées, équeutées et coupées en petits morceaux, 2 yaourts nature, 1 briquette de crème bien froide et 4 cuillères à soupe de sucre en poudre dans un bol mixeur. Mixe bien... C'est prêt ! À servir dans des coupes décorées avec une fraise ou une feuille de menthe.

YAOURT OU YOGHOURT ?

Comme tu veux ! Le mot « yoghourt » viendrait du turc *yoghurmak*, qui veut dire « épaissir », et le mot « yaourt » du bulgare *jaurt*. De fait, ce lait fermenté serait d'origine bulgare. Chez nous, ça ne fait qu'une vingtaine d'années qu'on en consomme beaucoup. Aussi nourrissant que le lait, le yaourt est plus digeste. On dit que les gens qui en mangent beaucoup deviennent centenaires... Le yaourt normal est ferme ; le yaourt brassé est plus onctueux ; le yaourt à boire est battu après avoir été brassé. On peut aussi faire du yaourt avec du lait de brebis ou de chèvre.

LAITS FERMENTÉS

Le lait caillé est du lait qui a fermenté tout seul, par l'action des micro-organismes qu'il contient. Le kéfir est du lait fermenté avec un mélange de levures et de bactéries ajoutées. Cette boisson, légèrement pétillante, est appréciée en Europe de l'Est.

Les fromages

Au lait de vache, de chèvre ou de brebis ?
Frais ou faits, doux ou forts, mous ou fermes,
à croûte ou sans croûte… ? Des fromages,
il y en a vraiment pour tous les goûts !

Mille et un fromages

Plus de 400 variétés différentes, rien qu'en
France ! Chaque région a « inventé » son
propre fromage au lait de vache, de chèvre ou
de brebis. Et de nombreux autres pays ont
aussi leurs spécialités ! Tout ça, parce
qu'un jour, il y a près de 10 000 ans,
quelqu'un a eu l'idée géniale d'égoutter
du lait et de laisser sécher le caillé :
le fromage était né ! À partir de ce
moment, les hommes ont « mangé
du lait », du lait qui non seulement
se conservait, mais s'améliorait
au fil du temps !

Les fromages frais
Tu les appelles aussi fromages blancs
ou petits-suisses. Tu les manges à la
petite cuillère « nature », sucrés,
salés ou aromatisés.

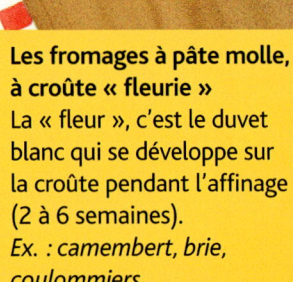

camembert

petits-suisses

**Les fromages à pâte molle,
à croûte « fleurie »**
La « fleur », c'est le duvet
blanc qui se développe sur
la croûte pendant l'affinage
(2 à 6 semaines).
*Ex. : camembert, brie,
coulommiers,
Caprice des Dieux…*

Les fromages à pâte molle, à croûte lavée
Ils sont fabriqués comme ceux à croûte
fleurie, sauf qu'ils sont lavés à l'eau salée,
et brossés. Leur croûte est orangée, et ils
sont très forts… en goût !
Ex. : livarot, munster, maroilles, Rouy…

munster

roquefort

Les fromages à pâte persillée
On les appelle aussi « bleus » à cause
de la couleur de leurs veines. Avant
l'affinage, ils sont percés de trous avec
de fines aiguilles pour qu'une bonne
moisissure bleue s'y développe…
*Ex. : bleu d'Auvergne, bleu de Bresse,
roquefort…*

RECORD

Le plus petit fromage, le « bouton de culotte »,
est fabriqué dans la région de Dijon.
Son nom donne une idée de sa taille…
Le plus gros, c'est l'emmental,
dont les « roues » (meules) pèsent
entre 80 et 100 kg.

Les fromages de chèvre
Selon la durée de l'affinage, les chèvres sont tendres ou plus secs.
Ex. : crottins, cabécou, picodon, pouligny saint-pierre...

crottins

Du lait au fromage
Pour faire du fromage frais, on fait cailler le lait en lui ajoutant des ferments et un peu de présure, puis on égoutte un peu le caillé obtenu, et on le met en pots. Fabriquer de « vrais » fromages demande plus de savoir-faire. On fait cailler le lait avec des ferments et de la présure. On égoutte le caillé dans des moules perforés : ça donne la forme du futur fromage. On démoule et on sale les fromages, puis on les entrepose dans des caves d'affinage en attendant qu'ils soient « à point ». Les spécialistes qui contrôlent leur maturation les retournent (et, parfois, les brossent et les lavent) pendant plusieurs semaines ou plusieurs mois.

Truc
Il y a gruyère et gruyère ! Regarde le fromage bien dans les « yeux » (les trous) pour le reconnaître. Ceux du comté français et du gruyère suisse doivent avoir une taille comprise entre le petit pois et la noisette ; ceux de l'emmental, la grosseur d'une noix. Le beaufort est « aveugle », mais il a de petites fissures, comme des brins de laine : on les appelle des « lainures ».

Les fromages fondus
À base de fromages à pâte pressée, cuite ou non. On y rajoute parfois du lait, de la crème ou des aromates
Ex. : la Vache qui rit, le Kiri...

"vache qui rit"

gruyère

cantal

Les fromages à pâte pressée cuite
Le caillé a été chauffé puis pressé très fort. Des trous se forment à cause du gaz carbonique dégagé par les micro-organismes qui transforment la pâte pendant l'affinage (de 6 mois à 1 an).
Ex. : gruyère, comté, emmental, beaufort...

Les fromages à pâte pressée non cuite
Le caillé est bien pressé, et l'affinage dure longtemps (de 2 mois à plus d'un an).
Ex. : cantal, tomme, saint-nectaire...

Sur un plateau

Un plateau de fromages finit en beauté le repas. Parfois, il peut même le remplacer !

Tout fromage

Pour une « dînette » fromages, choisis-les de familles différentes, et accompagne-les de petits pains (campagne, viennois, au seigle, aux céréales, aux noix, aux lardons...), de beurre, de fruits (pommes, poires, raisins, figues, noix...), de salade...

TRUC

Les fromages se gardent dans le bas du frigo, emballés séparément. Sors-les une heure à l'avance du frigo. N'oublie pas de mettre deux couteaux propres sur ton plateau : un pour les doux, l'autre pour les forts.

BOUCHÉES POUR L'APÉRITIF

Choisis des fromages assez mous (fromage frais, demi-sel, roquefort, chèvre frais...). Mêles-y des morceaux de noix, de la poudre d'amandes ou de noisettes, des raisins secs... Forme des billes que tu roules dans des fines herbes hachées menu, du paprika, du curry ou du poivre...

Les barquettes de céleri au roquefort

Pour 4 personnes

- 1 botte de céleri
- 150 g de roquefort (ou un autre bleu)
- 2 petits pots de fromage blanc
- Persil, ciboulette ou olives noires pour la décoration

1 Lave très soigneusement les herbes et le céleri. Coupe les tiges (en enlevant les fils qui se détachent) en bâtonnets de 8 à 10 cm de long dans leur partie la plus large. Il t'en faut 2 par personne.

2 Dans un grand bol, mélange bien le roquefort et le fromage blanc. Assaisonne à ton goût.

3 Remplis généreusement tes barquettes de la farce. Décore avec persil, ciboulette hachée ou olives noires...

IDÉE

Un cure-dents planté dans chaque barquette, sur lequel tu attaches une feuille de papier blanc coupée en triangle, la transformera en voilier...

Le chèvre chaud sur pomme

1 Préchauffe ton four, thermostat 7-8 (four chaud). Lave tes pommes, enlève leur trognon avec un vide-pomme. Coupe-les en deux horizontalement. Dans chaque moitié, coupe une tranche épaisse.

VIDE-POMME

Pour 4 personnes

- 2 gros crottins (style crottins de Chavignol) ou 4 petits (style cabécou)
- 2 grosses pommes
- herbes de Provence, huile d'olive, poivre
- quelques feuilles de laitue bien lavées et essorées
- vinaigrette

2 Dépose tes 4 tranches de pomme dans un plat antiadhésif, avec par-dessus un crottin (ou un demi-crottin s'ils sont gros). Mets une goutte d'huile d'olive, une pincée d'herbes de Provence et du poivre sur chaque crottin. Enfourne ton plat, position gril pendant 10 minutes en le surveillant. Tes fromages de chèvre doivent dorer, mais pas brûler, ni s'étaler dans le plat !

3 Sers directement dans chaque assiette sur un lit de salade assaisonnée.

Le *cheesecake* (le gâteau au fromage blanc)

1 Dans un grand saladier, mélange bien le fromage blanc, les jaunes d'œufs, le sucre, la semoule, les fruits en morceaux et le zeste de citron. Préchauffe ton four 10 minutes, thermostat 5-6 (chaleur modérée).

2 Bats tes blancs d'œufs en neige jusqu'à ce qu'ils soient assez durs pour ne pas tomber si tu retournes le plat. Intègre-les délicatement à ta pâte, cuillère par cuillère, en remuant très doucement pour ne pas casser les bulles d'air. Beurre ton moule. Verses-y ta préparation. Mets au four pendant une heure jusqu'à ce que ton gâteau soit doré.

Pour 4 personnes

- 500 g de fromage blanc bien égoutté (à 40 % de matière grasse)
- 2 œufs
- 75 g de sucre
- 1 sachet de sucre vanillé ou 2 cuillères à café de ta préparation (vois p. 72)
- 3 cuillères à soupe de semoule de blé fine
- 1 pomme ou 1 poire, et 1 poignée de raisins secs ou de morceaux de pruneaux dénoyautés
- le zeste d'un citron non traité

BATTEUR OU FOUET

LES LÉGUMES

Tristes, les légumes ?
Si tu sais les cuisiner,
ils se mettent à jouer de la couleur
et se métamorphosent en potages
crémeux, purées moelleuses,
salades croquantes...
Tu vas craquer !

PATATE OU POMME DE TERRE ?

Même si on l'appelle familièrement « patate », il ne faut pas confondre la pomme de terre avec la patate douce qui appartient à une autre famille : les convolvulacées. Sucrée et farineuse, elle est surtout appréciée en Amérique du Sud et en Asie.

TRUC

Pour soigner une brûlure légère, coupe une patate en deux et frotte la chair contre la brûlure. Ça calmera la douleur.

La pomme de terre

Tu l'adores sous son habit doré de frite. Mais même en simple « robe des champs », la reine des légumes a tout pour te séduire !

Pauvre Cendrillon...

Traiter quelqu'un de « patate », ce n'est pas flatteur... Normal, la pomme de terre a longtemps été méprisée. Pourtant, elle a plein de qualités ! Généreuse : un seul pied donne de nombreux tubercules. Et très nourrissante ! Il existe mille et une façons de lui rendre honneur : en purée, en frites, sous la cendre, au four, bouillie, sautée...

CARTE D'IDENTITÉ

NOM SCIENTIFIQUE : *SOLANUM TUBEROSUM.*
FAMILLE : SOLANACÉES.

Les **« yeux »** de la **pomme de terre** sont les endroits d'où vont sortir les germes. Un seul **tubercule** en donnera plusieurs à la récolte suivante.

Il existe près de 4 000 variétés de pommes de terre ! En frites ou en purée, tu manges souvent la grosse *bintje*, jaune et farineuse. La *roseval* et la *rosa* ont la chair rose. La *charlotte*, la *belle de Fontenay* ou la *ratte* sont petites, fermes, avec un goût délicat. Les pommes de terre nouvelles sont cueillies avant maturité, au printemps.

tubercule

roseval

rosa

charlotte

bintje

VRAI OU FAUX ?

La pomme de terre fait grossir.

Faux. Bouillie ou en robe des champs, elle est même recommandée pour les régimes, car elle donne vite la sensation d'avoir assez mangé. Sous forme de frites ou de chips, elle est enrobée de graisse... qui fait grossir !
- *Pomme de terre bouillie ou en robe des champs : 86 calories.*
- *Au four (nature) : 109 calories.*
- *Frites : 315 calories.*
- *Chips : 539 calories.*

Le trésor des Incas

Les Espagnols partis à la conquête de l'Amérique au début du XVIe siècle ramènent de l'or et des plantes inconnues... comme la *papa*, adorée des Incas. Mais les Européens s'en méfient : ils la soupçonnent même de donner la lèpre !
C'est au XVIIIe siècle qu'elle devient un aliment courant, grâce à Antoine Augustin Parmentier. On raconte que cet agronome fit garder un champ de pommes de terre par des soldats, comme si c'était un bien précieux... et donna ainsi envie à la population d'en manger !

La pomme de terre : un drôle de trésor !

Le gratin dauphinois

ROBOT ÉQUIPÉ D'1 RÂPE

1 Pèle les pommes de terre et lave-les à l'eau. Sèche-les soigneusement dans un torchon propre. Fais-les couper en « chips », en fines tranches. C'est plus facile avec un robot.

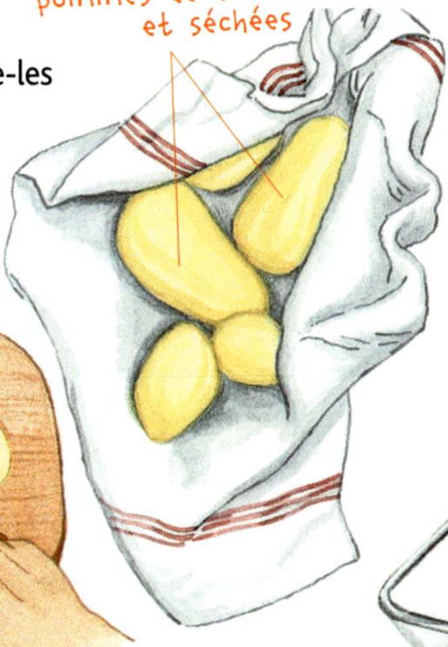

pommes de terre lavées et séchées

Pour 4 personnes
- 1 kg 1/2 de pommes de terre
- 1/2 l de crème fraîche liquide
- 20 cl de lait
- 1 gousse d'ail
- 2 cuillères à café de sel

pommes de terre crues avec crème

2 Préchauffe le four, thermostat 7 (assez chaud). Pèle la gousse d'ail et frotte-la sur toute la surface intérieure d'un plat à gratin. Beurre le plat.

3 Dans un récipient, mélange les pommes de terre coupées, la crème, le lait et le sel. Poivre bien. Verse le tout dans le plat à gratin et fais cuire 1 heure au four.

Les pommes de terre au four en robe des champs

Une des meilleures recettes pour goûter la saveur des pommes de terre. « En robe des champs » veut simplement dire cuites dans leur peau. C'est la méthode qui préserve le mieux les vitamines. N'oublie pas de bien nettoyer la pelure en la brossant sous l'eau.

Pour 4 personnes

- 4 grosses pommes de terre (de variété farineuse, genre bintje)
- 1 grand pot de fromage blanc à 20 % de matière grasse
- de la ciboulette (et/ou d'autres herbes comme persil, basilic, aneth...)

1 Préchauffe le four, thermostat 7 (assez chaud). Pique chaque pomme de terre avec une fourchette pour qu'elle n'éclate pas à la cuisson, puis emballe-la dans une feuille de papier aluminium.

papier aluminium

PAPIER ALUMINIUM

farce

2 Mets au four, durant une heure, les pommes de terre emballées, sur la plaque de cuisson. Pendant ce temps, prépare ta farce : dans un bol, bats à la fourchette le fromage blanc avec le sel, le poivre et les fines herbes.

3 Quand tes patates sont cuites, demande à un adulte de t'aider à les sortir du four, et enlève le papier. Fais une entaille profonde dans chaque pomme de terre et bourre-la avec ton mélange.

TRUC

Pour vérifier la cuisson des pommes de terre, enfonce la lame d'un couteau dans la chair. Si la pomme de terre ne vient pas avec la lame quand tu soulèves le couteau, ça veut dire qu'elle est cuite.

IDÉE

Selon tes envies, ajoute au fromage blanc des dés de jambon, du saumon fumé, des miettes de thon, des petits légumes (maïs, macédoine)... Tu peux aussi remplacer le fromage blanc par une noix de beurre, de la crème fraîche ou du fromage qui fondra de plaisir sur la patate chaude...

CONSEIL

Si tu ne cuis pas tout de suite les pommes de terre que tu as pelées, mets-les à tremper dans l'eau, sinon elles noircissent.

CHIFFRE

La pomme de terre est le légume le plus consommé par les Français. Mais ils en mangent moins qu'auparavant : en 1925, chaque habitant en avalait 178 kilos par an ; en 1998, à peine une quarantaine de kilos... Les Belges, réputés gros mangeurs de frites, ne consomment pas beaucoup plus de pommes de terre que les Français.

INFO

On ne mange pas les pommes de terre crues : l'amidon qu'elles contiennent se digère mieux après cuisson.

GLOUPS !

La purée de pommes de terre

Pour 4 personnes

1 Mets les pommes de terre pelées et coupées en morceaux dans une grande casserole avec de l'eau froide salée. Laisse cuire au moins 20 minutes. Égoutte-les, puis écrase-les avec le moulin à légumes ou le presse-purée (jamais avec le mixeur, ta purée serait élastique !).

2 Ajoute le beurre et le lait (ou la crème fraîche) et remets la purée à feu doux, en la battant énergiquement au fouet. Sale, poivre, et parfume avec de la noix de muscade en poudre (ou râpée).

- 8 grosses pommes de terre
- 1/4 de litre de lait ou 20 cl de crème fraîche
- sel, poivre, noix de muscade
- 1 grosse noix de beurre

Écrase bien avec le presse-purée.

MOULIN À LÉGUMES OU PRESSE-PURÉE

Remue énergiquement.

purée au jaune d'œuf

purée à la tomate

IDÉE DÉCO : LA PURÉE AUX 3 COULEURS

Sépare ta purée en trois parties. Dans la première, ajoute du concentré de tomates ; dans la deuxième, des épinards ou des petits pois mixés ; dans la troisième, un jaune d'œuf. Mets chaque purée dans une tasse ou un bol, et démoule-les en alternant les couleurs sur un grand plat, autour d'un poisson ou d'une viande.

CHIFFRE

La plus grande purée du monde est américaine. Elle a été préparée dans une bétonnière, avec 8,2 tonnes de pommes de terre.

purée aux épinards

Les légumes-racines

Manger des racines ? Pas fou, non ! T'es pas un lapin ! Et pourtant, ça t'arrive souvent... au moins chaque fois que tu croques une carotte ou un radis !

VRAI OU FAUX ?

Les carottes ne sont pas toujours orange.

Vrai. Il existe des carottes blanches, jaunes, rouges, mauves ou noires !

LES CAROTTES AU JUS D'ORANGE

Une entrée ou un dessert-santé délicieux et original qui nous vient du Maroc. Il te faut 4 belles carottes, 3 oranges, 2 cuillères à café d'eau de fleur d'oranger et 2 cuillères à soupe de sucre. Râpe les carottes. Presse les oranges. Mélange le jus d'orange, l'eau de fleur d'oranger et le sucre aux carottes râpées...

Colorés ou pâlichons

Plantes potagères dont on mange la racine : ça ne manque pas, les légumes qui répondent à cette définition ! Carottes, radis, betteraves, navets, endives (on les appelle « chicons » dans le nord de la France et en Belgique), salsifis, scorsonères, céleris-raves... Sans oublier les rutabagas ou les topinambours, dont tes grands-parents ont sans doute un mauvais souvenir, parce qu'ils ne mangeaient que ça pendant la guerre...

CAROTTE BONNE MINE

Tu en manges souvent, et tu as raison ! Car la carotte apporte, en toute saison, une bonne ration de vitamines, surtout A, recommandée pour une bonne vision. On dit qu'en manger de grandes quantités ferait bronzer… En fait, ça donne une couleur orange à la peau, à cause du carotène, un pigment que contient la carotte.

Croquants ou moelleux

La saveur des légumes-racines varie de légèrement sucrée à très piquante. Certains s'apprécient tels quels, comme les radis roses et noirs. D'autres, comme la carotte, le céleri-rave ou l'endive sont aussi bons crus que cuits. La plupart ont besoin d'une longue cuisson qui ramollit leurs fibres. Ils finissent alors en potages, purées, plats mijotés ou gratins.

CONSEIL

Pas besoin de peler les jeunes **carottes** : tu les grattes avec un couteau, et tu les laves. Mais les « vieilles » (celles qu'on trouve toute l'année), oui ! Coupe d'abord la base et le sommet, puis pèle-les avec un épluche-légumes ou un couteau économe. Nettoie-les ensuite à l'eau. On les coupe en général en rondelles ou en bâtonnets (selon les recettes). Les **navets** doivent aussi être pelés, avant d'être coupés en morceaux. Les **céleris-raves** sont très durs à peler. Fais-toi aider ! Les **endives** doivent être juste passées sous l'eau. Coupe la base sur 1/2 cm : c'est la partie la plus amère.

IDÉE

Même si tu ne raffoles pas des endives, tu peux t'en servir pour la décoration des salades (en si petite quantité, leur goût ne te gênera pas). Détache quelques feuilles entières, nettoie-les et dépose-les comme de petites barques sur la salade. Tu peux aussi les remplir avec du maïs ou une macédoine de petits légumes en boîte.

L'ENDIVE

Ce qu'on mange sur l'endive, c'est la jeune pousse qui apparaît sur la racine quand celle-ci est cultivée dans le noir.

La soupe de fanes de radis

Les fanes sont les feuilles des radis. Cette soupe verte très écolo permet de « récupérer » tout ce qui est comestible dans la plante ! Tu peux aussi la faire avec des fanes de (jeunes) carottes ou de navets.

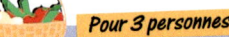

Pour 3 personnes   **MIXEUR**

- 1 botte de radis
- 2 échalotes
- 1 cube de bouillon de poule
- 3/4 de litre d'eau
- 1 cuillère à soupe d'huile

1 Coupe les fanes de la botte de radis. Enlève les feuilles abîmées. Nettoie les fanes plusieurs fois à l'eau et sèche-les dans un torchon propre.

2 Coupe les échalotes. Fais-les revenir à feu moyen dans une casserole avec l'huile, puis ajoute les fanes (attention aux projections, si elles sont encore très mouillées !). Fais-les cuire jusqu'à ce qu'elles soient fondues, puis ajoute l'eau, le cube de bouillon et le poivre. Fais mijoter 1/4 d'heure à feu doux avec un couvercle.

3 Quand la soupe a légèrement refroidi, mixe-la. Réchauffe et rajoute du sel et du poivre si nécessaire.

IDÉE

Si tu as des restes de riz ou de pommes de terre, rajoute-les avant la cuisson, ça rendra ta soupe plus veloutée. Et n'oublie pas de manger les radis ! Tu leur coupes simplement la base, tu les nettoies, et tu les sers avec du beurre et du sel.

Les navets et les carottes braisés

Navets et carottes peuvent être simplement bouillis. Mais ils sont encore plus savoureux braisés (coupés en morceaux et cuits doucement dans une casserole fermée, avec un peu de beurre et du sel). Remue de temps en temps et ajoute un peu d'eau si cela attache.

sucre

Quand ils sont cuits, tu peux les « glacer », c'est-à-dire les caraméliser à feu vif avec une cuillère à soupe de sucre et quelques gouttes d'eau. Sinon, tu peux y ajouter de la crème pour faire une sauce onctueuse.

glacés   avec de la crème

Les légumes-tiges

**Des légumes tout en longueur !
Mais leur ressemblance ne va pas
plus loin que leur tige...**

Ils poussent, ces légumes !

Céleri-branche et bette se ressemblent, avec leurs larges
tiges, qui partent du même pied, terminées par des feuilles
d'un vert soutenu. L'asperge, elle, est une originale : sa tige
est souterraine, et ce qu'on voit est une jeune pousse.

le cœur,
tendre
et croquant

les côtes

céleri

le pied

Le **céleri** existe
à l'état sauvage.
Plusieurs variétés
sont cultivées,
blanches ou vertes.

asperge
verte

asperge
violette

asperge blanche

Il existe 3 grandes variétés
d'**asperges** : **blanches** (car
cultivées à l'abri de la lumière),
vertes et **violettes**. L'asperge
est aussi appelée turion. La griffe,
c'est la tige souterraine.

Conseil

Tu peux manger le céleri cru ou cuit. Mais les bettes et
les asperges ne se consomment que cuites. Pour que la tige
des céleris et des bettes ne soit pas trop coriace, élimine les fils quand
tu les coupes. La base des asperges, très dure, doit être ôtée : coupe
à l'endroit où tu sens que ça ne résiste plus.

Les asperges à la flamande

Pour 4 personnes

- 1 botte de 500 g
d'asperges vertes
(à la différence des
autres asperges,
il ne faut pas
les peler)
- 4 œufs
- 100 g de beurre

**AUTOCUISEUR OU PANIER
DE CUISSON À LA VAPEUR**

1 Coupe la partie dure des asperges,
et fais-les cuire à la vapeur, dans le panier
métallique, avec de l'eau dans la casserole et
un couvercle. Le temps de cuisson
dépend de leur taille (il varie de 10
à 20 minutes). Fais cuire les œufs
durs et écale-les (vois p. 113).
Fais fondre le beurre
à feu doux.

beurre

2 Chacun prépare sa propre
sauce en écrasant l'œuf dur
à la fourchette, en l'arrosant
de beurre, en salant
et poivrant à son goût.

Écrase bien l'œuf
avant de verser
le beurre.

Les légumes-feuilles

Laitues, chicorées, choux, épinards... Feuille après feuille, découvre ces légumes-santé bourrés de talents. Et deviens le roi des salades, celui qui compose des mélanges aussi beaux que bons !

Les épinards de Popeye

Popeye, ce loup de mer aux avant-bras larges comme des battes de base-ball, est un personnage de bande dessinée très célèbre en Amérique depuis les années 30... jusqu'à nos jours. Il a fait une pub d'enfer aux épinards ! Dès qu'il en mange, il devient d'une force surhumaine... On a longtemps cru que les épinards contenaient beaucoup de fer, mais ils sont surtout une mine de vitamines !

CONSEIL

Choisis des feuilles d'épinard jeunes et tendres et consomme-les vite. Peut-être n'aimes-tu pas la sensation bizarre (on dit « astringente ») qu'ils laissent en bouche. Pour l'éviter, fais-les cuire dans beaucoup d'eau bouillante. N'oublie pas que les épinards « fondent » : prévois-en assez (250 g environ) par personne. Pense aussi à les manger crus, en salade.

Les crêpes aux épinards

1 Fais des crêpes (pour la recette de la pâte, vois p. 238).

2 Nettoie les épinards à grande eau et fais-les cuire 5 minutes à l'eau bouillante salée. Égoutte-les bien.

3 Dans la même casserole, fais fondre le beurre, ajoute les 50 g de farine pour former une pâte.

4 Verse les épinards et la crème en remuant, à feu vif. Quand ça bout, sors du feu et mixe bien (si tu préfères les épinards en purée). Sale et poivre.

5 Dans chaque crêpe, mets 2 cuillères à soupe de ton mélange. Roule-les et dispose-les dans un plat à gratin antiadhésif. Saupoudre de gruyère râpé et mets 10 minutes au four (position gril) jusqu'à ce que le gruyère soit gratiné.

MIXEUR

Sois prudent avec le mixeur !

Pour 4 personnes

- 1 kg d'épinards
- 25 g de beurre
- 50 g de farine
- 20 cl de crème fraîche
- 2 cuillères à café de sel, poivre
- gruyère râpé

Après 10 minutes au four...

laitue pommée

laitue batavia

La ronde des salades

La plus connue des laitues est la « pommée ». Tendre, croquante, elle a une forme de boule, comme les choux. Mais il en existe plus d'une centaine de variétés : romaine, iceberg, batavia, feuille de chêne... La chicorée frisée, qui va si bien avec les lardons, n'est pas une laitue. On met bien d'autres feuilles dans les salades : scarole, mâche, cresson, roquette à la saveur poivrée, et même pissenlit !

laitue romaine

chicorée frisée

chicorée scarole

laitue feuille de chêne

COMMENT PRÉPARER UNE SALADE

1 Coupe d'abord le trognon de la laitue, les feuilles se détacheront facilement. Enlève les feuilles abîmées.

2 Nettoie et rince soigneusement à l'eau froide pour déloger pucerons ou chenilles s'il y en a !

3 Sèche bien dans un torchon propre ou une essoreuse à salade. Mets l'assaisonnement au dernier moment pour éviter que la salade ne ramollisse (vois les recettes de vinaigrette p. 80).

LA SALADE ROQUEFORT ET NOIX

Il te faut 200 g de salades variées et nettoyées, 100 g de roquefort, 100 g de cerneaux de noix, de la vinaigrette (à l'huile de noix, si tu en as). Mets les feuilles de salade dans un très grand saladier (c'est plus facile pour mélanger). Ajoute le roquefort émietté, les cerneaux de noix, puis la vinaigrette. Mélange bien.

VRAI OU FAUX ?

Plus une laitue est verte, plus elle contient de vitamines.

Vrai.

LA SALADE MÂCHE / ORANGE

Il te faut une barquette de mâche et 2 oranges non traitées. Mets la mâche nettoyée dans un saladier. Râpe un peu de zeste d'orange. Presse une moitié d'orange. Divise le reste en quartiers que tu disposes joliment sur la mâche. Mélange 5 cuillères à soupe d'huile d'olive, le jus d'orange, les zestes, le sel et le poivre. Verse cette sauce sur la salade.

Vive la mâche !

Doucette, clairette, blanchette, oreille-de-lièvre, laitue d'agneau... la mâche a plein de petits noms doux ! Jolie, douce, sucrée, c'est la salade préférée des enfants...

T'es chou !

Il pue quand il cuit ? Pardonne-lui, car il a beaucoup de qualités. Pour les Grecs et les Romains, c'était une plante miracle... et aujourd'hui, les scientifiques lui reconnaissent beaucoup d'effets bénéfiques ! On en compte 400 variétés : des ronds et des longs, des blancs, des verts ou des rouges...

IDÉE

Pas besoin de couper la mâche. Bain rapide puis essorage léger. La mâche est aussi délicieuse en sauce, mixée dans du fromage blanc, avec huile d'olive et citron.

Les feuilles de chou-surprises

1 Choisis 4 belles feuilles de chou et rince-les bien. Fais cuire ces feuilles 5 minutes dans une grande casserole d'eau bouillante salée. Égoutte-les.

Pour 4 personnes

- 1 chou vert
- 500 g de chair à saucisse bien épicée
- 4 branches de persil
- sauce tomate maison ou 1 boîte de coulis de tomates

chair à saucisse

persil

2 Dans une sauteuse, prépare ta sauce tomate (vois p. 82) ou fais réchauffer le coulis. Mélange la chair à saucisse avec le persil haché.

3 Répartis la farce sur les 4 feuilles que tu replies comme de petits paquets, puis que tu retournes.

4 Enfonce délicatement tes « paquets » dans la sauce tomate, et fais cuire une 1/2 heure à feu doux. Sers avec du riz.

Légumes ou aromates ?

Ce sont des légumes, mais en plus,
ils parfument les plats. Le poireau
est un cousin de l'oignon,
le fenouil rappelle l'anis.

La tarte au saumon et aux poireaux

1 Dispose ta pâte dans
le moule. Après avoir supprimé
les racines et le sommet des
poireaux, coupe-les en deux dans
le sens de la longueur, puis en petits
tronçons. Rince-les bien.

Pour 4 ou 6 personnes

- 1 pâte brisée prête
à dérouler (ou vois
la recette p. 94)
- 3 poireaux
- 200 g de restes
de saumon cuit
ou de saumon en boîte
- 50 g de beurre
- 20 cl de lait
- 2 cuillères à soupe
de farine
- 1 cuillère à café de sel
- 1 œuf • sel, poivre
- 4 feuilles de menthe
(si tu aimes)

saumon

poireau coupé
en tronçons

2 Mets le beurre dans une casserole,
à feu doux. Verses-y les poireaux,
sale et fais cuire 10 minutes, avec
un couvercle, en remuant de temps en
temps. Ajoute la farine en mélangeant,
puis le lait, jusqu'à obtenir
une crème épaisse.

3 Sors du feu et
ajoute l'œuf, le saumon
(enlève la peau et les arêtes !)
et la menthe. Assaisonne, puis
verse le tout dans la pâte. Rabats
les bords de la pâte. Fais cuire
35 minutes, thermostat 7 (four
assez chaud).

LA VICTOIRE DU FENOUIL

Pour les Grecs, c'était un
symbole de réussite. Pour
les Romains, il donnait un œil de
lynx. On dit qu'il aide à digérer.
En tout cas, tout le monde est
d'accord pour l'employer en
cuisine, car il est très parfumé.

Faire le poireau

Ses longues feuilles, qui
forment une sorte d'étui,
se mangent presque en entier.

Le « vert »,
au parfum plus
fort, se met
surtout dans
les soupes.

La partie claire,
souterraine,
le « blanc »,
est d'une saveur
délicate.

CONSEIL

Nettoie soigneusement
les poireaux, car ils
gardent souvent de la terre
à l'intérieur des feuilles.

Les légumes-fruits

Va faire un tour au marché, et ramène un plein panier de légumes : courgettes, potirons, concombres, tomates, poivrons, aubergines... En fait, tu n'auras... que des fruits !

NON ! JE NE SUIS PAS UNE COURGE !

SALUT COUSIN !

Fières cucurbitacées

« Espèces de courges ! »... Courgettes, pâtissons, potirons et citrouilles sont des courges, et elles n'ont pas à en rougir ! Ces plantes rampantes de la famille des cucurbitacées, originaires d'Amérique, donnent généreusement leurs fruits au goût délicat. Le concombre, lui, est un cousin des courges... et aussi du melon. Il aime rafraîchir les salades, mais il peut être cuit comme la courgette.

CHIFFRE

Le poids moyen d'un potiron est de 2 à 5 kg, mais le record de France atteint 114 kg, et un diamètre de 2,44 m !

IDÉE

Les courgettes ont une peau si fine, que tu n'es pas obligé de les peler... Mais tu peux les déguiser en « zèbres », en alternant parties pelées et non pelées...

D'ÉTÉ OU D'HIVER ?

Courgettes et pâtissons sont des courges d'été. Potirons et citrouilles, des courges d'hiver. Les courges d'hiver ont une peau plus épaisse, sont plus nutritives et se conservent plus longtemps. Le cornichon est une variété de concombre.

Des fleurs à table ! Italiens et Français utilisent les fleurs de courgette dans la cuisine, en beignets ou farcies.

POTIRONS OU CITROUILLES ?

Ce n'est pas à leur forme, ou à leur couleur, qui varie du jaune au vert, qu'on les reconnaît, c'est à leur pédoncule : la queue de la citrouille, dure, a 5 côtés ; celle du potiron, plus tendre, est arrondie et renflée à la base. On mange surtout des potirons... en soupes, purées ou tartes.

Le potiron « Cendrillon »

Une recette idéale pour ceux qui
ont la flemme de peler le potiron…

1 Coupe le potiron au tiers supérieur (c'est dur !
fais-toi aider). Avec une cuillère, enlève
les graines et les filaments de la cavité. Préchauffe
le four, thermostat 5 (chaleur modérée).
Dans un grand bol, bats le fromage et
les œufs avec un peu de poivre.
Sale l'intérieur du potiron.

2 Verse ta préparation dans le potiron,
recouvre-le avec son chapeau et cale-le
bien verticalement dans un plat qui va
au four. Fais cuire une heure environ
(l'intérieur doit avoir la consistance
d'un flan). Demande de l'aide
pour sortir le potiron du four
et pour le découper
en quartiers.

Enlève bien toutes les graines.

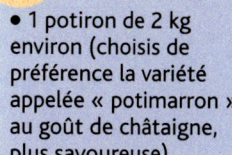

Pour 4 personnes

- 1 potiron de 2 kg environ (choisis de préférence la variété appelée « potimarron » au goût de châtaigne, plus savoureuse)
- 150 g de fromage de chèvre frais
- 3 œufs

Fais-toi aider pour découper les parts.

Le velouté de courgettes

1 Pèle un oignon et coupe-le en morceaux. Lave les courgettes, enlève
la base et le sommet, et coupe-les en rondelles.

2 Fais blondir l'oignon dans une grande casserole ou
un faitout avec l'huile. Rajoute les courgettes et
recouvre-les complètement de lait. Ajoute
l'estragon, le cube de bouillon, 2 cuillères
à café de sel, et du poivre. Fais
cuire 1/4 d'heure à feu doux,
puis enlève l'estragon.

Ça n'a pas l'air appétissant
mais – miracle ! –, en la mixant,
la soupe se transforme en
un superbe potage crémeux.

Pour 4 personnes

- 1 kg de courgettes
- 1 oignon
- du lait
- 1 cuillère à soupe d'huile
- 1 branche d'estragon
- 1 cube de bouillon de volaille

MIXEUR

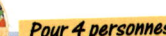

lait

Aubergines et poivrons

L'aubergine est née en Asie ; le poivron, un piment doux, vient d'Amérique.
Ces plantes appartiennent à la même famille que la tomate et la pomme de terre. Leurs « fruits » ne s'épanouissent qu'à la chaleur... et fondent de bonheur dans une ratatouille ou au four.

tige

cœur

graines

nervure

Le poivron change de couleur selon sa maturité : d'abord vert, il devient jaune, puis rouge.

Le caviar d'aubergines

Rien à voir avec le vrai caviar (des œufs d'esturgeon), si ce n'est un parfum à la fois fort et délicat.

1 Mets tes aubergines à four chaud (thermostat 7 ou 8) jusqu'à ce que la peau se décolle (une bonne 1/2 heure environ... ou 5 à 6 minutes puissance maximum au micro-ondes, dans une papillote de papier sulfurisé).

2 Laisse-les refroidir et pèle-les. Mixe-les dans le bol-mixeur avec l'ail pressé, et verse la purée dans une jatte.

3 Rajoute le jus du citron, puis l'huile d'olive, en battant avec une fourchette comme pour une mayonnaise. Sale, poivre, et mets une heure au frigo avant de servir.

MIXEUR

Pour 4 personnes

- 2 aubergines
- 1 gousse d'ail
- 1 citron
- 15 cl d'huile d'olive

4 Présente ton caviar tartiné sur des toasts décorés d'olives noires.

Les poivrons farcis

1 Fais cuire le riz (vois p. 102). Coupe les poivrons en deux. Enlève la queue, les graines et la partie blanche des nervures. Lave-les.

2 Coupe l'oignon en petits morceaux et fais-le revenir dans une poêle avec un peu d'huile.

3 Dans un récipient, mélange la viande, le riz, l'oignon cuit, l'ail pressé, le persil haché et le sel. Poivre bien.

Pour 4 personnes

- 4 poivrons moyens
- 500 g de viande de porc hachée
- 300 g de riz
- 1 oignon
- 2 gousses d'ail
- 4 branches de persil
- 2 cuillères à café de sel
- poivre
- 8 cuillères à soupe de chapelure
- un peu de beurre
- un peu d'huile

4 Préchauffe le four thermostat 6 ou 7 (chaleur moyenne). Farcis tes demi-poivrons. Installe-les dans un plat à gratin huilé.

5 Saupoudre-les de chapelure et dépose une noisette de beurre par-dessus. Fais cuire 40 minutes au four.

L'artichaut

D'origine
méditerranéenne,
cette plante proche
du chardon était déjà
consommée par les Romains.

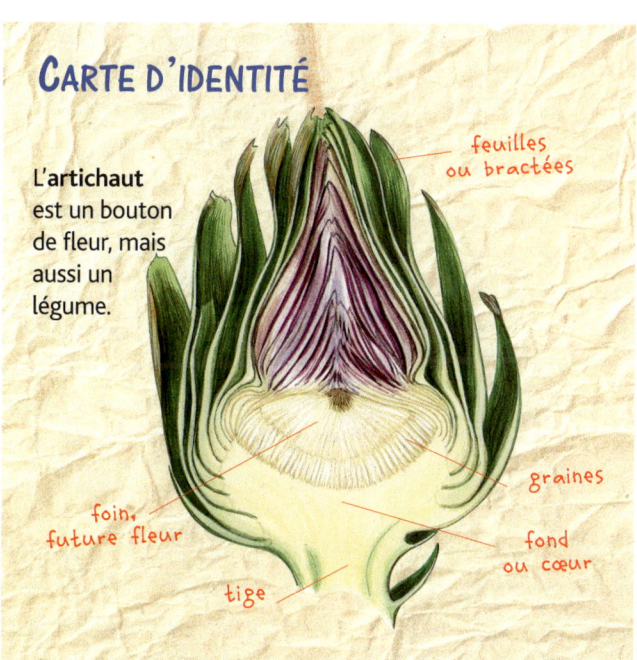

CARTE D'IDENTITÉ

L'artichaut
est un bouton
de fleur, mais
aussi un
légume.

feuilles
ou bractées

graines

foin,
future fleur

fond
ou cœur

tige

CONSEIL

Les petits artichauts frais peuvent
se manger crus, foin compris. Mais,
en général, tu manges la base des feuilles, et
le « cœur ». Choisis des artichauts bien fermés.
Lave-les et fais-les cuire dans une casserole d'eau
vinaigrée jusqu'à ce que les feuilles se détachent
facilement. Égoutte-les, et sers avec une
vinaigrette ou une mayonnaise dans laquelle
chacun trempe ses feuilles.

L'avocat

Comme entrée, en potage, en salade...
il défend bien sa cause, l'avocat ! Son nom
n'a pourtant rien à voir avec les tribunaux :
il vient de l'aztèque *ahuacatl*...

IDÉE

L'avocat est délicieux salé, poivré et
arrosé de jus de citron. Dans le creux
de son noyau, tu peux mettre des sauces
(vois p. 80-81), mélangées avec du saumon,
du crabe...

LA SALADE PAMPLEMOUSSES, CREVETTES, AVOCATS

Coupe 2 pamplemousses en deux. Coupe
la chair sur tout le pourtour et fais des quartiers
que tu sépares de la peau. Dans un récipient,
mélange les morceaux de pamplemousse avec
la chair de 2 avocats coupés en dés et 100 g
de crevettes. Sale, poivre et arrose d'un mélange
de 4 cuillères à soupe de crème et de 2 cuillères
à café de moutarde. Farcis tes demi-
pamplemousses.

La tomate

Pas besoin de te la présenter : en sauce ou en salade, tu ne connais qu'elle ! La tomate n'a pas son pareil pour donner un coup de soleil à la cuisine...

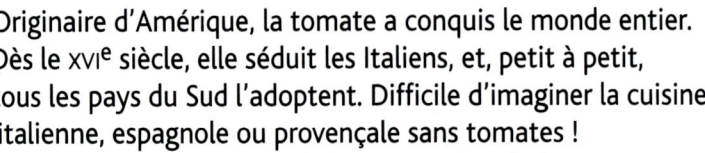

LE PANIER DU MARCHÉ

Creuse la tomate en laissant juste une lanière au sommet pour faire l'anse du panier. À toi de la farcir, au gré de ton inspiration. Une idée ? Crevettes et mayonnaise...

La vedette de l'été

Originaire d'Amérique, la tomate a conquis le monde entier. Dès le XVIᵉ siècle, elle séduit les Italiens, et, petit à petit, tous les pays du Sud l'adoptent. Difficile d'imaginer la cuisine italienne, espagnole ou provençale sans tomates ! Les tomates ont besoin de beaucoup de soleil : leur saison favorite, c'est l'été, mais depuis qu'on les cultive sous serre, on en trouve toute l'année.

VRAI OU FAUX ?

Il existe des tomates carrées.

Vrai ! En 1984, des agronomes américains ont créé une tomate carrée, plus facile à cueillir et à emballer !

NOM D'UNE TOMATE

La tomate a été une plante d'ornement avant d'être acceptée au potager. Pomme d'or, pomme d'amour, pomme folle... elle a reçu bien des surnoms au fil du temps, mais elle a gardé son ancien nom aztèque : *tomatl*.

CHIFFRE

La plus grosse des tomates est américaine. Son poids : 3,5 kg, le poids d'un beau bébé !

LE CHAMPIGNON ROUGE

Une tomate coupée en deux, posée sur un œuf dur dont tu as coupé la base et le sommet. Et quelques points de mayonnaise sur le chapeau...

CARTE D'IDENTITÉ

pédoncule — peau — tomate cerise — tomate jaune — chair — graines — tomate poire — grosse tomate à farcir

Il existe plus de 10 000 variétés différentes de **tomates** : des rouges, des vertes ou des jaunes ; des rondes, des ovales, des allongées...

Tomate minceur

À peine 15 calories pour 100 g !
Normal : la tomate est surtout
composée d'eau (plus de 90 % !).
Elle est bien pourvue en vitamine
C, en provitamine A (qui aide à
mieux voir la nuit), en minéraux,
en oligoéléments et en fibres.

L'ŒUF EN TOMATE

Il te faut de très grosses
tomates ! Casse un œuf
dans une tomate
creusée, sale, poivre, et
fais cuire au four
quelques minutes, le
temps que le blanc

> TU N'AURAS
> PAS MA PEAU !

TRUC

Pour enlever la peau des tomates,
fais une petite incision sur leur « cul »,
et demande à un adulte de les plonger
dans une casserole d'eau bouillante, puis,
après une ou deux minutes, de les verser
dans une passoire au-dessus de l'évier
et de les passer sous l'eau froide.
La peau se détache alors facilement.

HISTOIRES DE POISON

En 1830, un savant du nom de Johnson mange devant une
assemblée de scientifiques un plein panier de tomates... et survit
à l'expérience. Il prouve enfin que la tomate n'est pas un poison !
Même si (comme les autres solanacées) ses feuilles, tiges et fruits
non mûrs contiennent un peu de solanine, une substance toxique.

La tartinette aux tomates

1 Lave les tomates et la courgette. Coupe-les en rondelles.
Égoutte la mozzarella et coupe-la en tranches.

2 Alterne des rondelles de tomates, de courgette crue,
et des tranches de mozzarella sur chaque tartine.

basilic

courgette

mozzarella

tomate

3 Parsème de basilic haché.
Verse un peu d'huile d'olive par-dessus,
et fais griller quelques minutes au four.

Pour 4 personnes

• 4 tartines de pain de campagne
• 1 courgette
• 2 ou 3 belles tomates
• 1 sachet de mozzarella
(fromage frais italien)
• quelques feuilles de basilic frais
• huile d'olive

Les graines

Vive les légumes secs ! Ces graines malignes sont de véritables concentrés d'énergie... fortes comme un bœuf !

Les plus vieux légumes

Lentilles, pois, pois chiches, fèves, haricots, arachides et soja sont des légumineuses. Les 13 000 espèces de cette grande famille ont un point commun : leurs fruits se forment dans des gousses. Les hommes préhistoriques, pas bêtes, avaient déjà compris tout l'intérêt de ces graines, très nutritives... et faciles à conserver !

ça fait 8 000 ans que la lentille est appréciée ! Verte, noire, jaune, rouge ou orange, elle est toujours minuscule.

Les Européens sont des amateurs de fèves depuis des milliers d'années. Les graines se développent dans des gousses épaisses, dont l'intérieur est tapissé d'une sorte de duvet blanc.

TOUT EST BON À MANGER

Les Chinois connaissaient déjà le pois il y a plus de 4 000 ans. Fraîches, les graines sont appelées petits pois. Séchées, elles deviennent pois secs ou pois cassés. Le « pois mange-tout » porte bien son nom : tu manges la gousse et les graines.

On cultive le pois chiche depuis longtemps sur les bords de la Méditerranée. Les gousses, courtes, renferment 1 à 4 graines de couleur beige, rouge, brune ou noire.

FRAIS OU SECS ?

Les légumineuses ont plus d'un tour dans leur gousse ! Quand tu dévores les tendres haricots verts, c'est de jeunes gousses dont tu te régales. Les fayots ? Ce sont les graines séchées des haricots. Certaines graines se consomment fraîches comme les petits pois. Il t'arrive même de manger des pousses de légumineuses : les fameux germes de soja des plats chinois...

Le *houmous*

Une délicieuse purée de pois chiches à tartiner sur du pain grillé !

Égoutte les pois chiches. Verse-les dans le bol du mixeur.
Ajoute l'ail pelé, la crème fraîche, le jus de citron,
l'huile d'olive, le sel et le poivre. Mixe le tout.
Verse cette purée dans une jolie jatte.

Pour 4 personnes

- 200 g de pois chiches en boîte
- 3 cuillères à soupe de crème liquide
- 3 cuillères à soupe d'huile d'olive
- 1 gousse d'ail
- 1 citron
- sel, poivre.

MIXEUR

Son nom vient du mot aztèque « ayacotl ». Il existe une centaine d'espèces de haricots de formes et de couleurs différentes. Les gousses sont presque toutes bonnes à manger fraîches.

IDÉE

Présente ton *houmous* garni d'olives noires. Tu peux aussi le parsemer de graines de sésame.

Les Aztèques l'appelaient « tlacacahuatl », ce qui a donné… « cacahuète ». Mais on la nomme aussi « arachide ». Drôle de légumineuse : on la prend souvent pour un fruit sec. En plus, ses gousses, contenant 2 à 3 graines, se développent… sous terre !

LES VRAIS LÉGUMES !

Jusqu'au XVIIIe siècle, le mot « légume » désigne uniquement les légumineuses. La preuve que fèves, lentilles et pois secs, si nourrissants, ont été longtemps plus importants pour les hommes que toutes les autres plantes potagères ! Les végétaux que nous connaissons aujourd'hui sous le nom de « légumes » étaient appelés « racines », « feuilles » ou « salades ».

On cultive le soja en Asie depuis plus de 10 000 ans. Cet extraordinaire légume sec contient 2 fois plus de protéines que la viande !

Un concentré d'énergie

Les légumes secs fournissent plein d'éléments nutritifs essentiels. Ils t'apportent autant de protéines que la viande ou le poisson, tout en coûtant moins cher. On les a d'ailleurs appelés la « viande du pauvre »... Et ils ne font même pas grossir ! On les mange, après une longue cuisson, en salades, purées, potages...

LA SALADE MEXICAINE

Ouvre une grande boîte de haricots rouges et une petite de maïs. Rince-les à l'eau courante dans une passoire. Sers-les en salade assaisonnée de vinaigrette avec des tomates et du persil haché. Tu peux aussi ajouter du thon et de l'oignon rouge cru émincé.

Graines de légendes

Les traditions se perdent : la « fève » de ton gâteau des Rois est de moins en moins souvent une vraie graine ! L'origine de cette coutume remonterait aux Romains : ils se servaient d'une fève comme jeton pour élire le roi du banquet. Les autres légumes secs ont aussi leurs légendes... Ainsi, le pois cassé porterait bonheur, le haricot éloignerait les mauvais esprits...

IDÉE

Ça t'ennuie d'équeuter les haricots verts ou d'écosser les petits pois ? Pour passer le temps, profites-en pour « cuisiner » ceux qui t'entourent. Combien trouverez-vous d'expressions avec un nom d'aliment (« en faire tout un fromage », « rouge comme une tomate », « mettre du beurre dans les épinards »...). Dix, vingt... plus ?...

BONNE ASSOCIATION

Les protéines des légumineuses manquent d'un élément qui permet une bonne assimilation. Cet élément existe... dans les céréales. Mange des légumes secs et des céréales au même repas, et tu auras ta ration de protéines ! Le couscous est un exemple de bonne association : semoule de blé et pois chiches. Ou la soupe de pois cassés... avec des croûtons de pain.

INFO

Il y a autant de calcium dans les fèves et les pois chiches que dans le camembert ou le fromage blanc. Il y a deux fois plus de fer dans les haricots et les lentilles que dans les épinards... Popeye est enfoncé !

La soupe de pois cassés aux croûtons

1 Mets l'eau froide, le cube de bouillon, les pois cassés, l'ail et les dés de jambon (ou les lardons) dans une grande casserole. Fais d'abord bouillir, puis fais mijoter à feu doux pendant une heure, avec le couvercle pas complètement fermé.

2 Mixe la soupe. Coupe les tranches de pain en petits morceaux (il en faut au moins 5 ou 6 par personne). Fais réchauffer ta soupe.

croûtons

Pour 4 personnes

- 250 g de pois cassés
- 1 l 1/2 d'eau
- 1 cube de bouillon de volaille
- 100 g de jambon ou de lard fumé coupés en dés
- 2 gousses d'ail pelées
- quelques tranches de pain (sec)
- 1 noix de beurre

MIXEUR

3 Au moment de servir, mets le beurre dans la poêle, et fais rissoler rapidement les croûtons de chaque côté. Verse-les dans les assiettes de soupe… Il faut qu'ils croustillent encore !

IDÉE

Pour des croûtons raffinés, aux formes originales, sers-toi de pain de mie frais et d'emporte-pièce.

La salade liégeoise

1 Coupe l'oignon en morceaux et le lard en dés (sans la couenne).

2 Mets les pommes de terre bouillies coupées en morceaux et les haricots cuits dans un grand saladier. Ajoute la crème et mélange. Sale (pas trop) et poivre.

3 Fais revenir l'oignon dans une poêle avec une cuillère à soupe d'huile.

4 Quand l'oignon commence à blondir, ajoute le lard. Quand le lard est doré, ajoute le vinaigre, et verse le tout sans attendre dans le saladier. À manger tout de suite !

Pour 4 personnes

- 500 g de haricots verts cuits (encore un peu croquants)
- 500 g de pommes de terre bouillies
- 300 g de lard fumé
- 1 oignon en petits morceaux
- 2 cuillères à soupe de vinaigre
- 10 cl de crème liquide

pommes de terre

oignon et lard

haricots verts

Les champignons

Ni racines, ni tiges, ni feuilles, ni fleurs... les champignons sont vraiment de drôles de végétaux ! Mieux vaut bien les connaître avant d'en faire les copains de ta cuisine.

Un chapeau sur le pied !

Ce sont vraiment des originaux, les champignons ! Contrairement à la plupart des plantes, qui naissent à partir d'une graine, ils se développent à partir de filaments, appelés mycélium, produits par de minuscules spores présentes dans le sol. S'il fait assez humide, ils poussent parfois en une seule nuit ! Les hommes ne les cultivent que depuis deux siècles, car il a d'abord fallu comprendre leur mode de reproduction. Aujourd'hui on fait surtout pousser les champignons de Paris, sur du fumier, et les pleurotes, sur du bois.

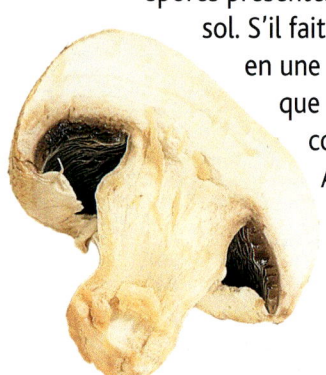

Petit, blanc et rond, le **champignon de Paris**, appelé aussi champignon de couche, est cultivé dans de nombreux pays. Il existe aussi une variété de couleur brune : le « champignon café ».

CARTE D'IDENTITÉ

Les **champignons** sont des végétaux sans chlorophylle, qui tirent leur nourriture de matières organiques comme le bois, l'humus, le fumier ou la pourriture. Levures et moisissures font aussi partie des champignons.

La plupart ont un **pied** surmonté d'un **chapeau**.

Les **lamelles** produisent les spores, les éléments reproducteurs.

La **girolle** est aussi appelée chanterelle. Chapeau en forme d'entonnoir, couleur jaune, elle sort du début de l'été à l'automne, dans les bois de châtaigniers et de conifères. Délicieuse !

Le chapeau du **pleurote** ressemble à une oreille ou à une coquille d'huître. Le pleurote pousse en touffes sur des souches. Sa saveur est délicate.

La **morille** est facile à reconnaître avec son pied blanc et son chapeau conique de couleur foncée, garni d'alvéoles. Délicieuse cuite (elle irrite l'estomac quand elle est crue). On la récolte au printemps.

Les champignons en salade

Il te faut une barquette de 250 g de champignons de Paris bien frais, 3 cuillères à soupe de crème, le jus d'un demi-citron, du sel, du poivre et de la ciboulette. Lave les champignons, essuie-les bien, et coupe-les en fines tranches. Mets-les dans un saladier. Arrose-les du jus de citron, et rajoute la crème, la ciboulette hachée, le sel et le poivre

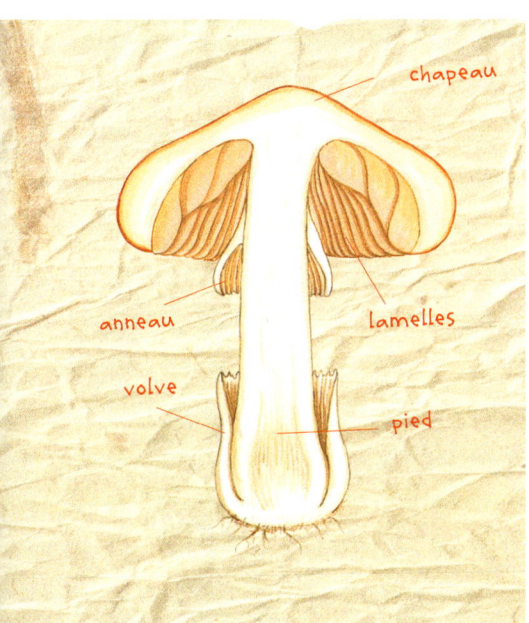

chapeau

anneau

lamelles

volve

pied

Bons à manger ?

Tu manges des champignons ? Sûrement des champignons de Paris. Peut-être aussi des cèpes, des girolles, des morilles ou des truffes... Nous consommons en fait très peu de champignons, alors qu'il en existe près de 50 000 espèces dans le monde. C'est parce que quelques variétés très vénéneuses leur ont donné – avec raison ! – une bien mauvaise réputation ! Et que, si beaucoup sont comestibles, peu sont vraiment bons à manger...

Le **coprin chevelu** est facile à repérer : blanc, tout en longueur, avec un chapeau conique bien fermé. Bon quand il est jeune et frais. On le récolte du printemps au début de l'hiver.

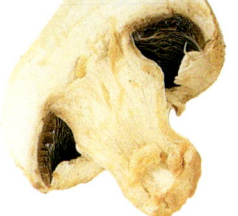

La **trompette-des-morts** est également une chanterelle.

Le **cèpe de Bordeaux**, le meilleur des cèpes (et peut-être des champignons ?), est un bolet. Il est assez facile à reconnaître, avec l'intérieur de son chapeau tapissé de tubes verticaux (et non pas de lamelles). On le récolte en été et en automne.

Cueillette dangereuse !

Aller aux champignons, c'est sympa : tu te balades dans les prés et les bois, tu exerces ton sens de l'observation, et tu peux ensuite cuisiner ta récolte. Mais trop d'accidents, parfois mortels, arrivent à cause de champignons toxiques ! Accompagne quelqu'un qui s'y connaît bien avant de t'aventurer à en cueillir toi-même, et surtout, ne consomme jamais des champignons que tu as récoltés sans les avoir auparavant montrés à un spécialiste (le pharmacien, par exemple).

CHÈRE TRUFFE !

Noire et rugueuse, la truffe est surnommée le « diamant noir », tellement elle est rare et chère. Sur les marchés, la truffe noire du Périgord atteint près de 610 euros au kilo ! Il existe aussi des truffes blanches et jaunes. Pour trouver des truffes, il faut un sacré flair car elles poussent sous terre, sur les racines des chênes. On dresse des cochons et des chiens à les dénicher, mais on les empêche d'en manger, car ces animaux en raffolent autant que les humains ! On en met dans les pâtés, les omelettes, les farces des volailles, les pâtes...

Quelques lamelles de truffe suffisent à parfumer tout un plat. Heureusement !

Fais sécher des champignons

Les champignons se vendent frais, en boîte ou secs. Si tu as une belle récolte (et après vérification qu'ils sont bien comestibles !), tu peux les faire sécher toi-même. Supprime ceux qui sont abîmés ou véreux et ôte déjà ce que tu peux de terre. Coupe les plus gros en tranches et étale-les sur une caissette en bois, en plein soleil. Quand ils sont bien secs, mets-les dans un sac en papier : ainsi tu pourras les garder plusieurs mois sans qu'ils s'abîment.

CONSEIL

● Les champignons aiment l'eau quand ils poussent, pas quand tu les nettoies ! Coupe la base du pied, souvent terreuse, et passe-les très vite sous l'eau du robinet.

● Les champignons sauvages, quand ils ne sont pas trop sales, peuvent être juste essuyés avec un papier absorbant.

● Fais tremper les champignons secs (cèpes, morilles...) dans un bol rempli d'eau tiède, pendant au moins une demi-heure avant de les cuisiner. Remue-les pour leur faire perdre terre ou sable, et égoutte-les bien.

Coupe les champignons en tranches fines sur toute leur longueur : c'est plus joli de voir leur forme en entier.

Rince-le très vite !

papier absorbant

champignon sec

Les champignons farcis aux amandes

1 Enlève le pied des champignons (tu les rajouteras à un plat de légumes ou à des pâtes). Nettoie rapidement les chapeaux à l'eau, et sèche-les bien. Préchauffe le four, thermostat 7 (four assez chaud).

2 Dans une grande jatte, mélange avec une fourchette la chair à saucisse et la poudre d'amandes.

3 Farcis de ce mélange l'intérieur des chapeaux. Dans un grand plat antiadhésif allant au four, mets tes champignons farcis bien serrés pour qu'ils tiennent debout. Décore avec les amandes effilées. Verse l'eau dans le fond du plat, et enfourne pour une demi-heure.

Cette entrée originale se transforme en plat unique avec du riz ou des pâtes.

Pour 4 personnes

● 8 très gros champignons de Paris
● 400 g de chair à saucisse (déjà assaisonnée)
● 4 cuillères à soupe de poudre d'amandes
● des amandes effilées
● 15 cl d'eau

LA **VIANDE**

« Antiécologique,
coûteuse,
pas indispensable ! »
disent de la viande
les végétariens. En y
réfléchissant, tu seras
peut-être d'accord d'en manger
moins. Raison de plus pour bien
la choisir et bien la cuisiner !

Spécial carnivores

Que tu te régales d'un steak saignant, d'un blanc de poulet ou d'un morceau de saucisson, tu appartiens à la grande famille des carnivores... Comme tes ancêtres !

Les hommes préhistoriques se nourrissaient surtout de viande.

Le mot « viande » vient du latin du Moyen Âge *vivanda* qui veut dire « ce qui sert à la vie ».

POUR OU CONTRE ?

Pas sympa, de tuer des animaux pour manger ! Et pourtant, comment se passer de viande ? Les végétariens, eux, refusent d'en manger par respect pour la vie animale et pour des raisons de santé. C'est vrai que manger trop de viande n'est pas recommandé... Mais ne pas en manger du tout pose aussi des problèmes ! Il faut alors compenser le manque de protéines par des produits laitiers, des œufs, des céréales ou des légumes secs.

À tous les repas !

À côté de Néandertal ou de Cro-Magnon, tu es loin d'être un vrai carnivore ! Les hommes préhistoriques récoltaient bien quelques herbes ou baies ; ils se nourrissaient parfois de poissons, mais c'était le produit de la chasse qui assurait l'essentiel de leur alimentation. Toutes les bêtes à poil ou à plume faisaient l'affaire... Pourtant, comme toi, ils avaient déjà des préférences : un bon steak de renne ou de cheval bien grillé !

Menu carnivore

Que manges-tu comme viande ? Du bœuf, du veau, du porc, de l'agneau, du poulet, de la dinde, du canard, du lapin... Plus rarement du gibier : lièvre, faisan, sanglier, chevreuil, biche... Peut-être as-tu déjà goûté du bison ou de l'autruche, qu'on commence à élever chez nous ? Sais-tu que les Romains connaissaient l'autruche ? L'empereur Héliogabale avait fait servir au même repas les têtes de six cents autruches... pour manger leurs cervelles !

L'élevage extensif (les animaux disposent de beaucoup d'espace) a progressivement été remplacé par l'élevage intensif.

Viande fraîche

Pour disposer de viande fraîche toute l'année, les hommes ont eu l'idée d'élever des animaux. Et pour conserver les morceaux qu'ils ne pouvaient consommer tout de suite, ils les ont salés, fumés, séchés... Aujourd'hui, conserves et surgelés permettent de disposer de viande n'importe quand.

DES GOÛTS ET DES COULEURS

Quand tu mords dans un steak, tu manges de la « viande rouge » ! Cheval, mouton et agneau se rangent aussi dans cette catégorie. La « viande blanche » est celle de veau, de porc, de lapin, de volaille. La « viande noire », c'est le gibier.

C'est fou !

Des veaux élevés aux hormones, et des poulets aux antibiotiques... Des bovins (herbivores !) nourris avec des farines contenant des déchets de moutons qui risquent de nous contaminer par la « maladie de la vache folle » (encéphalite bovine spongiforme)... Régulièrement, des scandales éclatent, et même les inconditionnels de la viande se posent des questions. Il existe pourtant de la viande de qualité, d'origine contrôlée. Ça vaut le coup d'y faire attention, pour ta santé... et pour le goût !

CONSEIL

La viande apporte des vitamines B, du zinc, du phosphore, du fer, et des protéines. Ces protéines sont plus « complètes » que celles qu'on trouve dans les céréales.

CHIFFRE

Une centaine de kilos par an et par habitant, c'est la quantité moyenne de viande que mangent les Européens. D'après les nutritionnistes, c'est deux fois trop. Surtout que d'autres pays auraient bien besoin des céréales dont on nourrit le bétail...

Le bœuf et le veau

APPELLATION D'ORIGI

Pour toi, un steak, un hamburger ou une escalope, c'est banal ? Pendant des millénaires, la viande des bovins fut un symbole de richesse... et un luxe inouï !

Problèmes de définitions

C'est quoi, le bœuf ? Facile : c'est un bovin mâle castré. Mais en langage de boucher, du bœuf, ça peut être aussi la viande d'une vache ou d'un jeune taureau. Le veau, c'est le petit de la vache... jusqu'à 1 an. Après, c'est un bouvillon ou un taurillon (non castré) ou une génisse. Le veau nourri uniquement au lait a une chair pâle et tendre. S'il a commencé à manger de l'herbe – on l'appelle alors un broutard –, sa chair sera plus ferme et plus rosée.

VRAI OU FAUX ?

Le mot « boucher » vient du mot « bœuf ».

Faux. Il viendrait du mot « bouc », car à l'origine, les bouchers vendaient de la viande de bouc.

LA CUISSON

Les morceaux de bœuf les plus fermes doivent se cuire longtemps dans la sauce ou la soupe (daube, bourguignon, pot-au-feu...). Les steaks et les rôtis bien tendres se servent, selon les goûts, bleus (doré à l'extérieur, presque cru à l'intérieur), saignants (la chair est encore rose), à point (rose seulement au centre), ou bien cuits (plus de rose).

CARTE D'IDENTITÉ

NOM SCIENTIFIQUE : *Bos.*
FAMILLE : BOVIDÉS.

Le **bœuf** est un mammifère herbivore ruminant qui possède un estomac à quatre poches. Le mâle reproducteur est un **taureau**. Le jeune bœuf est un **bouvillon**. La vache qui n'a pas encore eu de veau est appelée **génisse**.

La manière de découper la viande diffère selon les pays et les traditions locales.

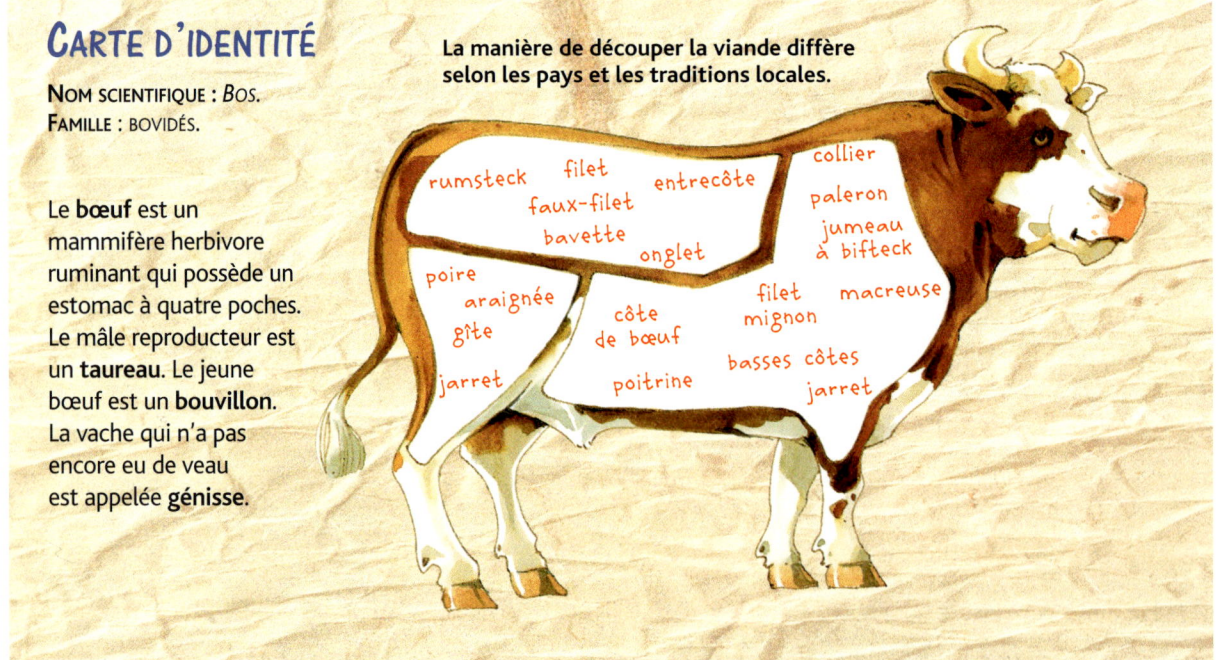

rumsteck — filet — faux-filet — bavette — entrecôte — onglet — collier — paleron — jumeau à bifteck — poire — araignée — gîte — côte de bœuf — filet mignon — macreuse — basses côtes — jarret — poitrine — jarret

Une riche histoire

Il y a 9 000 ans, quelque part en Grèce ou en Turquie, des hommes entreprirent de domestiquer des troupeaux de bovins sauvages pour avoir des réserves de lait, de cuir et de viande. Mais pour sacrifier un bœuf, qui peut tirer la charrue, ou une vache, qui fournit du lait, il fallait en avoir les moyens...

TÊTE DE BŒUF

Symbole de force et de puissance, le taureau a été divinisé dans beaucoup de pays. Il serait à l'origine de la première lettre de notre alphabet : le A majuscule représenterait... une tête de bovin à l'envers !

INFO

Tu crois que le hamburger est américain ? Pas si sûr ! La recette aurait été amenée en Amérique à la fin du XIXe siècle par des immigrés allemands, originaires de la ville de Hambourg, qui firent connaître leur spécialité locale, le steak haché à la hambourgeoise...

Les célèbres « cow-boys » surveillaient les troupeaux en Amérique.

RACES EN STOCK

Il existe beaucoup de races de bovins dans le monde. Chaque région a développé des races pour ses besoins (traction de charrue, boucherie, laiterie, corrida...). Certaines sont plus robustes, ou fournissent plus de lait, ou ont une viande plus savoureuse.

CHIFFRE

Les bœufs pèsent en moyenne 900 kilos ; les taureaux reproducteurs, 1 200 kilos. Mais les vedettes du Salon de l'agriculture frisent les 2 tonnes !
Une vache de 740 kilos ne fournit qu'environ 150 kilos de viande tendre (celle des steaks et des rôtis, la plus chère...). À l'avenir, les chercheurs espèrent obtenir des bêtes plus riches en muscles à griller.

Impressionnant, le champion !

LE BEURRE « MAÎTRE-D'HÔTEL »

Comment faire d'un banal steak-frites un plat de fête ? Écrase à la fourchette 100 g de beurre un peu mou avec 2 branches de persil finement hachées. Ajoutes-y une demi-gousse d'ail pressée et le jus d'un demi-citron. Sale, puis roule avec la paume pour en faire un cylindre de 3 cm de diamètre. Après 1/4 d'heure de frigo, tu peux en couper des tranches à faire fondre sur les steaks bien chauds. Excellent aussi avec des pommes de terre au four !

IDÉE

Aussi bon que le beurre « maître-d'hôtel », le beurre d'anchois : 100 g de beurre et 8 filets d'anchois au sel bien rincés. Inutile de saler !

Le bœuf à la ficelle

1 Pèle carottes, navets et pommes de terre et coupe-les en morceaux. Enlève le vert et les racines des poireaux, ainsi que la base des feuilles du céleri. Coupe poireaux et céleri en deux dans le sens de la longueur, puis en tronçons.

2 Nettoie les légumes et mets-les dans une casserole, avec 2 litres d'eau, les cubes de bouillon et un peu de poivre. Fais cuire 1/2 heure à feu moyen, avec un couvercle.

3 Coupe le rôti en 4 morceaux égaux (enlève la barde de graisse). Ficelle chaque morceau comme un paquet-cadeau en finissant par une boucle. Glisse le manche d'une cuillère en bois dans les boucles et pose la cuillère en travers de la casserole pour que la viande soit plongée dans le liquide.

4 Après 6 minutes de cuisson à gros bouillons, sers les morceaux de bœuf dans des assiettes creuses, avec la soupe.

Pour 4 personnes

- 600 g de rôti de bœuf
- 6 petites carottes
- 6 petits navets
- 6 pommes de terre
- 3 poireaux
- 3 branches de céleri
- 4 cubes de bouillon de bœuf
- 2 litres d'eau
- poivre

FICELLE ALIMENTAIRE

Déguste avec de la moutarde ou de l'aïoli.

Le bœuf à la catalane

1 Émince les oignons, prépare la mayonnaise à l'ail et coupe la viande en gros morceaux. Mets une cuillère d'huile dans une sauteuse, et fais sauter la viande à feu vif en la remuant. Sale et poivre.

2 Quand la viande est bien dorée de tous côtés, verse-la dans une assiette à soupe. Remets une cuillère d'huile dans la sauteuse et fais cuire les oignons à feu doux.

3 Quand ils commencent à dorer, ajoute le jus qui a coulé de la viande dans l'assiette, le concentré de tomates, et 6 grosses cuillères de mayonnaise à l'ail.

4 Fais rapidement réchauffer la viande dans ce mélange. Sers avec beaucoup de pain (pour tremper dans la sauce onctueuse !).

Pour 4 personnes

- 700 à 800 g de macreuse ou d'onglet
- 1 bol de mayonnaise à l'ail (vois p. 81) ou d'aïoli
- 2 oignons
- 300 g de concentré de tomates en boîte
- 2 cuillères à soupe d'huile d'olive
- sel, poivre

viande coupée en morceaux

mayonnaise à l'ail   oignon

L'escalope de veau panée

1 Aligne devant toi 3 assiettes : une plate, une creuse, une plate. Dans la première, mets de la farine ; dans la seconde, un œuf battu avec du poivre et une pincée de sel ; dans la troisième de la chapelure. Passe les escalopes successivement dans la farine, l'œuf et la chapelure en veillant à ce qu'elles en soient chaque fois bien recouvertes.

Pour 4 personnes

- 4 escalopes de veau
- 1 œuf • farine
- chapelure
- 1 citron • sel, poivre

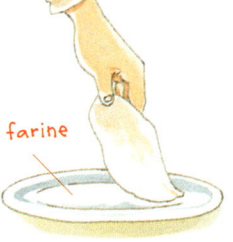

farine

œuf battu

chapelure

2 Fais-les frire à feu moyen dans une poêle avec 1/2 cm d'huile, jusqu'à ce qu'elles soient bien dorées.

3 Sers avec des quarts de citron (coupés dans la longueur) pour que chacun puisse arroser de jus l'enveloppe croustillante. Parfait avec des tagliatelles au beurre ou à la sauce tomate.

Le porc

Pour toi, pas de repas sympa sans
saucisse ou côtes de porc grillées,
jambon, rillettes ou salami ?
Tu ne seras pas le premier
à remercier le cochon !

Dans le cochon, tout est bon !

Il mange de tout, et on mange tout chez lui, de la tête à
la queue : le cochon est vraiment l'animal d'élevage idéal !
Même les plus pauvres peuvent l'engraisser. La viande de porc
a longtemps été la seule consommée par le peuple. Le jour où on
tuait le cochon était une fête à laquelle tout le village participait.

VRAI OU FAUX ?

Pour les Asiatiques,
le cochon est synonyme
d'abondance et de
prospérité.

*Vrai. C'est parce qu'il est
bien rond, et que sa femelle
est capable de donner
naissance deux fois par an
à une douzaine de petits
à chaque fois !*

Une famille
nombreuse...
et sympathique.

CARTE D'IDENTITÉ

NOM SCIENTIFIQUE : *SUS SCROFA DOMESTICUS*.
FAMILLE : SUIDÉS.

Le **porc**, ou **cochon**,
mammifère omnivore,
a le museau terminé
par un **groin**.
Ses canines, moins
impressionnantes que
celles de son cousin
sauvage, le sanglier,
grandissent toute
sa vie. Son corps est
couvert de poils raides,
appelés **soies**.

Dans le cochon, tout sert : sa chair, bien sûr...
Mais aussi son sang (boudin), sa graisse (saindoux)
et ses soies (pinceaux, brosses...) !

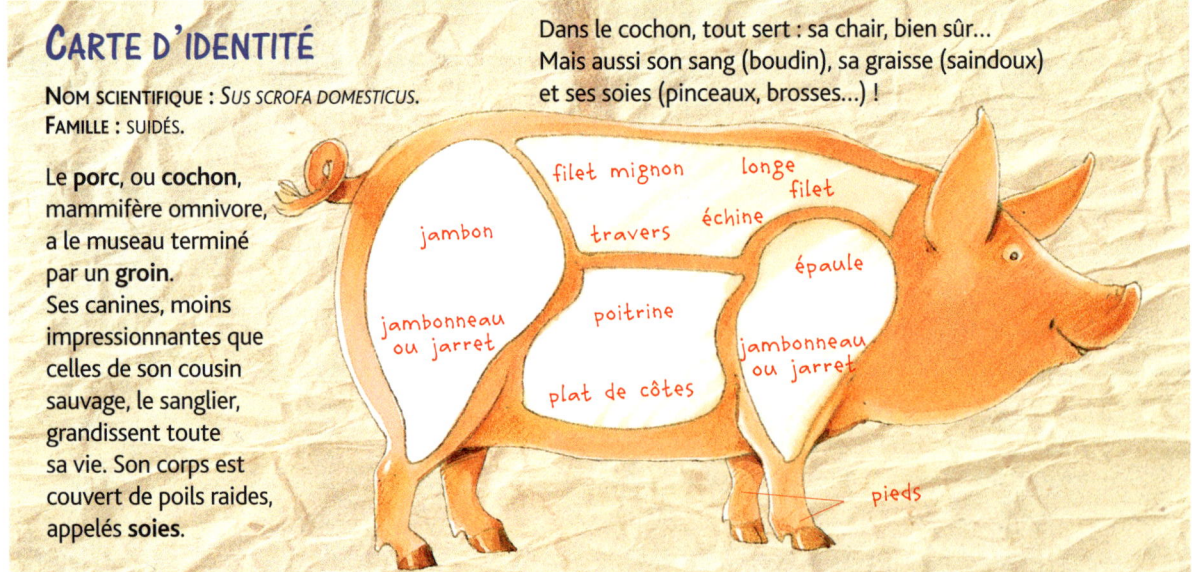

filet mignon   longe
filet
jambon   travers   échine
épaule
jambonneau   poitrine
ou jarret   jambonneau
ou jarret
plat de côtes
pieds

La spécialité des Gaulois

Le sanglier d'Obélix était-il un porc ? Les Gaulois étaient en effet très renommés pour leur charcuterie (jambons, saucisses, boudins…). Ils la fabriquaient à partir de cochons domestiqués nourris avec des glands. La charcuterie est donc très ancienne. Mais le mot de « charcutier » (« chaircuitier » : celui qui cuit la chair) date du Moyen Âge.

DU LARD OU DU COCHON ?

La viande de porc est plus ou moins grasse selon les morceaux : gare au lard, si tu ne veux pas faire du lard ! Le jambon est, en général, fabriqué avec la fesse ou la cuisse du porc. Le jambon cuit est aussi appelé jambon blanc, d'York ou de Paris. Il en existe de qualités très différentes ! Les moins bons sont faits avec les restes, mis dans un moule à la forme du jambon, avec différents additifs. Le jambon cru est soit séché soit fumé.

PORTRAIT DE FAMILLE

Il est mignon, avec sa couleur rose, sa gueule sympa, et sa queue en tire-bouchon ! On l'appelle porc ou cochon, mais le mâle reproducteur est un verrat ; la femelle, une truie ; et les petits, des cochonnets, gorets ou porcelets.

CONSEIL

On dit toujours que le cochon doit être bien cuit (à plus de 60 ℃), et que sa chair ne doit plus être rosée. C'est pour la rendre plus tendre et plus savoureuse… et c'est aussi la meilleure manière d'éviter tout risque pour la santé.

Sale cochon !

On l'accuse d'être sale, mais, bien soigné, il est propre. En revanche, quel goinfre ! Il se nourrit aussi bien de glands que de déchets ! On l'a surnommé « l'éboueur », et beaucoup de sociétés en ont fait un animal impur. De plus, il est parfois porteur de parasites qui peuvent provoquer des maladies. C'est peut-être l'origine de l'interdiction de manger du porc qu'on retrouve dans différentes religions (chez les juifs et les musulmans).

LES FRIANDS SAUCISSE-FROMAGE

Coupe 4 morceaux de 10 cm de chipolatas. Pique-les avec une fourchette pour que la peau n'éclate pas à la cuisson. Prépare des carrés de pâte feuilletée de 10 cm sur 10. Enroule la saucisse et un morceau de cantal ou de roquefort en diagonale, sans serrer. Passe du jaune d'œuf au pinceau sur le dessus et fais cuire 25 minutes au four, thermostat 7 (assez chaud).

Le « veau masqué »

Cette recette se fait normalement avec du veau (beaucoup plus cher !). Mais si le rôti de porc est bien tendre, on s'y tromperait... d'où ce nom un peu malicieux !

MIXEUR

Pour 4 personnes

- 1 rôti de porc dans le filet de 700 g
- 3 tranches de jambon cuit
- 200 g de tranchettes d'emmental
- 1 oignon
- 50 g de beurre
- 40 g de farine
- 1/2 litre de lait
- noix de muscade râpée
- sel, poivre

1 La veille du grand jour, tu as salé et poivré le rôti et tu l'as fait cuire 3/4 d'heure (1 heure par kilo), dans un plat à gratin, au four, thermostat 8 (chaud).

2 Coupe ton rôti froid en tranches de 1 cm. Prévois autant de carrés de 5 cm sur 5 de jambon et de fromage que de tranches de rôti. Reconstitue le rôti dans le plat à gratin, en intercalant jambon et fromage entre chaque tranche de rôti.

3 Préchauffe le four, thermostat 6-7 (assez chaud). Coupe l'oignon en petits morceaux et fais-le cuire 10 minutes à feu doux avec le beurre, dans une casserole. Ajoute la farine et termine comme une béchamel (vois p. 83), puis mixe bien pour que l'oignon disparaisse.

4 Nappe le rôti de cette sauce. Saupoudre de gruyère râpé. Réchauffe 20 minutes au four avant de servir.

jambon cuit

emmental

rôti

Les dés de porc caramélisés au miel

1 Désosse les côtes de porc et coupe-les en dés. Coupe le gingembre en tout petits bouts (de quoi en remplir une cuillère à soupe) ; émince les oignons, pèle les carottes et fais-en des bâtonnets de 4 à 5 cm de long (c'est le plus dur de la recette... fais-toi aider !).

2 Dans une grande sauteuse, fais revenir les oignons à feu doux dans un peu d'huile et saupoudre-les de thym.

3 Quand ils commencent à « blondir », ajoute les carottes, les dés de viande, le miel, les gousses d'ail écrasées avec le fond d'un verre ou pressées avec un presse-ail, le poivre, le gingembre et le curry. Mets à feu vif, en remuant jusqu'à ce que la viande soit dorée.

4 Ajoute la sauce soja et fais cuire à petit feu, avec un couvercle, pendant 1/4 d'heure (juste le temps de préparer du riz ! vois p. 102). Sers le riz dans un grand plat, avec la viande au milieu.

 *Pour 4 personnes*

- 4 côtes de porc dans l'échine
- 2 oignons
- 6 carottes
- 2 gousses d'ail
- 4 cuillères à soupe de miel
- 10 cl de sauce soja
- du gingembre confit (au rayon « exotique »)
- 1 cuillère à café de curry
- 1 ou 2 branche(s) de thym
- poivre
- 400 g de riz

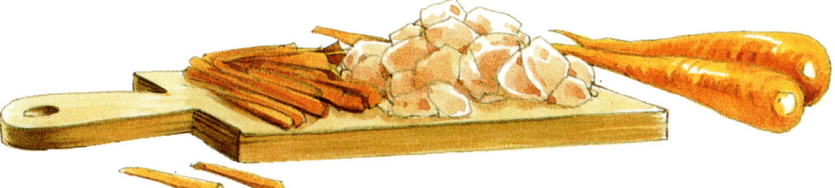

Pour 4 personnes

- 600 g de filet mignon de porc
- 2 bananes
- 12 petites tranches de bacon ou de lard fumé
- 10 cl d'huile d'olive
- 2 cuillères à café de cannelle
- 1 citron
- sel, poivre

4 GRANDES PIQUES À BROCHETTES

Les brochettes de porc aux bananes

1 Coupe le porc en morceaux de 3 cm de côté. Dans un récipient, mélange l'huile, la cannelle, 1/2 cuillère à café de sel, du poivre, et le jus du citron. Imprègne bien la viande de ce mélange. Laisse reposer 1/4 d'heure.

2 Préchauffe le four, thermostat 8 (chaud). Coupe les bananes en 6 morceaux et enveloppe chacun dans une tranche de bacon. Pique la viande sur les brochettes avec un morceau de banane à chaque bout et un au milieu.

3 Pose les extrémités des piques sur les bords d'un plat à gratin et mets au four pendant 20 minutes.

4 Sers avec du riz auquel tu auras ajouté une capsule de safran après cuisson.

banane

bacon

Le mouton et l'agneau

Grand méchoui ou simple barbecue, gigot du dimanche ou agneau pascal... le mouton est de toutes les fêtes !

Il pleut, il pleut, bergère...

Chèvres et moutons sont les plus anciens animaux domestiques : ça fait plus de 10 000 ans qu'ils suivent leur berger ! Leur point commun : ils supportent les conditions les plus difficiles, se contentent de peu, et ont beaucoup à offrir (viande, lait et toison). Pour survivre, le mouton a un secret : comme le chameau, il peut accumuler de la graisse, et s'en servir comme réserve...

TENDRE AGNEAU

Quand tu manges du mouton, il s'agit d'animaux d'au moins 1 an, mâles ou femelles. Leur goût est plus fort que celui de l'agneau. L'agneau de lait, âgé de 4 à 6 semaines, nourri uniquement au lait de sa mère, et l'agneau de 100 jours, nourri avec des aliments à base de lait, sont très tendres. L'agneau d'herbe (entre 3 et 4 mois) et le broutard (entre 6 mois et 1 an), ont une chair plus parfumée. La viande des moutons dits pré-salés est réputée : leur chair a pris le goût des prairies des bords de mer, imprégnées de sel, où ils ont brouté.

CARTE D'IDENTITÉ

Nom scientifique : *Ovis aries*.
Famille : ovidés.

Les **ovins** sont des mammifères ruminants recouverts d'une épaisse toison. Le mâle castré de plus d'un an est appelé **mouton** ; le mâle reproducteur : **bélier**, et la femelle, **brebis**. Le petit de moins d'un an est appelé **agneau** ou **agnelle**.

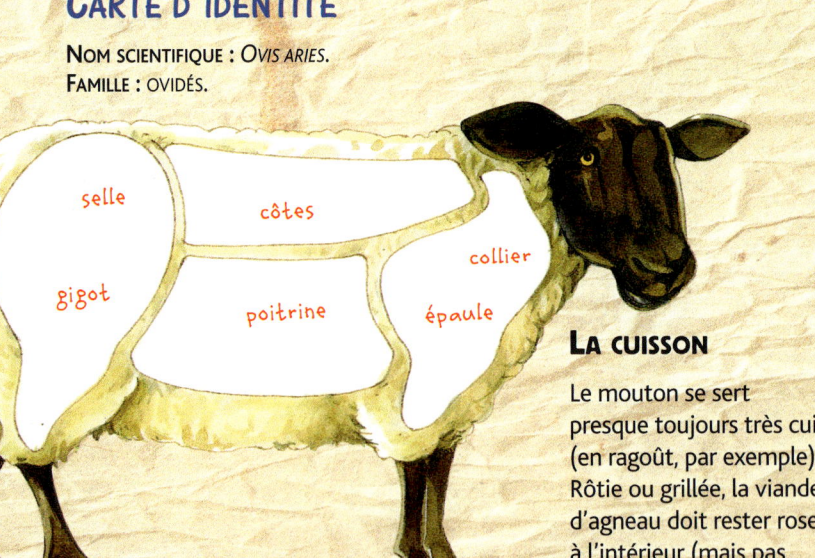

selle — côtes — collier — gigot — poitrine — épaule

LA CUISSON

Le mouton se sert presque toujours très cuit (en ragoût, par exemple). Rôtie ou grillée, la viande d'agneau doit rester rose à l'intérieur (mais pas saignante).

L'agneau en papillote à la feta

1 Préchauffe le four, thermostat 8 (chaud). Découpe 4 carrés de 30 cm dans le rouleau d'aluminium ou de papier sulfurisé. Déposes-y les tranches de gigot. Sur chaque tranche, dépose un gros morceau de feta (20 g), une feuille de sauge, du poivre et un filet d'huile d'olive. Rabats les quatre coins des carrés et froisse-les pour bien fermer les paquets.

gigot cuit

N'oublie pas de saler après la cuisson.

2 Dépose ces « papillotes » sur la plaque du four et fais cuire 15 à 20 minutes.

feta

gigot cru

Pour 4 personnes

- 4 tranches épaisses (1 cm environ) de gigot d'agneau
- 1 paquet de feta (fromage de brebis grec)
- huile d'olive
- 4 feuilles de sauge
- sel, poivre

PAPIER ALUMINIUM OU PAPIER SULFURISÉ

Pour 4 personnes

- 800 g d'épaule d'agneau désossée
- 1 poivron rouge et/ou 1 vert
- 2 yaourts
- 10 cl d'huile d'olive
- 1 gousse d'ail
- des herbes de Provence
- du cumin
- 1 citron
- 1 oignon
- du paprika
- sel, poivre

Les brochettes d'agneau à l'orientale

marinade

1 Demande au boucher de te préparer des morceaux pour brochettes. À la maison, vérifie s'il ne reste pas de la peau ou du gras à enlever.

2 Trois heures au moins avant le repas (ça peut aussi être la veille...), mélange le yaourt, l'huile, l'ail pressé, l'oignon coupé en gros morceaux, le jus du citron. Saupoudre de poivre, d'herbes, de cumin (pas trop, le cumin parfume très fort !). Mélange bien ta viande à cette « marinade ».

3 Le moment venu, prépare des petits carrés de poivron et préchauffe le four, thermostat 7-8 (chaud). Enfile la viande sur les brochettes en alternant avec les morceaux de poivron et des lamelles d'oignon prises dans la marinade.

4 Saupoudre de paprika. Pose les extrémités des piques sur les bords d'un plat à gratin et mets au four pendant 25 minutes. Sale avant de servir.

poivron   viande

oignon

Poulets et compagnie

Le blanc, ou la cuisse ? Si, à table, il provoque parfois des conflits, en cuisine, le poulet aux mille recettes met tout le monde d'accord. Un représentant de choc de la fière nation des volailles !

Une petite visite à la ferme pour faire connaissance avec les animaux de basse-cour.

Drôles d'oiseaux

Poules, poulets, dindons et dindes, pintades, canards, oies... Voilà la « volaille » : de drôles d'oiseaux qui ne décollent guère du plancher des vaches. Ils s'ébattaient librement dans les basses-cours des fermes mais, de plus en plus, on les retrouve en « batterie ». Cet élevage intensif n'est pas une invention récente : les Romains le pratiquaient déjà.

TOUTES LES VERTUS

Les oies gardaient jadis les temples (oies et canards ne dorment que... d'un hémisphère du cerveau, et donnent immédiatement l'alerte en cas de danger !). Les poulets servaient à prédire l'avenir (selon leur manière de picorer le grain...). Le canard, le pigeon et la tourterelle étaient des symboles de fidélité conjugale et on conseillait d'en manger pour acquérir leurs vertus !

LES MOTS DES VOLAILLES

Le **coquelet**, c'est un grand poussin d'un mois et demi maximum.

Le **chapon**, c'est un gros poulet castré et engraissé, à la chair plus savoureuse.

Le **poulet**, c'est un animal jeune, de 4 mois maximum, mâle ou femelle.

Le **coq**, lui, est un mâle de 18 mois.

La **canette** est un canard de moins de 2 mois... mâle ou femelle.

Il y a poulet et poulet

Le poulet ordinaire est un poulet de batterie (il a vécu 2 mois maximum, serré comme une sardine). Certains poulets, plus savoureux, bénéficient de labels et de certificats. En France, le **label rouge** s'applique au poulet de batterie plus vieux (12 semaines au lieu de 8), qui a passé sa dernière semaine avec un peu plus d'espace. Le **label rouge « fermier »** garantit que le poulet a bénéficié d'un carré d'herbe (2 m^2 maximum) et qu'il a été nourri avec des céréales. Quelques poulets ont une **« appellation d'origine »** (poulets de Bresse...) qui leur garantit vie au grand air, bons grains, et élevage dans la région. Ces privilégiés se reconnaissent à une bague à la patte !

LA CUISSON

Le poulet doit toujours être bien cuit, mais sans excès, sinon il se défait dans la sauce ou se dessèche au four.

CONSEIL

Tu aimes le poulet ? Continue ! La volaille et le lapin sont recommandés par les nutritionnistes car ces viandes, peu grasses (sauf la peau), sont faciles à digérer.

IDÉE

Tu peux faire la même recette avec du roquefort (remplace la moutarde par 50 g de fromage par personne).

DES ANTIQUITÉS

Seule la dinde, arrivée d'Amérique au XVIe siècle, est une « nouvelle venue ». Les autres volailles sont de vieilles connaissances. Les Romains avaient même une basse-cour plus variée que la nôtre, car on y trouvait aussi pigeons, faisans, paons et même cygnes et cigognes ! Notre poulet serait le lointain descendant d'un volatile de Malaisie. Sa domestication a commencé en Grèce il y a 6 000 ans. La pintade est africaine, et le canard... chinois, mais on le retrouve déjà au menu des Égyptiens, avec sa cousine l'oie.

Les escalopes de dinde sauce moutarde

Les escalopes de dinde peuvent être panées comme celles de veau (vois p. 161) ou se faire à la poêle, à feu doux... mais il leur faut une sauce qui ait du goût ! Cuis les escalopes, 5 minutes de chaque côté, dans très peu de matière grasse, avec de l'oignon émincé (si tu aimes). Dépose-les sur les assiettes, puis mets dans la poêle une cuillère à café de moutarde et 5 cl de crème liquide par personne. Sale, poivre et sors la poêle du feu aux premiers bouillons. Nappe vite les escalopes de cette sauce. À table !

Le poulet curry-noix de coco

1 Coupe l'oignon en petits morceaux et fais-le revenir à feu doux dans une grande casserole, avec l'huile.

2 Quand l'oignon commence à ramollir, augmente le feu et ajoute les morceaux de poulet. Remue bien jusqu'à ce que le poulet commence à dorer de tous côtés.

3 Ajoute la farine en remuant toujours, puis verse de l'eau jusqu'à recouvrir le poulet. Ajoute le sel, le curry, les feuilles de laurier coupées en deux et la gousse d'ail écrasée.

curry

laurier

sel

Recouvre bien le poulet avec l'eau.

 Pour 4 personnes

- 1 poulet coupé en morceaux ou 1 kg de cuisses et de blancs
- 1 gros oignon
- 40 g de farine
- 3 cuillères à soupe de curry doux
- 3 cuillères à soupe d'huile
- 3 cuillères à café de sel
- 2 feuilles de laurier
- 1 gousse d'ail
- 50 g de noix de coco râpée

4 Quand ça bout, baisse le feu et laisse cuire une bonne demi-heure. Avant de servir (avec un riz aux cacahuètes, vois p.105), vérifie l'assaisonnement et ajoute la noix de coco râpée.

Les ailerons de poulet confits à la confiture d'abricots

1 Dans un grand récipient, mélange la sauce soja et la confiture. Ajoute la gousse d'ail pressée et une pincée de piment.

 Pour 4 personnes

- 8 ailerons de poulet
- 10 cuillères à soupe de sauce soja
- 5 cuillères à soupe de confiture d'abricots (ou de miel)
- 1 gousse d'ail
- piment (ou poivre)

2 Mets-y les ailerons et remue-les en tous sens pour qu'ils soient enduits de partout.

3 Préchauffe alors le four, thermostat 8 (chaud). Verse 1 cuillère à soupe d'eau dans un plat à gratin, disposes-y les ailerons et arrose-les du reste de la sauce.

4 Enfourne pour une demi-heure. À manger tel quel (tu peux y mettre les doigts...) ou avec une sauce au yaourt (vois p. 81).

Le waterzooi

(recette flamande, à prononcer « ouatèrezouille »)

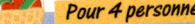

Pour 4 personnes

- 1 poulet coupé en morceaux
- 3 poireaux
- 2 branches de céleri
- 2 oignons
- 3 carottes
- 1/2 bouquet de persil
- 3 clous de girofle
- 2 œufs
- 20 cl de crème liquide
- 2 cuillères à soupe de sel
- poivre

1 Coupe tous les légumes en petits morceaux sauf un oignon que tu pèles seulement. Lave-les soigneusement.

2 Dans la casserole, avec un peu d'huile, fais dorer à feu moyen les morceaux de poulet de tous côtés, puis ajoute les légumes émincés.

3 Fais revenir 5 minutes en remuant, puis recouvre le tout de 2,5 à 3 litres d'eau. Sale et poivre. Pique les clous de girofle dans l'oignon et ajoute-le. Laisse cuire 1 heure et demie à feu doux avec couvercle.

4 Sors la casserole du feu. Casse les œufs dans un récipient assez grand et bats-les avec la crème. Ajoute 2 louches de ton bouillon et bats encore, puis verse le tout dans la casserole en remuant. Sers comme une soupe, avec des tartines de pain beurrées.

Les magrets à l'orange

1 Presse les oranges. Incise le gras des magrets en diagonale dans un sens puis dans l'autre. Sale et poivre le côté chair.

2 Dans une sauteuse, fais cuire les magrets côté peau pendant 10 minutes à feu doux, puis verse tout le gras dans un récipient (tu le jetteras à la poubelle quand il aura refroidi).

3 Remets les magrets dans la sauteuse pour 3 minutes de cuisson côté chair, puis retire-les. Demande à un adulte de découper ton magret en lamelles de 5 mm d'épaisseur. Récupère le jus qui a coulé de la viande.

4 À feu vif dans la sauteuse, ajoute le vinaigre, le miel, le jus d'orange, deux pincées de sel, la cannelle et le poivre. Fais bouillir 3 minutes, puis ajoute le jus de la viande et sors du feu.

5 Dispose les tranches de magret en éventail dans les assiettes et nappe de la sauce bien chaude. Excellent avec un gratin dauphinois (vois p. 129) !

sauce bien chaude

Pour 4 personnes

- 2 magrets de canard
- 2 oranges
- 1 cuillère à soupe de miel
- 1 cuillère à café de vinaigre
- 1 petite cuillère à café de cannelle
- sel, poivre

POISSONS ET FRUITS DE MER

Tu rêves de voyages au long cours ou de pêches miraculeuses ? Et si le rêve commençait dans l'assiette ?
Les habitants des mers et des rivières t'offrent saveurs du grand large et fraîcheur des torrents.

La ronde des poissons

Frais, en boîte, salés, fumés ou surgelés... En filets, en morceaux ou en miettes : ils ont mille façons de s'inviter dans la cuisine, les poissons. Et tu as mille raisons de les aimer !

Le roi des eaux

Un carré doré avec des yeux dans les coins ? Ce n'est pas que ça, le poisson ! Sais-tu qu'il en existe plus de 20 000 espèces, de formes, de tailles et de couleurs très variées ? Une grande majorité peuple les mers, mais quelques-uns se plaisent en eau douce.

INFO

Il existe 2 grandes catégories de poissons : les poissons cartilagineux (raies, baudroies, requins, esturgeons...) et les poissons osseux.

ALERTE À LA POLLUTION

Certaines usines de distribution d'eau potable se servent de truites comme indicateurs de pollution. Si l'eau présente des défauts, la truite montre un comportement anormal, alertant les ingénieurs. La pollution des mers peut avoir de graves conséquences : la chair des poissons concentre les polluants, et risque d'empoisonner les populations qui se nourrissent uniquement de la pêche locale.

CARTE D'IDENTITÉ

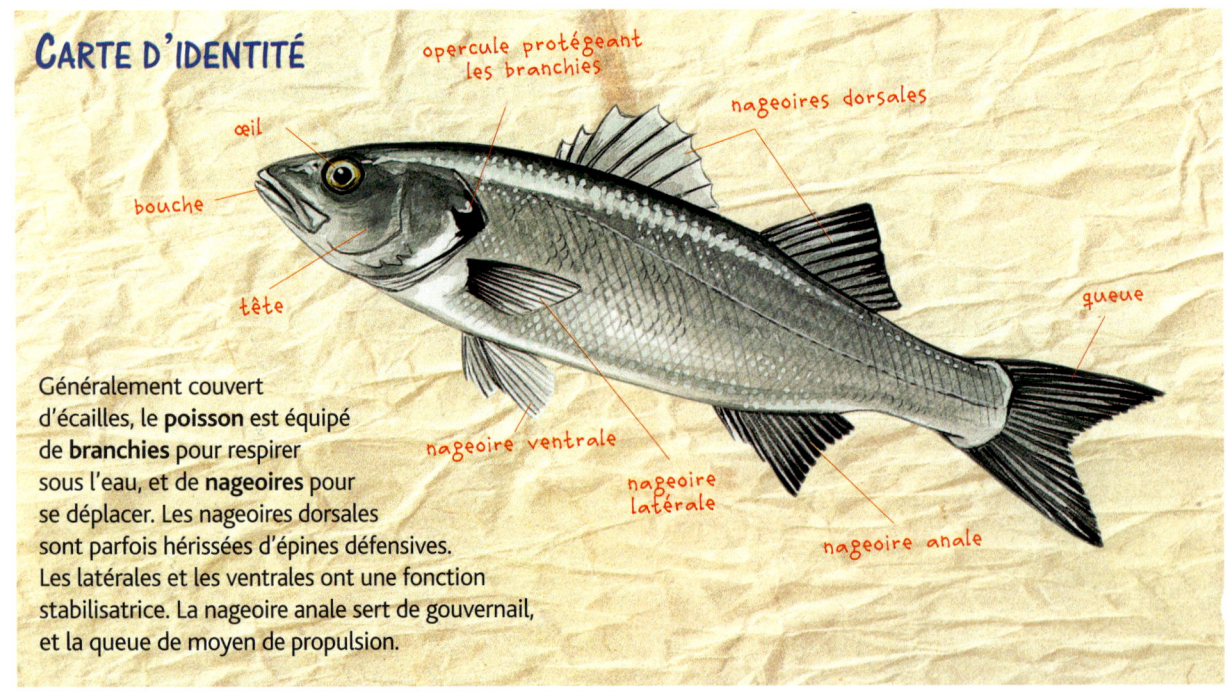

opercule protégeant les branchies

œil

bouche

tête

nageoires dorsales

queue

nageoire ventrale

nageoire latérale

nageoire anale

Généralement couvert d'écailles, le **poisson** est équipé de **branchies** pour respirer sous l'eau, et de **nageoires** pour se déplacer. Les nageoires dorsales sont parfois hérissées d'épines défensives. Les latérales et les ventrales ont une fonction stabilisatrice. La nageoire anale sert de gouvernail, et la queue de moyen de propulsion.

Des poissons
pour tous
les goûts...

SOS poissons

La pêche est aujourd'hui
une véritable industrie : chaque
année, 80 millions de tonnes de poissons
marins sont ramassées, dont plus de la moitié
sont rejetées à la mer ou transformées en farine...
Chalutiers et navires-usines sillonnent les eaux
les plus poissonneuses, et leurs immenses filets
ratissent tout sur leur passage. Les défenseurs
de l'environnement réclament des réglementations
plus sévères... et mieux respectées !

MIXEUR

LA TAPENADE DE THON

Tous les parfums de la Méditerranée ! Il te faut
une boîte d'olives noires dénoyautées, une boîte
de thon à l'huile, 60 g de beurre, le jus d'un demi-
citron, 2 cuillères à café de moutarde. Mixe tous
les ingrédients dans un bol mixeur. Remets au
frigo 1 heure. Sers en entrée sur des toasts,
ou comme sauce pour des pâtes.

Le poisson sans pêche

Se faire une réserve de poissons vivants n'est pas
une nouveauté : les Chinois le faisaient déjà il y a 4 000 ans !
Mais en 1733, un Allemand réussit à faire se reproduire
des truites en captivité. La pisciculture intensive était née.
Actuellement, on élève truites, saumons, turbots, esturgeons...
Le poisson d'élevage est un peu moins savoureux, mais il est moins
cher. Et c'est une façon d'épargner les ressources naturelles.

CHIFFRE

Le thon est le plus rapide des poissons :
il atteint 80 à 100 km/h (le record humain,
à la nage, est d'à peine... 7 km/h !).
Et c'est le plus gros poisson osseux
du monde : jusqu'à 5 m de long,
pour un poids proche de 900 kg !

Monsieur Muscles

Musclé, le poisson ! Il contient proportionnellement
nettement plus de muscles que le bœuf ou le porc...
Les fibres de ses muscles sont plus courtes.
Ce qui rend sa chair plus tendre, et permet
de la cuire moins longtemps.

LES SARDINES CRUES

Le poisson cru, fraîchement
pêché, fait le régal des
Japonais qui le préparent
en *sashimi* ou en *sushi*
(sur une petite boulette
de riz). Les Polynésiens
le consomment après
l'avoir fait tremper (on dit
« mariner ») dans
du jus de citron.
L'acidité « cuit »
le poisson qui n'est
plus alors vraiment
cru. Tu es curieux de
saveurs exotiques ?
Essaie les filets
de sardines crues, salés
et poivrés, avec des
tartines de pain beurrées.

CONSEIL

Ah, s'il n'y avait pas les arêtes... Beaucoup de poissons ne posent
aucun problème : les très gros comme le thon, les cartilagineux
comme le requin et la baudroie (ou lotte)... et tous ceux dont le poissonnier
« lève les filets », c'est-à-dire enlève les arêtes. La truite ou les poissons plats
ont des arêtes assez faciles à enlever.

TRUC

Comment reconnaître
un poisson bien frais ?
Fais d'abord jouer tes narines !
Son odeur n'est pas trop forte ?
Regarde-le alors dans les yeux :
ils doivent être brillants
(surtout pas blanchâtres !).
Autres repères : sa peau
est luisante ; ses ouïes sont
humides et d'un beau rouge
vif... et son ventre n'est
pas gonflé.

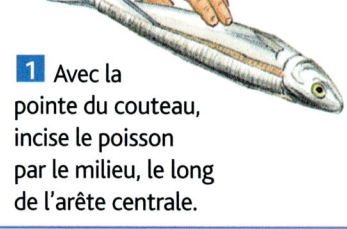

1 Avec la
pointe du couteau,
incise le poisson
par le milieu, le long
de l'arête centrale.

2 Glisse
le couteau
entre la chair
et les arêtes et ouvre
le poisson comme un livre.
Recommence l'opération
de l'autre côté, puis enlève
l'arête en la tirant par la queue.

Bon poisson

Pour une fois, gourmets et diététiciens sont d'accord ! Les gourmets adorent le poisson frit, grillé, poché, mariné... Les médecins l'apprécient comme source de protéines, de vitamines et de sels minéraux. Moins gras que la viande, il se digère facilement. Seul inconvénient : il se conserve peu de temps et exige donc une fraîcheur irréprochable.

LES MOTS DU POISSON

Entier : comme s'il sortait du filet du pêcheur.

Vidé : on lui a ouvert le ventre pour lui enlever les entrailles.

Écaillé : certains poissons (pas tous !) sont couverts d'écailles qu'il faut gratter avant la cuisson.

En darnes : les poissons assez gros sont souvent coupés en tranches, perpendiculairement à l'arête centrale. Faciles à manger sans s'occuper des (rares) arêtes.

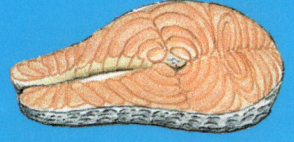

En filets : le poissonnier a détaché la chair du poisson. Un véritable steak de poisson !

La lotte à la vapeur de poireaux

1 Coupe la base des poireaux. Enlève les feuilles abîmées. Coupe les poireaux en deux dans le sens de la longueur, puis en rondelles. Lave-les bien dans une passoire. Dans la casserole, fais cuire les poireaux à feu doux dans le beurre pendant 5 minutes. Sale et poivre.

2 Sans enlever les poireaux, ajoute le panier de cuisson à la vapeur avec la lotte. Mets le couvercle. C'est la vapeur des légumes qui fait cuire le poisson.

rondelles de poireau

lotte

Pour 4 personnes

- 800 g de morceaux de lotte
- 3 poireaux
- 30 g de beurre
- 10 cl de crème fraîche liquide

CASSEROLE CUISSON VAPEUR OU COCOTTE-MINUTE

3 Au bout de 10 minutes, mets le poisson en attente dans un plat, ajoute la crème dans les poireaux, et remue à feu vif, jusqu'à ce que le mélange devienne crémeux. Verse cette sauce sur les morceaux de lotte.

Poissons de mer et de rivière

Impossible de te présenter tous les poissons du monde ! Voici quelques-uns des plus connus, et des plus utilisés en cuisine…

Poissons d'eau douce

Il en existe environ 200 espèces dans les lacs et rivières d'Europe, dont 73 rien qu'en France. La majorité des poissons d'eau douce européens appartient à la famille des cyprinidés. Ce sont les « poissons blancs » : carpes, brèmes, gardons… Les salmonidés sont représentés par deux espèces très recherchées : la truite fario et le saumon atlantique.

CHIFFRE

Le brochet est l'un des plus grands des poissons français d'eau douce : certaines femelles peuvent dépasser 1 m de long et 20 kg. Sa bouche est armée de 700 dents !

LA CARPE

Les Romains ont ramené la carpe d'Asie, et elle se plaît dans nos étangs. Les carpes se mangent souvent farcies. Taille moyenne : 40 à 60 cm.

LA TRUITE FARIO ET LA TRUITE ARC-EN-CIEL

La truite fario fréquente principalement les torrents. La truite arc-en-ciel, originaire d'Amérique, supporte des eaux moins vives. C'est celle qu'on trouve en élevage. Délicieuses nature ou fumées. Taille moyenne : 23 à 40 cm.

arc-en-ciel

fario

LA PERCHE

Très fréquente dans les rivières et les lacs. Sa saveur est très fine. Taille moyenne : 20 à 40 cm.

LE BROCHET

Le brochet se nourrit d'autres poissons, et ne craint aucun prédateur. Sauf l'homme… qui en fait souvent des pâtés (ou quenelles), à cause de ses nombreuses arêtes.

LE CAVIAR, TU CONNAIS ?

Ces minuscules billes noires, en conserve, valent une fortune ! Ce sont les œufs de l'esturgeon, un grand poisson cartilagineux qui a frôlé la disparition à cause de sa saveur délicate !

LA PIROGUE DE CONCOMBRE À LA TRUITE FUMÉE

Pèle un concombre, coupe les deux bouts, puis coupe-le en deux dans le sens de la longueur et creuse-le en enlevant les pépins. Mélange un paquet de truite fumée, coupée en petits morceaux, avec un petit pot de yaourt et 10 cl de crème fraîche. Assaisonne avec sel, poivre et ciboulette hachée et remplis les demi-concombres de cette crème. Sers sur un lit de salade.

LE CARPACCIO DE SAUMON

(à prononcer *carpatchio*...) Demande au poissonnier de te couper de très fines tranches de saumon (dis-lui que c'est pour un carpaccio). Dans un grand plat, verse le jus de 2 citrons et étale tes tranches dessus sans les empiler. Sale, poivre et recouvre d'un 3e jus de citron, de 5 cuillères à soupe d'huile d'olive, d'un peu d'aneth haché et de petits copeaux de parmesan (que tu découpes avec un couteau économe). Après une heure au frigo... c'est cuit !

TRUC

Les poissons de rivière ont parfois un arrière-goût de vase. Fais-les tremper dans de l'eau vinaigrée une heure ou deux avant de les cuisiner.

LE SAUMON

On trouve de plus en plus de saumons d'élevage, plus ou moins bons selon leur origine (ceux d'Écosse sont excellents)... Se consomme nature ou fumé. Taille : jusqu'à 1,30 m.

L'ANGUILLE

Pas de panique, ce n'est pas un serpent ! Les jeunes anguilles, appelées « civelles », sont très recherchées... et très chères. Il en faut près de 2 000 pour 1 kg ! Taille adulte : peut dépasser 1 m.

ANADROMES OU CATADROMES ?

Certains poissons sont migrateurs. Les poissons anadromes, comme le saumon, quittent la mer pour aller se reproduire en eau douce. Les poissons catadromes, comme l'anguille, font l'inverse.

Poissons de mer

Ils voyagent en solitaires ou se déplacent en bandes, ces immenses bancs de poissons traqués par les pêcheurs... Ils sont innombrables et étonnants ! Toi, le terrien, va donc visiter un aquarium ou simplement faire un tour au marché. Tu y découvriras des merveilles... et des monstres !

ATTENTION, ON S'APLATIT !

LA SARDINE

Ce petit poisson ne se plaît qu'en groupe. Et il finit souvent sa vie en nombreuse compagnie... en boîte !

LE CABILLAUD

Un des poissons les plus pêchés dans le monde. Salé, il prend le nom de « morue ».

LES AVENTURES DU POISSON PLAT

La sole, la limande ou la plie naissent avec la même forme que les autres poissons, mais un beau jour ils se couchent sur le côté, s'aplatissent... et leur œil caché migre pour rejoindre l'autre...

LE MERLAN

Une chair savoureuse, pour un poisson discret qui se prête à une infinité de préparations.

LA SOLE

Poisson plat à la chair plus fine que la plie ou la limande.

LE THON

Ce géant a une chair plus rouge que les autres poissons. On le cuisine souvent comme de la viande.

LA BAUDROIE

On l'appelle aussi « lotte ». Plus laid que ça, tu meurs. Un poisson tout en gueule... dont la queue rappelle le goût du

LE MAQUEREAU

Bleu électrique, et joliment tigré, il a de l'allure... et beaucoup de goût !

LE BAR

En Méditerranée, on l'appelle « loup » à cause de sa férocité... et on l'adore avec du fenouil.

LA RAIE

Étonnante, avec ses nageoires qui lui font comme des ailes (ce sont elles qu'on mange)...

NOM D'UN POISSON

Les mêmes poissons portent parfois des noms différents selon l'endroit où on les pêche... ou la manière dont ils sont préparés.

Les patates pirates

Pour 4 personnes

- 4 très grosses pommes de terre
- 4 petits filets de sole (ou d'un autre poisson...)
- 200 g de crevettes décortiquées
- 10 cl de crème fraîche
- 1 cuillère à café de concentré de tomate

1 Brosse bien les pommes de terre sous le robinet, puis mets-les 3/4 d'heure sur la grille du four, thermostat 7 (assez chaud). Mélange les crevettes avec la crème, le concentré de tomate, 2 pincées de sel, 1 pincée de piment (si tu aimes) et du poivre.

2 Évide les pommes de terre comme des barques après leur avoir enlevé un « chapeau » de 1 cm d'épaisseur. Mets-les dans un grand plat qui va au four.

3 Remplis-les de ton mélange aux crevettes, que tu recouvres avec les filets de sole (en les repliant si nécessaire). Sale les filets, et referme les pommes de terre avec leur chapeau. Enfourne pour 1/4 d'heure.

filet de sole

mélange de crevettes

IDÉE

Sers tes navires, ornés d'un drapeau de pirate, sur un océan de haricots verts ou de pois gourmands...

La safranée de merlans en papillote

1 Lave les poivrons, enlève-leur la queue et les graines, puis coupe-les en petits dés. Pèle les carottes et coupe-les en fines rondelles. Émince les échalotes. Dans une poêle, fais revenir ces légumes avec un peu d'huile, 1/4 d'heure à feu doux. Sale et poivre au début, mais ajoute le safran au dernier moment. Préchauffe le four, thermostat 6 (chaleur moyenne).

filet

papier aluminium

petits légumes

crème

Pour 4 personnes

- 4 gros filets de merlan
- 1 poivron rouge
- 1 poivron vert
- 3 échalotes
- 3 petites carottes
- 2 capsules de safran
- huile d'olive
- crème fraîche liquide

PAPIER ALUMINIUM

2 Prépare 4 grands rectangles de papier d'aluminium et poses-y tes filets. Recouvre chaque filet de légumes cuits et de 5 cuillères à soupe de crème fraîche. Referme bien tes papillotes et mets-les 20 minutes au four, dans la lèchefrite. Sers avec du riz ou des pâtes.

Les fruits de mer

Drôle de cueillette ! Les fruits de mer ne poussent pas sur des algues... Bizarres et délicieux, ils sont synonymes de luxe et de raffinement...

Les durs

Impressionnants, les crustacés, avec leur tête hérissée d'antennes et leurs 5 paires de pattes, dont la première est souvent dotée de pinces puissantes ! Leur carapace solide ne suffit pas à les protéger... de notre gourmandise. Car cela fait longtemps que les hommes ont compris que leur chair était délicieuse. Homards, langoustes, langoustines, crabes, crevettes... Quelle brochette !

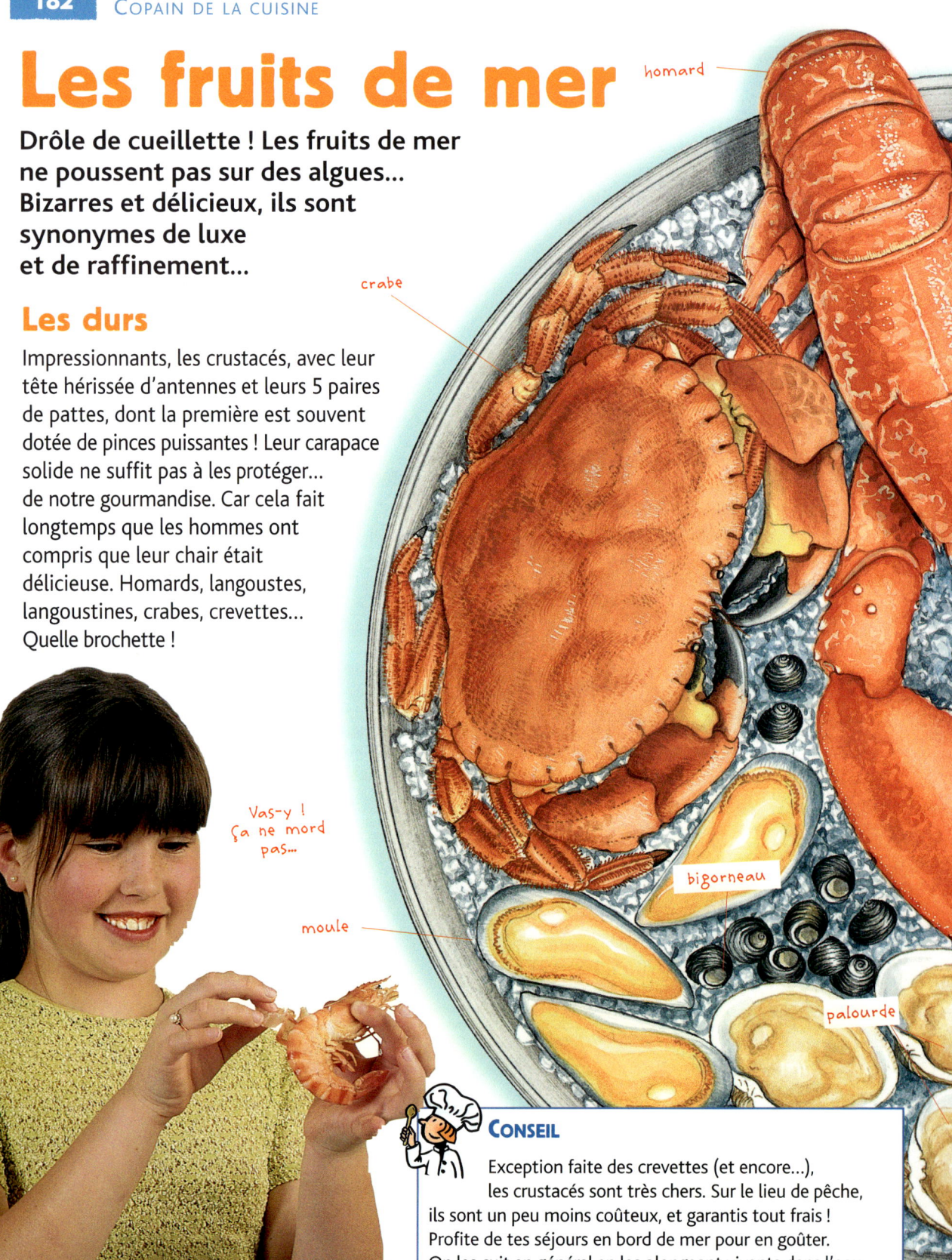

homard

crabe

Vas-y ! ça ne mord pas...

moule

bigorneau

palourde

CONSEIL

Exception faite des crevettes (et encore...), les crustacés sont très chers. Sur le lieu de pêche, ils sont un peu moins coûteux, et garantis tout frais ! Profite de tes séjours en bord de mer pour en goûter. On les cuit en général en les plongeant vivants dans l'eau bouillante. Certains les coupent aussi vivants. Dur, dur ! Parfois, il vaut mieux faire semblant de ne pas savoir...

CONSEIL

Les crevettes des mers froides sont bien meilleures que les autres... et leur prix nettement plus élevé, y compris en boîte. Pour les crabes en boîte aussi, il y a d'énormes différences de qualité... et de prix ! Tout compte : l'espèce, la provenance, et le type de morceaux (les pattes sont plus savoureuses... et plus coûteuses).

ATTENTION !

La pêche aux moules et aux coquillages est une activité sympa... Mais ton *Copain de la cuisine* te déconseille de consommer ta récolte, sauf si tu les as ramassés avec des gens du coin qui connaissent bien les zones sans danger. Car les mollusques concentrent facilement les polluants, et il peut leur arriver d'être contaminés par une algue très toxique !

CHIFFRE

Les poulpes géants peuvent atteindre 9 m de long. Heureusement, ils ne fréquentent que les grandes profondeurs !

crevette

huître

IL FAIT NOIR ICI !

INFO

As-tu déjà vu un homard vivant « nu », sans sa carapace ? Une dizaine de fois dans sa vie, le homard mue... et abandonne son costume pour un plus grand.

Les mous

Les gastéropodes (escargots, bigorneaux...) et les bivalves (huîtres, moules, coquilles Saint-Jacques, palourdes, clovisses...), tu les connais mieux sous leur nom – nettement plus poétique ! – de coquillages. Ils forment avec les céphalopodes (calamars, seiches, poulpes...) le vaste groupe des mollusques. Une famille haute en couleur et riche en goûts... car la plupart sont comestibles ! Leur corps tout mou est protégé par une coquille ou soutenu par une structure interne, dure (qu'on appelle « os » chez la seiche).

MARCHE DANS L'EAU

Rares sont les crustacés qui se plaisent en eau douce (les écrevisses sont les plus fameux...). La plupart vivent en mer. Sais-tu qu'ils ne nagent pas, mais qu'ils marchent dans l'eau ? L'écrevisse peut même « avancer » à reculons ! Sur les étals des poissonniers, les crustacés sont souvent roses. Ce n'est pas leur couleur normale ! À la cuisson, un pigment rouge, le carotène, leur donne cette couleur si appétissante.

Les moules à la crème

1 Selon la provenance, les moules doivent être nettoyées ou sont prêtes à l'emploi. Dans le premier cas, il faut les gratter pour enlever les algues et tirer les « barbes » coincées dans leur coquille. De toute façon, il faut les laver à grande eau.

2 Coupe tous les légumes en petits morceaux et fais-les revenir à feu moyen avec un peu d'huile, dans une très grande casserole.

légumes en petits morceaux

« barbe »

Lave bien les moules !

Pour 4 personnes

- 3 kg de moules
- des légumes (oignons, carottes, poireaux, poivron, persil, céleri, etc. selon ton goût)
- 20 cl de crème fraîche

3 Quand ils commencent à ramollir, ajoute les moules, la crème fraîche, et mets le feu au maximum, avec un couvercle. Remue de temps en temps. En moins de 10 minutes, toutes les moules sont grandes ouvertes… et c'est prêt !

Pour 2 personnes

LA SALADE CRABE-POMMES

Il te faut 1 petite boîte de crabe, 2 feuilles de laitue bien nettoyées et essorées, 1 pomme verte, 2 cuillères à soupe de mayonnaise (maison ou en boîte) et le jus d'un demi-citron. Émiette la chair de crabe et mélange-la avec la mayonnaise et le jus de citron. Sale et poivre. Garnis 2 coupes en verre avec les feuilles de laitue, et sers-t'en comme d'un nid pour ta préparation au crabe. Mets au frigo 1 heure à l'avance. Avant de servir, pèle la pomme, coupe-la en dés et rajoute-les à ta salade.

Les gambas à la vahiné

1 Nettoie le demi-poivron à l'eau. Enlève bien les graines. Coupe l'oignon et le demi-poivron en petits morceaux. Fais-les cuire 10 minutes à feu doux dans une sauteuse, avec 2 cuillères à soupe d'huile.

2 Ajoute ensuite les gambas, à feu vif, en les retournant pour qu'elles dorent des deux côtés.

3 C'est maintenant au tour du lait de coco, de l'ail et du curry. Sale et laisse cuire encore 5 minutes, toujours à feu vif.

poivron

curry

oignon

ail

lait de coco

Sers les gambas telles quelles, en entrée, ou avec du riz.

Pour 4 personnes

- 3 ou 4 gambas par personne (suivant la taille)
- 1/2 poivron rouge
- 1 oignon
- 2 gousses d'ail pelées et pressées
- 1 boîte de lait de coco
- 1 cuillère à café de curry

Le calamar farci

1 Émince l'oignon et fais-le revenir 10 minutes à feu doux avec une cuillère à soupe d'huile. Rince le persil et coupe-le avec des ciseaux dans un verre. Coupe les olives en deux. Épluche les gousses d'ail et écrase-les. Mélange tous ces ingrédients avec la chair à saucisse.

2 Coupe le bout de la queue du calamar et rince-le sous le robinet en le remplissant comme une baudruche percée.

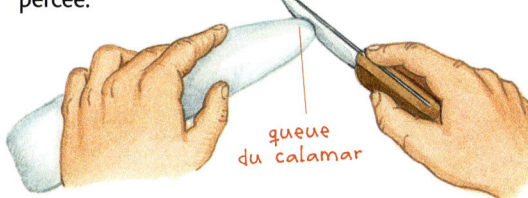

queue du calamar

3 Farcis-le ensuite avec ton mélange jusqu'à ce qu'il soit rempli jusqu'au bout.

4 Préchauffe le four, thermostat 6 (chaleur moyenne). Installe le calamar dans un plat qui va au four, arrose-le d'un filet d'huile d'olive et enfourne pour 1/2 heure. Sers-le entouré de riz auquel tu auras ajouté une capsule de safran... pour le goût et la couleur.

Pour 4 personnes

- 300 g de chair à saucisse
- 1 calamar nettoyé d'une trentaine de cm
- 1 oignon • 2 gousses d'ail • 4 branches de persil
- 10 olives noires dénoyautées • huile d'olive

LES FRUITS

Ils croquent sous
la dent, fondent
dans la bouche.
Grâce à eux,
tu fais le plein
de saveurs et d'énergie
à toute heure de la journée.
Mais de l'entrée au dessert,
tu peux en faire tout un plat !
Eh oui, les fruits aussi se cuisinent !

Les fruits à pépins

Avec les fruits à pépins, croque la vie à belles dents ! Pommes et poires sont trop... gnon : elles t'offrent des centaines de recettes sans... ennuis !

pépins

CHIFFRE

Les hommes aiment les pommes : du temps des Romains on en connaissait une quarantaine de sortes différentes. Aujourd'hui, on en recense plus de 7 000 variétés !

Le fruit défendu ?

C'est le plus vieux fruit connu... Sacrée pomme ! Rouge, verte ou jaune, ronde ou bosselée, douce ou acidulée, elle est si appétissante qu'il est presque impossible de lui résister ! Pour une simple pomme, Adam et Ève ont perdu le Paradis, et Blanche-Neige a failli s'endormir pour toujours...

POMME MIRACLE

Un dicton anglais affirme qu'« une pomme chaque matin chasse le médecin ». On dit aussi qu'une pomme le soir favorise le sommeil... En plus, mordre dans une pomme, ça tonifie les gencives et les dents.

CONSEIL

Dans nos pays, pommes et poires se récoltent à la fin de l'été. Mais on en trouve toute l'année, conservées en chambre froide ou venues du bout du monde. Certaines variétés sont meilleures crues, d'autres cuites. Chez un marchand de fruits et légumes ou au marché, tu peux te faire conseiller. Difficile d'échapper, pour les pommes, à la golden, douce, mais souvent fade, à la granny-smith, très acide, et aux autres ultrabrillantes, mais pas toujours ultraparfumées. Essaie les reinettes, bertranes, cox orange... ou de vieilles variétés au nom oublié...

pépins

Poires et compagnie

Il y a des rondes et il y a des longues...
Mais elles ont toutes cette forme si
caractéristique ! Juteuses, sucrées, les poires
fondent dans la bouche... Ça tombe bien :
il faut les manger sans tarder ! D'aspect,
les coings leur ressemblent un peu.
Mais ils ne sont bons que très cuits,
cuisinés ou transformés en gelée
ou en pâte de fruits.

FAN CLUB

Quelques passionnés ont monté
de véritables « clubs » de croqueurs de
pommes. Pour avoir des renseignements
sur leurs activités, tu peux t'adresser
à la Société pomologique du Berry ou à
l'association Les Mordus de la pomme
(vois les adresses à la
fin de ce livre).

COMMENT TE SERVIR D'UN VIDE-POMME ?

Tiens la pomme d'une main
au-dessus d'une surface solide
et, de l'autre, enfonce fermement
le vide-pomme autour de la queue,
bien verticalement, jusqu'à ressortir
de l'autre côté. Puis fais faire un quart
de tour au vide-pomme pour sortir
le cœur.

cœur
de la
pomme

CARTE D'IDENTITÉ

FAMILLE : ROSACÉES.

Le mot « pomme » vient du
latin *pomum* qui veut tout
simplement dire
« fruit ».

queue
ou pédoncule

pépins
(graines)

chair

cœur

sépales

peau ou pelure

CONSEIL

C'est près de la pelure
des pommes et des poires
qu'il y a le plus de vitamines.
Évite donc de les peler si tu les
manges crues, mais lave-les bien
pour éliminer saletés et produits
insecticides. La pomme peut se peler
entière, en ruban : quelques experts
arrivent à ne faire qu'une seule
pelure de haut en bas ! Mais c'est
plus facile de peler pommes et poires
après les avoir coupées en morceaux.
Une fois coupés, ces fruits s'oxydent
au contact de l'air : un peu de jus
de citron les empêchera de brunir.

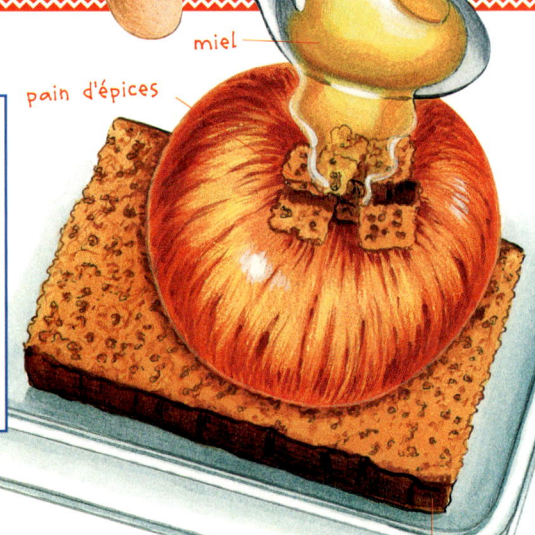

miel

pain d'épices

Les pommes au four farcies au pain d'épices

1 Lave bien les pommes, et enlève leur cœur avec un vide-pomme (vois la technique p. 189).

2 Préchauffe le four, thermostat 7-8 (assez chaud). Mets chaque pomme ainsi évidée sur une tranche de pain d'épices, dans un plat beurré allant au four. Coupe le restant du pain d'épices en petits morceaux. Remplis-en les pommes, et verse une cuillerée de miel par-dessus.

3 Mets au four jusqu'à ce que tes pommes caramélisent (une demi-heure environ, cela dépend de la variété des pommes utilisées).

4 Sers avec de la crème fraîche.

IDÉE

Tu peux aussi farcir les pommes avec de la confiture ou un carré de chocolat, et les servir surmontées d'une boule de glace...

Pour 4 personnes

- 4 pommes (des reinettes si possible)
- du miel
- 6 tranches de pain d'épices
- de la crème fraîche

VIDE-POMME

pain d'épices

IDÉE

La force du camembert se marie bien avec la douceur de la pomme. Mais rien ne t'interdit d'utiliser un autre fromage.

Les « pommemberts »

Des boules de pâte qui cachent des pommes... qui cachent du camembert ! Une sacrée surprise pour tes invités ! Réussie, rassure-toi !

1 Lave les pommes. Enlève leur cœur avec un vide-pomme (vois la technique p. 189). Mets-les dans un plat qui va au four, et fais-les précuire 1/4 d'heure, thermostat 7 (assez chaud). Demande à un adulte de les sortir du four.

2 Enlève les croûtes du camembert. Quand tes pommes ne sont plus chaudes, remplis-les de fromage, en tassant bien.

3 Coupe ta pâte en 4. Emballe chaque pomme dans un quart de pâte, en l'étirant délicatement si nécessaire. Ferme tes baluchons en pinçant bien la pâte. À l'aide d'un pinceau de cuisine, badigeonne-les de jaune d'œuf. Remets-les au four 20 minutes.

pomme vidée

pomme emballée dans la pâte

pâte

Entrée pour 4 personnes

- 4 goldens (ou autres pommes à cuire qui ne ramollissent pas trop à la cuisson)
- 1/2 camembert
- 1 pâte feuilletée prête à dérouler
- 1 jaune d'œuf

VIDE-POMME

PINCEAU DE CUISINE

camembert

LA SALADE POIRES-ROQUEFORT

Il te faut 2 belles poires, des feuilles de laitue lavées et essorées, 100 g de roquefort ou d'un autre « bleu », quelques cerneaux de noix et de la vinaigrette moutardée. Pèle les poires et enlève leur cœur. Coupe-les en fines tranches. Étale-les dans un grand plat rond, en leur donnant une forme de fleur. Entoure-les d'une couronne de salade. Saupoudre-les de morceaux de roquefort et de noix. Assaisonne avec la vinaigrette.

La tarte poire-chocolat-noix de coco

1 Commence par mixer les poires dans un grand récipient.

2 Ajoute les œufs, le sucre, la farine, la crème fraîche, et fouette bien. Préchauffe le four, thermostat 7 (assez chaud).

3 Étale la pâte brisée dans un moule à tarte. Verse ta préparation sur la pâte. Mets la tarte à cuire pendant 40 minutes.

Étale ta préparation avec une cuillère.

Pour 6 personnes

- 1 pâte brisée (maison, vois p. 94, ou prête à dérouler)
- 750 g de poires au sirop égouttées
- 2 œufs
- 60 g de sucre en poudre
- 1 cuillère à soupe de farine
- 2/3 de brique de crème fraîche
- 150 g de chocolat pâtissier
- un peu de noix de coco râpée

MIXEUR OU ROBOT

4 Fais fondre le chocolat en morceaux (2 minutes au micro-ondes, puissance minimum ou une dizaine de minutes au bain-marie, pour la technique, vois p. 58). Nappe la tarte de chocolat fondu et saupoudre-la de noix de coco. Déguste-la bien froide.

Les fruits à noyau

Ah ! le parfum de la cerise, de l'abricot ou de la pêche bien mûre... Si tu les cueilles toi-même sur l'arbre, c'est encore meilleur ! Nature ou apprêtés, les fruits à noyau sont à fondre de plaisir.

Coques en stock

Quel point commun y a-t-il entre la cerise, l'abricot, la prune et la pêche, à part que tu les adores ? Facile ! Ils ont un noyau dur comme du bois. On les appelle des « drupes » : la graine de ces fruits charnus (l'amande) est bien protégée par une coque. Cette amande a un bon goût... d'amande, mais elle contient une substance toxique, l'acide cyanhydrique : à ne consommer qu'à faible dose !

La **pêche** est originaire de Chine, où elle est connue depuis plus de 3 000 ans. Une légende de là-bas dit qu'elle rend immortel. Sa peau duveteuse adhère plus ou moins à la chair, selon les variétés. Blanches ou jaunes, les pêches sont toutes excellentes quand on les mange bien mûres.

AS-TU LES OREILLONS ?

Ce n'est pas seulement une maladie d'enfants. C'est aussi le nom des demi-abricots en conserve.

Nectarines et **brugnons** appartiennent à la même famille que la pêche. Tous deux ont la peau lisse. Où se cache donc la différence ? On ne la repère qu'au noyau. Celui du brugnon est attaché à la chair, tandis que celui de la nectarine est libre. Comme pour la pêche, il existe des variétés jaunes et blanches.

L'**abricot** vient de Chine, comme la pêche. Il est très parfumé quand il n'est pas cueilli trop vert. Sinon, il est farineux et sans goût.

noyau
prune
abricot
pruneau
pêche

La **prune** aussi viendrait de Chine. Mais, dès la préhistoire, on la consommait dans beaucoup d'autres régions. Rouges, vertes, jaunes ou bleues, petites ou joufflues, sucrées ou acidulées, les prunes t'offrent un large éventail de couleurs et de saveurs.

CIEL, JE VOIS !

Le **pruneau** est une prune séchée. Avant, c'était au soleil. Maintenant, il se ratatine dans de grands fours. Pour devenir pruneau, la prune doit être d'une variété très sucrée, à chair ferme. Le plus célèbre est le pruneau d'Agen.

FRUIT BONNE-MINE

T'as pas la pêche ? Alors, mange... des abricots ! Bourrés de provitamine A, excellente pour la peau, et pour voir la nuit, ils contiennent en plus une bonne dose de minéraux et d'oligoéléments (magnésium, calcium, fer...).

La **cerise**. Tu en fais facilement des boucles d'oreilles, car elle est attachée en grappes au cerisier par une longue queue. Jaune, ou rouge, elle peut être douce ou acide. La cerise sauvage est appelée « merise ». C'est un fruit à noyau... mais aussi un fruit rouge (ses recettes sont p. 198).

LES MINICHAUSSONS AUX PRUNEAUX

Pour 6 chaussons, il te faut une pâte feuilletée prête à dérouler, et pour la farce, une douzaine de pruneaux dénoyautés, un petit pot de fromage blanc, une cuillère à soupe de crème fraîche épaisse, une cuillère à café de cannelle et un sachet de sucre vanillé. Mixe les ingrédients pour en faire une crème. Coupe la pâte en 6 triangles. Dispose un tas de crème au milieu de chaque triangle. Replie chaque coin, et soude bien les bords. Mets 20 minutes au four, thermostat 7-8 (assez chaud).

brugnon

cerise

prune

nectarine

Les pêches cœur de glace

1 Pèle les pêches, coupe-les en deux et ôte le noyau. Fais cuire les demi-pêches quelques minutes dans une casserole avec un verre d'eau et le sachet de sucre vanillé.

2 Égoutte-les, puis mets-les à rafraîchir une heure ou deux au frigo. Au moment de servir, reforme les pêches, avec un peu de glace à la vanille à la place du noyau. Décore avec la confiture et les amandes.

TRUC

Certaines pêches ont la peau qui se pèle difficilement. Pour l'enlever, demande à un adulte de les plonger une minute dans l'eau bouillante, puis de les passer sous l'eau froide.

Pour 4 personnes

- 4 belles pêches (variété dite « de conserve » dont le noyau s'enlève facilement)
- 1 sachet de sucre vanillé
- de la glace à la vanille
- de la confiture de fruits rouges
- des amandes effilées

Une fois la pêche refermée, on pourrait la croire entière !

IDÉE

Tu peux faire la même recette avec des nectarines (mais pas des brugnons !).

La mousse aux abricots

1 Mixe les abricots lavés et dénoyautés. Ajoute à cette purée le fromage blanc, le sucre et la vanille. Sépare les blancs d'œufs des jaunes (vois la technique p. 60). Mélange les jaunes à ta préparation.

2 Dans un autre récipient, bats les blancs en neige avec un batteur ou une fourchette (vois aussi p. 60). Ajoute-les très délicatement à ta préparation : c'est cette « neige » qui va transformer la crème d'abricots en mousse...

blancs en neige + préparation

Remue délicatement !

3 Verse le tout dans de jolies coupes. Mets au moins une heure au frigo avant de servir.

Pour 4 personnes

MIXEUR OU BATTEUR

- 300 g d'abricots
- 300 g de fromage blanc à 20 % de matière grasse
- 2 œufs
- 80 g de sucre
- 6 gouttes d'extrait de vanille

Le gratin pêches-abricots

1 Lave bien les fruits, coupe-les en morceaux (enlève les noyaux, bien sûr), et dispose-les dans les ramequins.

2 Dans un grand bol, mélange les jaunes d'œufs avec le sucre et la crème. Verse ce mélange sur les fruits.

morceaux de pêches et d'abricots

jaunes d'œufs + sucre + crème fraîche

Pour 4 personnes

- 2 pêches
- 4 abricots
- 50 g de sucre
- 100 g de crème fraîche
- 2 jaunes d'œufs

4 RAMEQUINS

3 Allume le gril du four et mets à gratiner environ 5 minutes. Surveille bien, la crème doit juste dorer. Sers ces petits gratins tièdes.

Les fruits rouges

Tu ne peux résister
quand fraises, framboises
et groseilles rougissent les étals...
C'est vrai que ces amours de fruits
ne durent que le temps... de te les
mettre sous la dent !

Le temps des fraises

Les fraises des bois sont connues depuis
la préhistoire, mais ce ne sont pas
les ancêtres des belles fraises actuelles !
C'est un ingénieur appelé... Frézier (!)
qui, au XVIIIᵉ siècle, ramena d'Amérique
quelques plants de fraisiers qui
produisaient des fraises énormes.
Depuis lors, elles sont cultivées et croisées
entre elles. On invente sans cesse
de nouvelles variétés, plus grosses, plus
goûteuses, qui se transportent plus facilement
ou qui résistent mieux aux maladies...

LE GOÛT DE L'INVENTION

Goûte la gariguette
et la mara des bois !
La gariguette, fine et
allongée, bien juteuse,
est très savoureuse.
Elle a été créée en 1977.
La mara des bois, créée
plus récemment, a
le parfum de la fraise
des bois, mais la taille
des autres fraises.
Délicieuses inventions !

CARTE D'IDENTITÉ

FAMILLE : ROSACÉES.

Tout le monde croit que la **fraise** est le fruit
du fraisier. Botaniquement, c'est faux :
quand tu mords dans une fraise, ce n'est pas
un fruit que tu manges, mais près d'une
centaine ! Les vrais fruits, ce sont
les petits grains bruns que tu vois
à la surface, les **akènes**.

Le **fraisier** se développe en émettant
des **stolons** : de longues tiges
qui s'enracinent toutes seules
dans le sol, et donnent naissance
à de nouveaux plants.

queue

pulpe
ou chair

grain
ou akène

fleur

fleur

fraises cultivées

fraise des bois

stolons

LE CHAUD-FROID AUX FRAISES

Lave 500 g de fraises, enlève leur queue,
et dispose-les dans un plat qui va au four.
Saupoudre-les abondamment de sucre
brun. Mets le four sur position gril, chaleur
maximum. Dès que ton four est bien
chaud, mets-y ton plat 5 minutes, juste
le temps que le sucre commence
à caraméliser. Sers tout de suite dans
des coupes, avec une boule de glace.

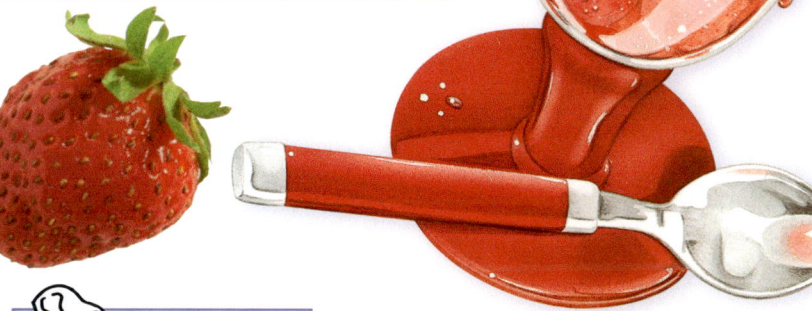

Conseil

Tous les fruits
rouges sont très
fragiles. Lave-les vite,
et ne les laisse jamais
tremper.

VRAI OU FAUX ?

Les fraises contiennent
plus de vitamine C
que les oranges !

Vrai.

De vraies sauvages ?

Framboises et mûres font partie de la même
famille que les fraises. Ce sont des baies,
composées de nombreux petits fruits
attachés les uns aux autres, qu'on appelle
des drupéoles. Chacun contient une petite
graine, la drupe. Mais les framboises sont
le plus souvent cultivées, tandis que les mûres
sont surtout sauvages. Tu les cueilleras sur une
ronce griffue au détour d'une balade...

VOUS AVEZ DIT ROUGES ?

On les appelle des fruits
rouges, mais les mûres
peuvent être jaunes, rouges,
ou noires. Les myrtilles
et les cassis sont bleutés.
Les groseilles peuvent être
rouges... mais aussi vertes,
la couleur opposée !
Les cerises posent moins
de problèmes. Sauf que
ce ne sont pas des baies,
comme les autres, mais
des fruits à noyau !

Le clafoutis aux cerises

Ce flan doit sa célébrité aux rouges cerises ! Même s'il est aussi bon garni d'autres fruits (raisins, abricots, poires, figues...).

Déguste tiède ou froid.

1 Beurre un plat antiadhésif qui va au four (moule à manqué, par exemple). Préchauffe le four, thermostat 8 (chaud).

2 Range les cerises bien serrées dans le fond du plat.

3 Dans un grand bol, fouette avec une fourchette les œufs et le sucre jusqu'à ce que ton mélange blanchisse (ou demande à un adulte de le faire avec un batteur électrique). Ajoute la farine et le lait, en mélangeant bien. Verse cette préparation sur les cerises.

4 Enfourne ton clafoutis pour 35 minutes. Demande à un adulte de le démouler pour toi.

Serre bien les cerises.

Pour 4 personnes

- 250 g de cerises le plus foncées possible
- 3 œufs • 70 g de sucre en poudre
- 100 g de farine • 1/4 de litre de lait
- 1 noisette de beurre

CONSEIL

• Si tu as des grumeaux dans la pâte, un petit coup de mixeur, et il n'y paraîtra plus.
• Si ton clafoutis brunit trop vite, demande à un adulte de mettre un papier d'aluminium par-dessus.
• Le clafoutis se fait avec des cerises entières. Donc, en le mangeant, tu tomberas forcément sur des noyaux. Si ça te dérange, et que tes parents ont un dénoyauteur, pense à t'en servir...

LE LAIT AUX FRAISES

Il te faut, par personne, un demi-verre de lait bien froid, une cuillère de lait concentré sucré, quelques fraises lavées et équeutées. Mixe tout ensemble et verse le mélange mousseux dans un joli verre. Un goûter sympa à préparer pour les copains !

Le délice aux fruits rouges

1 Nettoie délicatement les fruits à l'eau. Pour les fraises, fais-le avant de leur enlever la queue afin qu'elles gardent leur goût. Enlève les noyaux des cerises.

2 Verse les fruits dans un grand bol et mixe-les avec le miel. Mets le bol au frigo toute une nuit en le couvrant d'un film transparent pour qu'il ne prenne pas le goût des autres aliments. Ton dessert sera « pris ». Sers dans de petits ramequins ou de petites coupes.

Pour 3 ou 4 personnes

- 100 g de fraises
- 100 g de framboises
- 100 g de cerises
- 1 cuillère à soupe de miel liquide

FILM ALIMENTAIRE

MIXEUR

Les fruits rouges à la nage…

… dans une mer sucrée et parfumée ! Un rêve de salade de fruits tout en couleurs et en saveurs !

1 Mets dans une casserole 1/4 de litre d'eau, le zeste du citron vert, le sucre et les fleurs de badiane, et fais bouillir 5 minutes. Laisse refroidir.

2 Nettoie rapidement les fruits, puis équeute ou égrappe-les, et verse-les dans le liquide refroidi. Garde au frais au moins 3 heures.

Pour 4 personnes

- 700 g de fruits rouges : par exemple 150 g de fraises, 150 g de framboises, 100 g de mûres, 100 g de cassis, 100 g de groseilles, 100 g de fraises des bois
- 2 fleurs de badiane (de l'anis étoilé)
- 1 citron vert   • 50 g de sucre   • 1/4 de litre d'eau

fleur de badiane

Pour une présentation originale, sers dans un saladier de glace (vois p. 62).

Les agrumes

**Un rayon de soleil en plein hiver !
Pas seulement à cause de leur couleur :
grâce à eux, tu fais le plein de vitamines
et de tonus !**

Fruits de Chine

Les agrumes ont tous un air
de famille, avec leur écorce
couleur soleil, qui protège
une chair juteuse et acide.
Tu les crois originaires
de Méditerranée ?
La plupart viennent
de Chine.

Il existe deux sortes d'**oranges** :
les oranges douces, et les oranges
amères, ou bigarades, qu'on
consomme surtout en confiture.

On confond souvent
pamplemousse et **pomélo**. Le
pamplemousse a une écorce
épaisse. Le pomélo,
à l'écorce plus fine, a une
saveur plus douce.

Le **citron** vaut une pharmacie à lui seul !
Non seulement il est riche en vitamine C,
mais il est antiseptique et soulage
les piqûres d'insectes. Le « citron vert »
est une **lime**, le fruit du limetier.

Les oranges givrées

1 Coupe la tête des oranges. Avec une cuillère, évide l'intérieur de
chaque orange au-dessus d'un récipient. Attention à ne pas déchirer
l'écorce pendant l'opération !

2 À l'aide d'une passoire fine, filtre le jus.
Mélange-le dans un récipient avec la crème
fraîche, le sucre et le jus de citron.
Remplis les oranges de ce mélange.
Recouvre-les de leur chapeau, et
mets-les au congélateur pendant
3 heures. Sers aussitôt.

TRUC

Fabrique un support pour tes
oranges avec un rouleau de papier
W.-C. vide. Découpe une rondelle
de carton de 1/2 cm de hauteur
par orange. Pose chaque orange
dessus pour les remplir et mets-les
au congélateur.

Pour 4 personnes

- 4 grosses oranges à la peau épaisse
- le jus d'1 citron
- 25 cl de crème fraîche
- 10 cuillères à soupe de sucre

Mandarine ou clémentine ?

mandarine

La **mandarine**
doit son nom à
la couleur de
la robe des
fonctionnaires
chinois, les
mandarins. Son
excès de pépins
excède les consommateurs, qui lui
préfèrent la **clémentine**. Cette
dernière a été inventée en 1902
par le père Clément, qui a eu l'idée
de croiser les fruits du mandarinier
et de l'oranger amer.

clémentine

Le melon

Il fait chaud... Il fait soif. Voici, pour te rafraîchir, en quelques tranches... l'histoire du melon !

Rond, rond, rond... le melon

Le roi des melons est le charentais, appelé aussi « de Cavaillon », parce qu'il est abondamment cultivé en Provence. Mais on en trouve beaucoup d'autres espèces : 70 rien qu'en France !

GLOUPS !

GLOUPS !

Fruit ou légume ?

Pour les botanistes, le melon est un légume. Il appartient à la famille des cucurbitacées, de même que sa cousine la pastèque. Les Égyptiens et les Romains le connaissaient déjà et le mangeaient vinaigré et poivré... À force d'améliorations, le melon est devenu de plus en plus savoureux et sucré.

CONSEIL

Pour choisir un bon melon, regarde s'il y a des craquelures au pédoncule, c'est un signe de maturité. Et renifle-le du côté opposé, là où il y a comme une cicatrice, appelée le « cerne ». Il doit dégager une bonne odeur, mais pas trop forte ! Le melon se coupe horizontalement en deux ou en tranches verticales. Tu dois enlever les graines (si tu ne manges pas tout à la fois, laisse les graines de ce qui reste : le melon gardera mieux son goût).

cerne

pédoncule

LES BROCHETTES D'ÉTÉ

Il te faut des piques en bois, des cubes de fromage (emmental, comté, cantal...), des carrés de jambon cru, des olives vertes farcies aux poivrons et des morceaux de melon. Enfile les ingrédients en les alternant sur les piques en bois. Fais-le au dernier moment pour préserver leur fraîcheur.

Le raisin

Tu le picores avant
même qu'il arrive
à table ? Difficile
de te donner tort. C'est
un véritable concentré
de sucres et de vitamines !

Le fruit de la vigne

La vigne se contente de peu.
Un sol pauvre lui suffit, car ses racines
s'enfoncent profondément dans
la terre (jusqu'à 10 mètres !)
pour y trouver de quoi se nourrir.
Elle fleurit au printemps.
Ses fleurs, qui se remarquent
à peine, donnent,
à l'automne,
de magnifiques
grappes.

CONSEIL

Lave bien le raisin
avant de le consommer.
Détache de petits grappillons
sur la grappe : si tu enlèves
quelques grains de-ci de-là,
les autres s'abîmeront plus vite.

CARTE D'IDENTITÉ

FAMILLE : VITACÉES.

La **vigne** est un arbuste grimpant
qui s'accroche par de solides
vrilles à son support. Ses **rameaux**
portent de grandes feuilles
à cinq lobes.

rameau

grain

queue

pépin

peau

queue

vrille

pulpe
(ou chair)

grains
de raisin

grappe

vigne

Une vigne peut donner jusqu'à
50 **grappes**. Chaque grappe
contient jusqu'à 300 **grains**.
Quand ils sont bien frais,
leur peau claire est recouverte
d'un dépôt blanc, la « pruine »,
à ne pas confondre avec des
produits chimiques !

À table

La vigne est ancienne : on a retrouvé des fossiles de vigne datant du temps des dinosaures ! Il y a près de 10 000 ans, en Asie, on la cultivait déjà et on fabriquait une boisson alcoolisée en faisant fermenter du jus de raisin. Les secrets du vin étaient connus des Égyptiens, des Grecs et des Romains. En France, c'est François Ier qui, au XVIe siècle, mit à la mode la consommation du raisin... comme fruit !

INFO

Pour le raisin cultivé pour le vin, on parle de vignoble ; pour le raisin de table, de verger.

COULEUR VITAMINES

Blancs, jaunes, verts, rouges, noirs, à gros grains, à petits grains... : il existe des milliers de variétés de raisins, regroupées en 3 catégories : les **raisins de table**, les **raisins secs**, et **ceux qui donnent le vin**. Tous les raisins contiennent beaucoup de sucres qui donnent rapidement de l'énergie, et des vitamines. Leur quantité dépend de la couleur du raisin : le raisin noir est en général plus riche en vitamines que le blanc !

LA SALADE MÉLI-MÉLO

Mélange quelques grains de raisin avec des feuilles de laitue ou de scarole nettoyées et essorées, des cubes de pomme et de cantal, et sers ta salade avec une sauce au yaourt (yaourt, citron, sel, poivre, moutarde).

DU RAISIN AU VIN

Pendant les vendanges, les vignerons apportent leur récolte à la cave. Les grappes de raisin sont broyées dans un pressoir. Le jus est mis à fermenter en cuve. C'est la peau des grains qui donne la couleur du vin. Pour faire du vin blanc, on se sert aussi bien de raisins noirs que de blancs, mais on leur ôte la peau avant de les faire fermenter. Pour faire du vin rouge, on utilise uniquement des raisins noirs avec leur peau. Pour faire du rosé, on laisse la peau des raisins noirs moins longtemps dans la cuve.

Les fruits exotiques

Ils ont le parfum des pays tropicaux et des îles enchanteresses... Autrefois rares, les fruits exotiques atterrissent de plus en plus souvent dans ton assiette, car ils voyagent maintenant sans souci.

CHIFFRE

Le bananier, d'origine asiatique, n'est pas un arbre. C'est une herbe géante, qui peut atteindre 8 mètres de haut !

Banale, la banane ?

D'après une légende indienne, le fruit qu'Ève a fait manger à Adam ne serait pas la pomme, mais la banane ! C'est vrai que crue, ou cuite, elle tente petits et grands. Pour arriver jusqu'à toi, elle a fait un long voyage, depuis l'Afrique, l'Asie, l'Amérique du Sud ou les Antilles... Récoltée encore verte, elle finit de mûrir dans des bâtiments à la température soigneusement contrôlée.

HÉ, BANANES !

Petites ou grandes, jaunes ou rouges, les bananes dont tu te régales appartiennent à la catégorie des bananes douces. Les bananes plantains, à la peau toujours verte, ne sont bonnes qu'une fois cuites. Il existe aussi des bananes non comestibles.

VRAI OU FAUX ?

Un régime de bananes, c'est quand on ne mange que des bananes.

Vrai et faux. C'est aussi le nom de l'ensemble des bananes (10 à 25) qui poussent sur la tige florale.

Quelle herbe !

Les bananes créoles

1 Coupe les bananes en deux dans le sens de la longueur. Fais fondre le beurre à feu doux dans une grande poêle (attention, il ne doit pas brunir !). Mets-y les demi-bananes, et fais cuire 2 minutes à feu moyen, puis 2 minutes à feu doux. Retourne-les avec une spatule, sans les casser.

2 Saupoudre-les de sucre, et arrose-les avec le jus de citron. Laisse cuire encore 2 à 3 minutes. Sers bien chaud, avec, si tu veux, une boule de glace à la vanille ou au chocolat.

Pour 2 personnes

- 2 bananes
- 2 grosses noix de beurre,
- 2 cuillères à soupe de sucre (vanillé, si possible)
- le jus d'1 citron

Le jambon hawaïen

1 Préchauffe le four, thermostat 7-8 (assez chaud)). Demande à un adulte de te couper 4 rondelles dans l'ananas et d'enlever l'écorce. Fais-les revenir dans une grande poêle avec le beurre.

2 Quand elles sont dorées des deux côtés, dépose-les sur 4 demi-tranches de jambon bien épaisses, dans un plat qui va au four, et recouvre-les de tranches de gouda. Mets 5 minutes au four.

Pour 4 personnes

- 1 ananas ● 2 noix de beurre
- 2 tranches de jambon épaisses de 1 cm
- 4 tranches de gouda

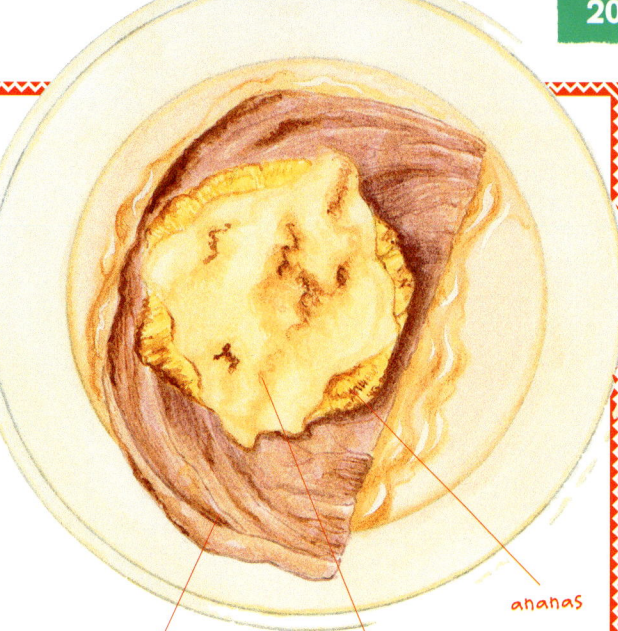

jambon   gouda   ananas

Fragile ananas

Christophe Colomb a essayé de le ramener d'Amérique, mais il ne s'est jamais acclimaté chez nous : l'ananas n'aime que les pays tropicaux. Et il n'accepte de voyager qu'avec d'infinies précautions, bien au frais... En cuisine, il se marie bien avec les plats salés.

INFO

On dit que l'ananas contient un enzyme glouton « mangeur de graisse ». La recette miracle pour maigrir ? Ce n'est pas sûr que ça suffise... Mais l'ananas, en tout cas, ne te fera pas grossir !

CONSEIL

Pour avoir un bon ananas, choisis-le bien lourd, et renifle-le à la base : une bonne odeur est la promesse d'un bon goût.

T'AS DE BEAUX YEUX

Comme la banane, l'ananas pousse sur une plante herbacée. Ses fleurs rouges se regroupent pour ne former qu'un seul « fruit », composé en réalité de plusieurs fruits, les yeux.

INFO

Le mot « ananas » vient du mot *nana*... qui signifie « parfumé », chez les Indiens guaranis du Paraguay.

AÏE !

yeux

Le **kiwi** est cultivé maintenant aussi chez nous. Il était appelé autrefois « groseille de Chine », car il est né dans ce pays, et que sa chair acidulée fait penser à celle de la groseille verte. C'est en Nouvelle-Zélande qu'il a été rebaptisé : il est brunâtre comme l'oiseau typique du pays. À poids égal, il contient 2 fois plus de vitamine C que le citron ou l'orange !

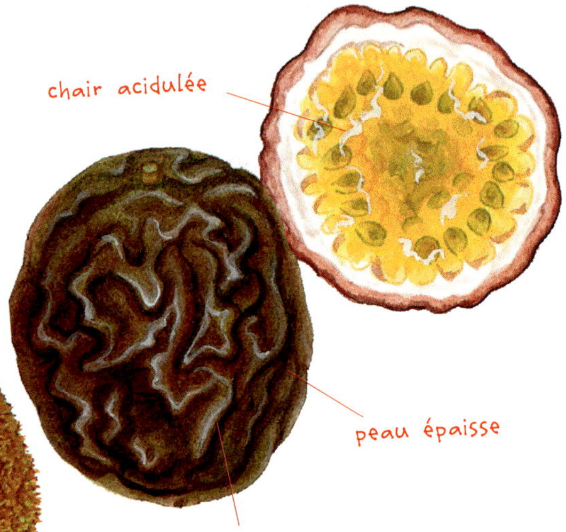

chair acidulée

peau épaisse

Une peau épaisse, un peu ratatinée quand le fruit est mûr, enveloppe une chair acidulée, bourrée de graines noires comestibles. Délicieux, les **fruits de la passion** !

Fondante et parfumée, la **mangue** est le fruit du manguier, originaire d'Inde. Tu la trouves maintenant toute l'année. Au printemps, elle est africaine. À l'automne, mexicaine puis brésilienne. Elle peut être jaune, verte ou rouge. C'est en sentant son parfum, et en la tâtant que tu sauras si elle est mûre : sa chair doit être souple, mais pas molle.

La salade de fruits mangues-bananes

Pour 3 ou 4 personnes

- 1 mangue bien mûre
- 2 bananes
- 1 citron non traité
- du miel liquide

1 Pèle la mangue, enlève son noyau (tu peux le garder pour le faire germer dans un verre d'eau...) et découpe sa chair en cubes dans un saladier.

2 Ajoutes-y les bananes coupées en rondelles, le jus du citron, un peu de zeste râpé et 2 cuillères à soupe de miel.

3 Saupoudre d'anis ou de cannelle (si tu les aimes) et mets 1 heure ou 2 au frigo avant de servir.

SÉCHÉS OU SECS ?

Noix, noix de cajou, noisettes, pistaches, amandes, châtaignes... sont des fruits secs. Ils sont connus des hommes depuis la préhistoire, car, riches en graisses, en sucres, en vitamines et en minéraux, ils sont une véritable mine d'énergie.

Certains fruits frais peuvent aussi se métamorphoser en fruits secs ! Nos ancêtres, qui n'avaient ni frigos ni boîtes de conserve, ont eu la bonne idée de faire sécher au soleil pommes, abricots, figues et dattes pour prolonger la saison des récoltes... qui est bien courte !

Le *crumble* aux fruits

1 Nettoie et enlève la queue des fraises. Pèle la pomme, enlève son cœur, et coupe-la en morceaux. Pèle les bananes et découpe-les en rondelles.

2 Dispose tous les fruits, en les mélangeant, dans le fond d'un plat allant au four. Préchauffe le four, thermostat 7 (assez chaud).

3 Dans un saladier, mélange avec une cuillère en bois la farine, le sucre et le beurre coupé en petits morceaux. Finis de malaxer ces ingrédients avec les doigts en ajoutant un fond de verre d'eau tiède.

4 Étale cette pâte avec un rouleau (vois la technique p. 61). Ne t'affole pas si ta pâte tombe en morceaux : *crumb* veut dire « miette » en anglais ! Le tout est de recouvrir complètement les fruits avec la pâte, peu importe en combien de morceaux !

5 Mets au four pour une demi-heure. Les plus gourmands servent le *crumble* chaud avec de la crème fraîche ou une boule de glace.

Pour 4 à 6 personnes
- 100 g de sucre
- 100 g de beurre ramolli
- 200 g de farine
- 250 g de fraises
- 1 pomme • 2 bananes

IDÉE

Tu peux faire des *crumbles* avec toutes sortes d'autres fruits, frais ou secs, seuls ou mélangés, selon ton inspiration, et ce que tu as dans le panier à fruits : des fruits rouges, des pommes, des poires, des pêches, des abricots...

Tu peux te servir de l'asiatique **carambole**, le fruit-étoile, coupée en tranches, pour la décoration des plats.

tranche de carambole

Les **litchis** que tu manges dans les restaurants chinois sont considérés là-bas comme des porte-bonheur.

AU PAYS DES DOUCEURS

Des gâteaux, des tartes aux fruits,
des crèmes parfumées,
des friandises au chocolat...
c'est du plaisir à grignoter,
du bien-être à partager !
Le pays des douceurs
n'existe pas que dans les contes
de fées. Fais-y un petit tour :
tu ne seras pas le seul
à être enchanté.

Le miel

**Le miel tombe des étoiles et les abeilles
le ramassent au petit matin pour notre bonheur...
et celui des ours ! C'est ce que croyaient les Anciens.
Jolie histoire... mais la réalité n'est pas mal non plus !**

Les abeilles vident leur butin
dans les alvéoles de la ruche.

Merci les abeilles... et merci les fleurs

Pour se reproduire, les fleurs ont besoin
d'échanger leur pollen. Alors elles fabriquent
un nectar parfumé et sucré dont les abeilles
raffolent. Voletant de corolle en corolle, l'abeille
ouvrière qui butine assure en même temps
le transport du pollen. De retour à la ruche,
elle vide son jabot rempli de nectar dans
un alvéole et d'autres abeilles l'enrichissent,
le concentrent, le transforment en vrai miel,
moins chargé d'eau, plus riche en sucre...
Il ne reste qu'à le récolter, le travail est fait !

VRAI OU FAUX ?

Ça ne fait pas longtemps que l'apiculture
existe.

*Faux. Les anciens Égyptiens, qui adoraient
le miel, avaient déjà des ruches, il y a plus de
3 000 ans !*

POUR TOUS LES GOÛTS... ET LES COULEURS

Tu aimes la douceur, la finesse ? Tu choisiras du miel d'acacia. Tu préfères
les parfums plus généreux ? Essaie le miel d'oranger, de lavande ou de
thym. Mais il y en a encore beaucoup d'autres. On les classe en fonction
des fleurs dont ils proviennent – trèfle, romarin, bruyère... ou même
« toutes fleurs » –, ou des saisons, printemps ou été, ou encore de
la région d'origine. Sais-tu qu'il existe aussi des miels d'arbre ? Ce n'est
pas le nectar que les abeilles butinent alors, mais du miellat, produit
sucré fabriqué par les pucerons lorsqu'ils se sont gavés de sève.

Aubépine   Lavande   Romarin   Acacia   Bourdaine

Tournesol   Ronce   Chêne de Provence   Callune   Sapin

LE CHÈVRE AU MIEL

As-tu déjà essayé le mélange fromage de chèvre et miel ? Sur un toast légèrement grillé, dépose une tranche de fromage de chèvre mi-sec. Verse dessus une cuillère à café de miel liquide… et déguste.

CHIFFRE

Pour fabriquer un kilo de miel, les abeilles parcourent 40 000 km et se posent sur 800 000 fleurs !

Le biscuit au miel

Pour 4 personnes

1 Allume le four, thermostat 6 (chaleur moyenne).
Fais fondre le beurre dans une casserole, à feu très doux.

2 Dans un récipient, mélange les jaunes d'œufs, le miel, le beurre (non brûlant), la cannelle, le jus de citron. Ajoute la farine, la levure, le sel, et mélange à nouveau afin d'obtenir une pâte lisse.

3 Beurre un moule rond et verses-y la préparation.
Fais cuire pendant 45 minutes.

- 4 jaunes d'œufs
- 200 g de miel
- 100 g de beurre
- 200 g de farine fluide
- 2 cuillères à café de levure
- 1 pincée de sel
- 3 pincées de cannelle
- le jus d'1 citron

N'oublie pas tes gants pour ne pas te brûler !

Ce biscuit est bon, tiède ou froid.

Le sucre

Comment l'aimes-tu ? Un peu, beaucoup, passionnément, à la folie ? Un peu... trop sans doute ! Non seulement, le sucre joue la vedette dans les friandises et les desserts, mais il se faufile aussi, incognito, dans beaucoup de plats !

JE T'AIME, UN PEU, BEAUCOUP, ...

Douce invention

Difficile pour toi d'imaginer un monde sans sucre ! Pourtant, il a bien fallu qu'un jour les hommes l'« inventent ». Car, contrairement au miel, il n'existe pas tel quel dans la nature. Il faut l'extraire d'une plante – canne à sucre ou betterave – puis lui faire subir de longs traitements...

NAPOLÉON ET LA BETTERAVE

La betterave contient, comme la canne à sucre, du saccharose (c'est le nom scientifique du sucre). Quand les Anglais bloquent les ports par où passe le sucre de canne, Napoléon décide... de faire cultiver la betterave sucrière en France. Aujourd'hui, 60 % du sucre provient de la canne, le reste de la betterave.

Récolte de betteraves.

DE LA PLANTE AU SUCRE

On presse la canne pour en extraire le jus. La betterave est coupée en lanières et passée à l'eau chaude. Dans les deux cas, le liquide sucré obtenu subit divers traitements pour être purifié. Au final, le sucre sera plus ou moins blanc, et en cristaux plus ou moins fins.

CHIFFRE

2 kilos de sucre par an, c'est ce que nos ancêtres consommaient jusqu'au siècle passé. Aujourd'hui, on en mange près de 50 kilos par an !

Canne à sucre.

Le **sucre brun** est moins raffiné que le blanc. Il a la couleur du sirop de sucre et contient encore quelques impuretés.

Le **sucre glace** est une poudre très fine, qui sert surtout pour la décoration des desserts.

sucre brun

sucre glace

sucre blanc

sucre candi

Le **sucre blanc** se présente en morceaux plus ou moins gros ou en poudre (sucre semoule ou cristallisé).

Cher sucre

La canne à sucre est déjà connue en Inde il y a plus de 2 000 ans. Mais le sucre n'arrive en Europe qu'au moment des croisades. Il est alors très rare. On s'en sert même comme médicament ! La plante qui donne ce sucre si agréable ne pousse que dans des pays tropicaux... Avec la découverte de l'Amérique, les Européens peuvent enfin cultiver la canne à sucre. Les Antilles se couvrent de plantations où travaillent des esclaves d'Afrique. L'affreuse « traite des Noirs » durera deux siècles.

LE SUCRE INVISIBLE

Tu sais qu'il y a du sucre dans les friandises, les biscuits et les desserts. Mais des fabricants en ajoutent dans les pizzas, la charcuterie, les conserves, la mayonnaise, le ketchup...

ACCUSÉ, LE SUCRE !

Le sucre donne de l'énergie utilisable immédiatement. Un bon coup de fouet, utile en cas d'effort. Mais il ne contient rien d'autre... que du sucre ! Ni vitamines ni minéraux. À haute dose, il fait grossir, cause des caries... Des études montreraient que les enfants qui en mangent trop ont plus de risques de diabète, sont hypernerveux et n'arrivent pas à fixer leur attention. Mais un petit plaisir sucré de temps en temps n'a rien de mauvais... si tu te brosses bien les dents !

Le chocolat

Les Aztèques considéraient le chocolat comme une nourriture divine. Et tu es bien d'accord avec eux ! Sauf que toi, heureusement, tu n'as pas besoin d'attendre une occasion exceptionnelle pour en manger...

Appétissante coutume

Tu aimes commencer la journée avec une tasse de cacao chaud ? Cette habitude, tu la dois aux Aztèques. Les Espagnols, qui conquirent leur empire au XVIe siècle, adorèrent ce breuvage amer et reconstituant, le *tchocoatl*. Ils le firent connaître et apprécier partout en Europe. Aujourd'hui encore, les Espagnols ont comme spécialité un chocolat chaud, épais comme une crème.

RECETTES DIVINES

Les Aztèques croyaient que le cacaoyer leur avait été donné par le dieu Quetzalcóatl. Ils réservaient sa consommation aux nobles, et aux périodes de fêtes. Les cuisiniers mexicains connaissaient une dizaine de recettes de chocolat : chaud ou froid, en liquide ou en pâte, parfumé au miel, à la vanille... ou au piment !

CARTE D'IDENTITÉ

FAMILLE : STERCULIACÉES.

Le **cacaoyer** est un arbre des pays tropicaux chauds et humides. Ses grands fruits (ils peuvent mesurer jusqu'à 30 cm), appelés **cabosses**, abritent une trentaine de graines : les **fèves**. C'est à partir de ces fèves que l'on fait le cacao... et le chocolat.

cabosse

fève

DE LA FÈVE AU CACAO

Sorties de la cabosse, les fèves sont immangeables ! Avant de donner la poudre de cacao de ton petit déjeuner, elles sont mises à fermenter, séchées au soleil, puis torréfiées (brûlées) pour en diminuer l'amertume et en augmenter le parfum. Broyées, elles forment la « pâte de cacao », composée pour plus de moitié de beurre de cacao. C'est en enlevant cette matière grasse que l'on obtient la poudre de cacao. Pour faire du chocolat, on rajoute du beurre de cacao à la pâte de cacao, ainsi que du sucre et d'autres ingrédients (parfums). On chauffe, on malaxe, on laisse refroidir...

Le **chocolat noir** contient au moins un tiers de pâte de cacao.

Le **chocolat au lait** contient moins de pâte de cacao, plus de beurre de cacao, et, bien sûr, du lait et du sucre.

Le **chocolat blanc** contient uniquement du beurre de cacao, du lait et du sucre.

CONSEIL

La qualité d'un chocolat dépend de la quantité de cacao qu'il contient. Choisis de préférence un chocolat à plus de 50 % de cacao. Il dépend aussi de la qualité et de l'origine de la fève. Les fèves d'Amérique du Sud donnent un chocolat au goût plus fin. Mais la provenance n'est pas souvent indiquée...

Les fèves de cacao, la matière première du chocolat.

INFO

Le chocolat est un aliment très calorique (500 calories pour 100 g !). Mais il contient une substance chimique qui a un effet antidéprime efficace...

Fais ton chocolat chaud

À l'eau ou au lait ? Goûte les deux, et tu choisiras ! La base de la recette est la même.

1 Fais chauffer 20 cl de lait ou d'eau (le contenu d'une tasse moyenne) dans une casserole à feu très doux. Mets-y une barre ou deux carrés de chocolat (20 g environ), en touillant bien.

2 Fouette énergiquement juste avant de servir pour le rendre plus mousseux. Sucre à volonté.

IDÉE

La recette espagnole est encore plus « riche » : deux barres de chocolat pour une tasse d'eau, et un peu de vanille et de cannelle pour parfumer.

Pour bien fouetter le chocolat, fais rouler le fouet sur tes paumes comme si tu te frottais les mains.

Pour 1 personne
- 20 cl de lait ou d'eau
- 1 barre de chocolat noir

Le gâteau au chocolat « ultrafacile »

1 Fais fondre le beurre et le chocolat coupé en morceaux à feu doux au bain-marie (vois la technique p. 58). Remue avec une cuillère en bois.

2 Sors du feu, et ajoute successivement le sucre, les œufs entiers (un par un) et la farine, en continuant à touiller.

3 Préchauffe le four, thermostat 7 (assez chaud). Verse la pâte dans un moule rond antiadhésif allant au four.

4 Fais cuire 30 minutes. Laisse refroidir avant de déguster.

Pour 6 à 8 personnes

- 250 g de chocolat
- 250 g de sucre en poudre
- 120 g de beurre
- 6 œufs
- 6 cuillères à soupe de farine

LA MOUSSE AU CHOCOLAT

1 Dans un premier saladier, casse le chocolat en morceaux et recouvre largement d'eau du robinet très chaude. Couvre le tout et laisse reposer 10 minutes.

2 Casse les œufs en mettant les jaunes dans un deuxième saladier et les blancs dans un troisième.

3 Vide l'eau du premier saladier : le chocolat doit être fondu (sinon recommence). Ajoutes-y les jaunes d'œufs en mélangeant.

4 Mets du sel dans les blancs et bats-les, si possible au batteur électrique, en neige très ferme.

Pour 6 personnes

BATTEUR

- 6 œufs
- 200 g de chocolat pour dessert (noir)
- 1 pincée de sel

blancs en neige

Remue délicatement !

chocolat fondu + jaunes d'œufs

5 Avec une spatule en bois, mélange petit à petit les blancs au reste de la préparation, en les tournant délicatement. Mets au frigo au moins 3 heures avant de servir.

Les fleurs de poires au chocolat

1 Préchauffe le four, thermostat 6-7 (chaleur moyenne). Lave les poires, et emballe-les chacune dans du papier d'aluminium. Dépose-les dans un plat qui va au four. Fais-les cuire une demi-heure.

2 Déballe-les et laisse-les refroidir, juste assez pour que tu puisses les prendre en main sans te brûler, les couper en quatre, et en ôter les pépins.

3 Dans une petite casserole, fais fondre à feu très doux le chocolat coupé en morceaux et le beurre, pour obtenir une sauce lisse.

4 Sur chaque assiette, déploie tes quarts de poire en forme de fleur, et arrose leur cœur de chocolat fondu.

Pour 4 personnes

• 4 poires
(de préférence
des poires williams,
très parfumées)
• 100 g de chocolat
à pâtisserie
• 50 g de beurre

PAPIER ALUMINIUM

Tiens bien ta poire
verticalement.
Une fois coupée,
elle s'étalera
en forme de fleur
toute seule.

Oh !
La belle fleur !

plat qui va
au four

CHOCO ASTUCE

Pour toutes les fois où tu as besoin de faire fondre du chocolat, pense à cette astuce, qui te permet d'éviter la cuisson au bain-marie ou au four à micro-ondes. Dans un récipient, tu mets le chocolat en morceaux, que tu recouvres complètement d'eau du robinet très chaude. Tu couvres le tout avec un couvercle ou un torchon et tu laisses une dizaine de minutes. Vide ensuite l'eau : le chocolat est fondu à point.

Crèmes pour tous les goûts

Des crèmes, il y en a plein les magasins. Alors, pourquoi te casserais-tu la tête à essayer d'en faire ? Pour t'épater toi-même, pour épater les copains... Et bien sûr pour le goût... inimitable !

Il y a crème et crèmes

La crème, c'est la matière grasse du lait, mais c'est aussi un dessert sucré à base de lait et d'œufs, que des générations de cuisiniers ont mis au point avec délectation. Crème pâtissière, anglaise, aux œufs, brûlée, caramel, renversée... C'est fou ce qu'il y en a !

LA CRÈME ANGLAISE

1 Dans un saladier, fouette les jaunes d'œufs avec le sucre jusqu'à ce que le mélange blanchisse (avec un batteur électrique, c'est moins fatigant...).

2 Dans une casserole, fais chauffer le lait avec le sucre vanillé, en remuant. Attention, il ne doit pas bouillir. Verse le lait sur les œufs en recommençant à fouetter (fais-toi aider !). Ajoute une pincée de farine ou de Maïzena.

3 Remets le mélange dans la casserole, et fais cuire à feu très doux, en remuant sans arrêt avec une cuillère en bois. La crème épaissit tout doucement. Dès que la cuillère s'enrobe de crème, retire-la du feu et mets-la à refroidir.

BATTEUR

Pour 4 personnes

- 1/2 l de lait
- 5 œufs
- 1 sachet de sucre vanillé
- 125 g de sucre en poudre
- 1 pincée de farine ou de fécule de maïs (Maïzena)

IDÉE

La crème anglaise est très bonne telle quelle, mais tu peux aussi la servir comme accompagnement de gâteaux (vois p. 64). Très chic !

Attention : la crème anglaise est un peu délicate à réussir...

TRUC

Pour bien mélanger la crème, dessine des 8 avec la cuillère quand tu tournes dedans. Si tu la laisses trop cuire, c'est raté : elle « tourne » ! Mais tu peux la récupérer en y donnant vite un coup de mixeur.

La crème aux œufs

(On l'appelle aussi flan)

1 Bats les œufs entiers et le jaune d'œuf dans un plat rond et profond qui va au four, à l'aide du fouet, comme pour faire une omelette.

2 Préchauffe le four, thermostat 6 maximum (chaleur modérée à moyenne). Surtout pas trop chaud !

3 Fais bouillir le lait dans un poêlon avec le sucre et la vanille.

4 Quand le lait a bouilli (attention, ne le laisse pas déborder !), arrête le feu. Appelle au secours, car il faut que tu verses le lait petit à petit dans les œufs, tout en continuant à les battre vigoureusement. À deux, c'est beaucoup plus facile ! Ajoute la pincée de farine.

5 Remplis à moitié d'eau un grand plat qui va au four, et pose dedans celui qui contient ta préparation. Enfourne le tout pour 35 minutes.

Fais-toi aider pour sortir la crème du four. Laisse bien refroidir avant de manger.

 Pour 4 personnes

- 1/2 l de lait
- 3 œufs entiers et 1 jaune
- 7 cuillères à soupe de sucre vanillé maison (vois p. 72) ou 6 cuillères à soupe de sucre et 1 sachet de sucre vanillé
- 1 pincée de farine

 ## Idée

Rajoute de la noix de coco râpée (6 cuillères à soupe environ) dans ton mélange œufs/lait avant d'enfourner, et tu auras un flan à la noix de coco. Si tu mets du caramel dans le fond du plat et que tu renverses la crème sur une assiette quand elle est bien froide, tu obtiens... une « crème renversée ».

œufs

lait

Fais-toi aider par un adulte pour verser le lait bouillant dans les œufs.

Truc

Pour voir si c'est cuit, enfonce la lame d'un couteau ou une fine aiguille à tricoter dans le flan : elle doit ressortir sans trace.

Crèmes glacées et sorbets

En été, c'est ta folie. Et le reste de l'année aussi... Pas la peine d'aller en Italie pour trouver les meilleures glaces : tu peux en faire d'aussi bonnes toi-même, à la maison !

Histoires glacées

La crème glacée existait bien avant qu'on invente les machines à faire du froid... Il y a plus de 2 000 ans, les Chinois en fabriquaient en allant chercher en montagne de la neige ou de la glace. La crème glacée est un mélange de lait, de crème, d'œufs, de sucre et de parfums. Le sorbet est fabriqué à partir de jus de fruits et de sirop de sucre.

La glace express à la banane

1 Épluche et mixe les bananes.

2 Dans un saladier, mélange le lait, le sucre, les bananes et le jus de citron. Verse dans un récipient que tu mets 4 heures au congélateur.

3 Au bout de la première heure, sors ta préparation du congélateur et mélange-la avec une fourchette, en insistant bien sur les bords. Recommence toutes les demi-heures.

4 Après avoir remué 5 fois, laisse encore 1 heure au congélateur sans remuer.

Mixeur

Pour 8 personnes

- 1 boîte de lait concentré non sucré de 410 g
- 4 grosses bananes
- 4 cuillères à soupe de sucre
- le jus d'1 citron

Cette glace est extra, servie avec du chocolat fondu...

La glace aux fraises ultrarapide et ultralégère

1 Mixe tous les ingrédients pendant 1 minute. Verse ta préparation dans un récipient en plastique qui ferme (une ancienne boîte de glace ou de fromage blanc bien propre).

2 Mets au congélateur 5 à 6 heures.

Pour 4 personnes

Mixeur

- 1 petit bol de fraises (ou de framboises congelées)
- 200 g de lait condensé demi-écrémé
- 150 g de fromage blanc à 0 % de matière grasse
- 4 cuillères à soupe de sucre

Truc

Les glaces maison ont tendance à faire des cristaux, ce qui n'est pas très agréable ! Ça arrive plus souvent avec les sorbets qu'avec les crèmes glacées. Pour limiter cet inconvénient, sors ta préparation du congélateur ou du freezer, et remue-la vigoureusement avec une fourchette. Recommence plusieurs fois, avant qu'elle prenne en glace. Si tes parents ont une sorbetière, tu n'auras pas ce problème, parce que la glace est remuée sans cesse dans la machine.

Le sorbet de clémentines

1 Coupe les clémentines en deux, et extrais leur jus avec un presse-agrumes. Verse-le dans un récipient en plastique (boîte à fromage blanc ou à crème glacée…). Ajoute le sucre, le yaourt et le jus de citron. Mélange bien.

2 Mets ta préparation au congélateur ou dans le freezer. Il faut compter au moins 4 heures avant que le sorbet prenne.

Pour 4 personnes
- 8 clémentines
- 100 g de sucre glace
- 1 yaourt
- le jus d'un demi-citron

Idée
Tu peux remplacer les clémentines par des oranges (il t'en faut alors 3).

Le granité au citron

Boisson et glace tout à la fois, le granité est délicieusement rafraîchissant !

1 Prélève le zeste de 3 citrons. Presse les 5 citrons et garde le jus.

2 Dans une grande casserole, mets les sucres avec 2 cuillères à soupe d'eau et fais cuire à feu moyen. Dès que le mélange devient marron clair, ajoute les zestes et l'eau. Laisse bouillir à feu doux 5 minutes, éteins et verses-y le jus de citron.

3 Quand la préparation a refroidi, retire les zestes, mets le liquide dans un autre récipient et place-le 3 heures au congélateur. Toutes les demi-heures, mélange bien avec une fourchette pour obtenir un granité, et non pas un bloc de glace.

Pour environ 1 litre
- 1 litre d'eau
- 15 sucres n° 4
- 5 citrons non traités

Les tartes

**Se lancer des tartes à la crème
à la figure ? Jamais ! Surtout si elles sont garnies
de fruits ou zébrées de chocolat... Farceur
ou gourmand, tu as fait ton choix !**

Tartes en folie

Avec une pâte –
brisée, feuilletée
ou sablée, maison ou
achetée toute prête –,
étalée sur un moule..., tout est
possible. Tu peux y mettre toutes
sortes de fruits, crus ou cuits, de la crème,
des œufs, du sucre, du riz...

La tarte aux fraises

Les fraises, tout comme les autres fruits
rouges, mais aussi des fruits très juteux
(pêches), ne doivent pas cuire. Ton fond de
pâte devra donc d'abord cuire tout seul.

1 Prépare la crème pâtissière (elle se vend
en poudre à mélanger avec du lait ; lis bien le
mode d'emploi sur la boîte). Tapisse de crème le
fond de tarte précuit (vois p. 95).

crème
pâtissière

*Dispose les fraises
en cercle à partir
du centre.*

2 Nettoie les fraises
et coupe-les en deux. Dispose-les en cercles
bien serrés sur la crème,
en commençant par le centre.

3 Dans une petite casserole, fais fondre la gelée avec
la même quantité d'eau. Mélange bien et, à la cuillère,
recouvre les fraises de ce mélange brillant. Sers la tarte
bien froide. Tu peux la décorer de crème Chantilly
(vois la recette p. 119).

Pour 6 personnes

- 1 fond de tarte en pâte sablée déjà cuit
  (vois la recette p. 95)
- 1/2 litre de crème pâtissière à la vanille
- 500 g de fraises
- 2 cuillères à soupe de gelée de fruits rouges

La tarte aux pommes

1 Mets la pâte dans le moule (si tu la fais toi-même, vois p. 61 comment l'étendre au rouleau).

2 Casse 3 œufs dans un bol. Bats-les en omelette. Ajoute la crème fraîche liquide, le miel et la poudre d'amandes. Mélange bien.

3 Pèle les pommes et coupe-les en fines tranches. Préchauffe le four, thermostat 7 (assez chaud).

4 Verse la préparation sur la pâte et dispose les tranches de pommes en rond en commençant par le centre.

5 Fais cuire 35 minutes au four. Sers-la froide, ou chaude avec une boule de glace.

MOULE À TARTE DONT LE FOND S'ENLÈVE

Pour 6 personnes

- 1 pâte brisée maison (vois la recette p. 94) ou 1 pâte feuilletée prête à dérouler
- 3 grosses pommes ou 4 à 5 petites
- 3 œufs
- 20 cl de crème fraîche
- 3 cuillères à soupe de miel liquide
- 7 cuillères à soupe de poudre d'amandes

La tarte zébrée

1 Allume le four, thermostat 5-6 (chaleur modérée).

2 Dans un saladier, mélange au fouet les œufs avec, dans l'ordre, le sucre, le zeste de citron râpé, le jus de citron et le beurre fondu.

3 Fais fondre le chocolat coupé en morceaux au bain-marie à feu très doux (vois la technique p. 58).

4 Mets la pâte dans un moule à tarte. Verse le mélange au citron, puis le chocolat fondu en dessinant des zébrures.

5 Mets au four et laisse cuire 30 minutes.

zébrure

Le chocolat fondu fait de belles zébrures.

Cette tarte est meilleure bien froide.

Pour 6 personnes

- 1 pâte sablée prête à dérouler
- 50 g de chocolat noir
- le zeste et le jus de 2 citrons non traités
- 3 œufs
- 100 g de beurre fondu
- 150 g de sucre en poudre

Le paradis des gâteaux

Les gâteaux, c'est pas de la tarte ? Si, justement ! La plupart sont très faciles à faire. Tu mélanges, tu mets au four... et tu n'en peux plus d'attendre tellement ça sent bon !

Les gâteaux qui suivent sont très simples à réaliser. Sympas en activité pour les réunions de copains... et les goûters gourmands !

Un vaste monde

De la farine, du sucre, des œufs, de la matière grasse, sans oublier un peu de levure pour faire gonfler... À ces ingrédients de base, tu peux rajouter épices, chocolat, fruits frais, secs ou confits... Le monde des gâteaux est à toi !

 Le gâteau doré

1 Allume le four, thermostat 6 (chaleur moyenne). Dans un saladier, mélange la farine, le sucre, la levure. Casse et verse les 3 œufs entiers, mélange bien puis rajoute l'huile, mélange à nouveau.

2 Beurre un moule rond à bords hauts (moule à manqué) et verses-y la préparation. Mets au four et laisse cuire 45 minutes.

TRUC

Pour que le gâteau se démoule plus facilement et que sa croûte soit plus croustillante, saupoudre un peu de sucre sur le beurre à l'intérieur du moule.

Pour 4 personnes

- 150 g de farine
- 150 g de sucre
- 2 cuillères à café de levure chimique
- 3 œufs
- 100 ml d'huile
- beurre pour le moule

CONSEIL

- La durée de la cuisson peut varier en fonction de la puissance de ton four... Pour t'assurer que ton gâteau est vraiment cuit à cœur, pique au centre la lame d'un couteau (ou une aiguille à tricoter ou une pique à brochette en métal) : si elle ressort propre, c'est bon !
- Tu n'auras pas de difficulté à incorporer la levure si tu la mélanges avec la farine.
- Tu auras moins de grumeaux si tu utilises de la farine « fluide ».
- Pour beurrer plus facilement un moule, fais fondre une grosse cuillère à café de beurre et étale-la ensuite au pinceau large.

Le gâteau aux pêches

1 Dans un saladier, fouette bien le sucre et les œufs jusqu'à ce que ton mélange blanchisse et devienne mousseux.

2 Ajoute l'huile et le lait, puis, petit à petit, la farine et la levure. Mélange bien. Préchauffe le four, thermostat 7 (assez chaud).

3 Pèle les pêches, dénoyaute-les et coupe-les en morceaux que tu mêles à la pâte. Cuis 45 minutes environ, jusqu'à ce que ton gâteau soit bien doré.

Pour 4 personnes

- 3 pêches bien mûres
- 10 cuillères à soupe de sucre en poudre
- 1 sachet de sucre vanillé (ou 2 cuillères à café de sucre vanillé maison, vois p. 72)
- 15 cuillères à soupe de farine fluide
- 1 sachet de levure chimique
- 4 œufs
- 1/2 verre de lait
- 1/4 de verre d'huile

morceaux de pêche

IDÉE

Tu peux faire la même recette en remplaçant les pêches par des pommes (avec un peu de cannelle) ou des poires.

Le gâteau au yaourt

Ni balance ni verre mesureur ne sont nécessaires pour le faire : les ingrédients se mesurent avec le pot de yaourt vide.

1 Allume le four, thermostat 5-6 (chaleur modérée). Beurre un moule rond.

2 Verse le yaourt dans un saladier et ajoute dans l'ordre, en mélangeant bien avec une cuillère en bois : les sucres, les œufs un à un, la farine, la levure, le sel, l'huile.

3 Mets la préparation dans le moule beurré et fais cuire 35 minutes.

sucre vanillé

farine

huile

yaourt nature

sucre

Pour 5 personnes

- 1 yaourt nature
- 2 pots de sucre
  + 1 sachet de sucre vanillé
- 3 pots de farine
- 1/2 pot d'huile
- 3 œufs
- 1/2 sachet de levure

Le quatre-quarts

Il porte bien son nom puisqu'il se fait avec un quart de sucre, un quart de beurre, un quart de farine... et quatre œufs !

1 Préchauffe le four, thermostat 6 (chaleur moyenne). Beurre un moule rond antiadhésif.

2 Casse les œufs en mettant les jaunes dans un saladier et les blancs dans un autre (vois comment faire p. 60).

3 À l'aide d'un fouet, bats les jaunes avec le sucre jusqu'à ce qu'ils deviennent mousseux. Rajoute, en mélangeant bien, le beurre fondu, puis la farine, le sel et enfin le zeste râpé.

4 Bats les blancs en neige très ferme (vois aussi la technique p. 60) et mélange-les délicatement au reste de la préparation. Verse la pâte dans le moule et fais cuire environ 35 minutes.

Pour 6 personnes
- 4 œufs
- 250 g de sucre
- 250 g de beurre fondu
- 250 g de farine fluide
- le zeste râpé d'1 citron non traité
- 1 pincée de sel

4 œufs

250 g de sucre

250 g de farine

250 g de beurre

Le cake

1 Préchauffe le four, thermostat 6 (chaleur moyenne). Beurre un moule à cake.

2 Dans un grand bol, bats le sucre et le beurre jusqu'à ce qu'ils blanchissent. Mets-y les fruits.

fruit confit

raisin sec

PAPIER SULFURISÉ OU DE CUISSON

Pour 6 personnes
- 125 g de beurre fondu   • 200 g de sucre
- 3 œufs   • 250 g de farine
- 1/2 sachet de levure   • 1 pincée de sel
- 300 g de mélange de petits fruits confits et de raisins secs macérés pendant 2 heures dans un bol de jus d'orange.

3 Casse un œuf dans cette pâte, bats vivement, puis fais de même avec les autres œufs.

4 Dans un saladier, mélange levure, farine et sel, puis ajoute le contenu du bol. Verse dans le moule et fais cuire environ 1 heure 1/4. Pour démouler plus facilement ton cake, tapisse le moule de papier sulfurisé en laissant largement dépasser. Tu n'auras plus qu'à tirer sur les bords !

La charlotte

D'où vient le nom de ce dessert ? De la coiffe bordée de rubans à laquelle elle ressemble ? Du prénom d'une cuisinière ? D'un hommage à la reine Charlotte, femme du roi anglais George III ? En réalité, personne ne connaît vraiment l'origine de ce « gâteau » tout à fait à part, qui se fait sans cuisson. Un vrai jeu de construction ! Tu bâtis une structure avec des boudoirs ou des biscuits à la cuillère ramollis au sirop, et tu remplis l'intérieur de fruits et de crème.

 ## La charlotte ananas-fraises

1 Avec la crème et le sucre, prépare une chantilly (vois la recette p. 119).

2 Verse le jus de la boîte d'ananas dans une assiette. Mets au fond d'un moule à charlotte un rond de papier sulfurisé. Trempe rapidement les biscuits dans le jus et pose-les contre le bord du moule, côté sucré vers l'extérieur.

 Pour 6 personnes

- 200 g de boudoirs
- 1 petite boîte de tranches d'ananas au sirop
- 500 g de fraises (ou autres fruits frais)
- 200 g de fromage blanc
- 150 g de crème fraîche
- 100 g de sucre glace

PAPIER SULFURISÉ OU DE CUISSON

MOULE À CHARLOTTE

3 Tapisse le fond du moule de tranches d'ananas. Recoupe-les si nécessaire, et coupe le reste en petits bouts.

4 Lave et équeute les fraises. Gardes-en quelques-unes pour la décoration et coupe les autres. Dans un récipient, mélange ensemble morceaux de fraises et d'ananas, fromage blanc et chantilly.

5 Remplis le moule de ta préparation, et recouvre le tout d'une couche de biscuits imbibés.

6 Couvre le moule avec une assiette et un poids pour maintenir la forme de la charlotte. Garde 10 heures au frais. Démoule délicatement et décore avec les fraises.

Un dessert à faire la veille !

Becs sucrés

Biscuits, gâteaux secs, bouchées au chocolat, sucettes, sirops... Voici tout ce qu'il te faut pour fabriquer un festin sucré. Et pourquoi ne pas en faire aussi des cadeaux gourmands ?

Les muffins

Le secret des bons goûters anglais, américains... et d'ailleurs.

1 Allume le four, thermostat 5-6 (chaleur modérée).

2 Dans un grand bol, mélange les liquides (œufs, lait, beurre fondu).

3 Dans un saladier, mélange les poudres (farine, sucre, levure). Ajoute les liquides dans les poudres, remue un peu mais sans chercher à obtenir une pâte lisse.

4 Verse dans les moules et fais cuire environ 25 minutes. Ils sont cuits lorsqu'ils sont dorés.

pâte crue

 Pour 12 muffins

- 250 g de farine
- 200 g de sucre
- 1/2 paquet de levure
- 2 œufs
- 1 verre de lait (375 ml)
- 160 g de beurre fondu

12 MOULES EN PAPIER (CAISSETTES) OU AUTRES PETITS MOULES

Les macarons

Aussi faciles à faire qu'à manger !

1 Préchauffe le four, thermostat 5 (chaleur modérée).

2 Mélange la poudre d'amandes et les sucres. Ajoute les blancs d'œufs et remue énergiquement avec une fourchette.

3 Beurre une plaque de four et saupoudre-la de farine (ou couvre-la de papier de cuisson). Avec une cuillère à soupe, dépose des petits tas de pâte sur la plaque sans les coller. Fais cuire 15 minutes.

Hum ! C'est délicieux !

 Pour 15 macarons environ — **PAPIER SULFURISÉ OU DE CUISSON**

- 250 g d'amandes en poudre
- 250 g de sucre + 1 sachet de sucre vanillé (ou 2 cuillères à café de sucre vanillé maison, vois p. 72)
- 3 blancs d'œufs
- un peu de beurre et de farine

Les biscotins

Rien à voir avec les biscottes !
Si ce n'est que ces biscuits
aux amandes, une spécialité
catalane, croquent un peu
sous la dent...

1 Allume le four, thermostat 7
(assez chaud).

2 Mélange bien tous les ingrédients (sauf les pignons)
dans une grande jatte avec une cuillère en bois.
Tu obtiens une pâte assez ferme.

3 Recouvre la plaque à pâtisserie de papier sulfurisé
que tu vas beurrer ou huiler. Prélève avec une cuillère
à soupe un peu de pâte et dépose-la sur la plaque.
Recommence l'opération : tu dois faire des petits
tas de 4 à 5 cm de diamètre environ.

4 Mets un ou deux pignons sur chaque futur
« biscotin » juste avant la cuisson.
Fais cuire 10 minutes au four.

Pour 6 personnes

- 250 g de sucre cristallisé
- 250 g de farine
- 1/2 paquet de levure
- 2 gros œufs ou 3 petits
- 125 g de poudre d'amandes
- des pignons pour la décoration
- un peu de beurre ou d'huile

**PAPIER SULFURISÉ
OU DE CUISSON**

Pose les pignons
sur la pâte.

Mélange délicatement
pour ne pas casser
les pétales de maïs.

Les roses des sables

1 Fais fondre à feu très doux dans une casserole
le chocolat coupé en morceaux, la végétaline
et un peu d'eau.

2 Hors du feu, verse le sucre
glace et touille bien.
Puis ajoute les pétales et
mélange délicatement jusqu'à
ce qu'ils soient enrobés.

3 Ensuite, remplis
de cette préparation
les coupelles en papier
et mets-les au frigo.

chocolat fondu

À déguster
bien froid.

**Pour 1 centaine de petites
caissettes en papier**

- 125 g de végétaline
- 180 g de chocolat pâtissier
- 135 g de sucre glace
- 180 g de pétales de maïs (des
corn flakes)

Les cookies au chocolat

1 Bats l'œuf, les deux sortes de sucres et la vanille jusqu'à ce que le mélange devienne mousseux.

2 Ajoute successivement la farine, la levure, le sel puis le beurre fondu. Mélange bien.

3 Pour obtenir des copeaux, râpe le chocolat avec un couteau économe. Mets les copeaux de chocolat dans la pâte. Mélange.

4 Huile légèrement une plaque à pâtisserie. Dépose des petits tas de pâte. Fais cuire 10 minutes à chaleur modérée.

- 225 g de farine
- 100 g de beurre fondu
- 100 g de chocolat pâtissier
- 1 œuf
- 100 g de sucre de canne
- 75 g de sucre blanc en poudre
- 1/2 sachet de levure chimique
- 1 cuillère à café de vanille liquide ou 2 cuillères à café de sucre vanillé maison (vois p. 72) ou un sachet de sucre vanillé
- 1 pincée de sel

Avec le couteau économe, c'est facile de faire des copeaux.

COUTEAU ÉCONOME

Les carrés choconoix

1 Recouvre un couvercle en métal de boîte à gâteaux ou un petit moule rectangulaire avec du papier de cuisson en le laissant dépasser sur le côté.

2 Fais fondre le chocolat au bain-marie (vois la technique p. 58).

3 Dans un saladier, mélange la noix de coco, les noix, le beurre fondu puis le chocolat.

4 Verse dans le moule en tassant. Égalise la surface avec le dos d'une cuillère. Mets au frigo jusqu'à ce que la préparation soit ferme. Démoule en tirant sur le papier, puis découpe en carrés. Tu peux les conserver 2 semaines au frais.

Pour 30 carrés environ

- 200 g de chocolat noir pour dessert
- 40 g de noix de coco râpée ou en poudre
- 60 g de noix écrasées
- 60 g de beurre fondu

PAPIER SULFURISÉ OU DE CUISSON

Les sucettes au caramel

1 Dans une casserole, mets le sucre, le vinaigre, l'eau, et fais chauffer à feu doux.

2 Dès que la préparation devient doré clair, éteins et ajoute le beurre. Mélange et verse cette pâte sur du papier de cuisson en formant des tas allongés. Place sur chacun, en l'enfonçant légèrement, le bâtonnet qui servira à saisir la sucette. Laisse refroidir.

Attention à tes doigts, le caramel est très chaud !

PAPIER SULFURISÉ OU DE CUISSON

Pour 12 sucettes

- 20 sucres n° 4 (100 g)
- 20 g de beurre
- 1/2 cuillère à café de vinaigre
- 3 cuillères à soupe d'eau

12 BÂTONNETS

Le sirop d'été de groseille (ou de cassis)

Une activité d'été gourmande, qui demande un mois de patience. Parfaite pour les vacances !

1 Lave et équeute les groseilles. Mets-les dans un saladier avec le sucre. Verse la préparation dans des bocaux très propres.

2 Ferme-les bien, et expose-les au soleil pendant un mois. Trois ou quatre fois dans le mois, tourne tes bocaux (renverse-les).

3 Récupère le sirop après l'avoir filtré dans une passoire fine, et verse-le dans une bouteille pour le conserver. Consomme-le avec de l'eau ou du lait, comme n'importe quel sirop.

- 500 g de groseilles
- 500 g de sucre

BOCAUX FERMANT HERMÉTIQUEMENT (AVEC ROND DE CAOUTCHOUC PAR EXEMPLE)

Le sirop de menthe

1 Dans un saladier, mélange l'eau, le sucre, la menthe lavée. Recouvre d'un film transparent. Mets au réfrigérateur et laisse reposer 1 à 2 jours.

2 Enlève la menthe, mets le liquide dans une bouteille : ton sirop de menthe est prêt à être consommé !

Pour 1 litre de sirop

FILM ALIMENTAIRE

- 500 g de sucre
- 1/2 litre d'eau
- 1 poignée de menthe fraîche

CONSEIL

Ne sois pas surpris, ce sirop n'est pas vert mais blanchâtre. Les sirops de menthe doivent souvent leur belle couleur verte à des colorants...

Confitures et gelées

Quand ils sont faits maison, ces pots pleins de couleurs et de saveurs remplissent de soleil placards et étagères... en attendant de réveiller tes tartines !

L'été toute l'année

Les confitures, c'est le moyen le plus agréable de faire durer la saison des fruits toute l'année... Et une bonne idée de cadeau ! La confiture se fait avec les fruits entiers ; la gelée avec le jus des fruits.

TRUC

Le plus facile, pour conserver tes confitures, est de les verser dans d'anciens pots avec couvercle en métal à visser (de confiture, de mayonnaise, d'olives...) bien lavés. Fais-toi aider pour verser la confiture chaude dans les pots : il faut les remplir à ras bord, puis bien visser le couvercle, et les retourner. Inscris sur de jolies étiquettes la date de fabrication et le fruit utilisé. La confiture se conserve deux ans.

La confiture de fraises express

1 Nettoie et équeute les fraises, pèse-les et prépare exactement la même quantité de sucre que de fruits.

POTS DE CONFITURE

Pour 3 pots de 200 g

- 500 g de fraises
- 500 g de sucre spécial pour confiture

BALANCE

UNE TRÈS GRANDE CASSEROLE, SI POSSIBLE EN CUIVRE

2 Dans un grand récipient, mélange les fruits avec le sucre et laisse reposer entre 12 et 24 heures. Le sucre doit être complètement dissous.

3 Fais cuire dans une grande casserole à feu vif pendant 5 minutes à partir du moment où de grosses bulles recouvrent la surface des fruits.

IDÉE

Une confiture de fleurs ! Avec des roses... c'est le sommet du raffinement ! Mais il faut être très patient pour les cueillir, et disposer de beaucoup de fleurs, car les pétales ne pèsent pas bien lourd... Utilise de préférence les roses les plus parfumées. Bien sûr, il ne faut surtout pas qu'elles aient été traitées ! Fais tremper 250 g de pétales dans de l'eau citronnée jusqu'à ce que l'eau commence à se colorer. Égoutte-les, puis cuis-les 25 minutes dans un sirop composé de 375 g de sucre et de 3 cuillères à soupe d'eau. 5 minutes avant la fin de la cuisson, ajoute le jus d'un citron. Laisse refroidir avant de mettre en pot.

La gelée de mûre

Septembre, c'est l'époque des mûres. Un moment à ne pas rater ! Cueille-les de préférence le matin, elles sont alors au maximum de leur fraîcheur. En dessert, avec du fromage blanc, du yaourt ou de la crème fraîche, c'est délicieux. Et en gelée, c'est un régal dont tu te souviendras !

1 Passe les mûres très vite sous l'eau pour les laver, et assure-toi qu'il n'y reste pas d'insectes. Mets-les dans une grande casserole que tu remplis d'eau jusqu'aux trois quarts de la hauteur des fruits.

2 Fais bouillir quelques minutes à peine. Puis verse ta préparation dans un moulin à légumes placé au-dessus d'un large récipient. Recueille le jus débarrassé des graines. Pèse-le sur une balance.

3 Refais cuire avec exactementle même poids de sucre que de jus. Au bout d'un quart d'heure de cuisson, ta gelée est prête.

Pour 4 personnes
- mûres
- sucre en poudre

UNE TRÈS GRANDE CASSEROLE, SI POSSIBLE EN CUIVRE

BALANCE

POTS DE CONFITURE

Remplis bien tes pots et pose-les à l'envers.

REPAS EN FÊTE

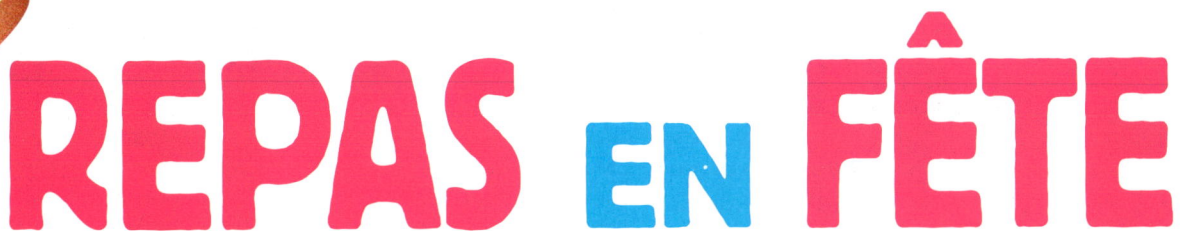

Confectionner
un plat...
et le manger,
c'est toujours
agréable. Mais
les grands jours,
quand tu régales tes amis,
c'est carrément la fête. Et si tout
le monde s'y met, c'est
encore plus amusant !

Pique-niques et repas froids

À la mer, à la montagne, dans les bois ou les champs, ou même dans ton jardin, vive les pique-niques ! Voici quelques idées pour sortir de l'inévitable sandwich...

Tout est tellement meilleur au grand air... Un coin d'ombre, une nappe sur l'herbe et, au milieu, les plats que tu as préparés... Ambiance garantie !

TRUC

Pour garder ton eau bien froide, remplis aux deux tiers des gourdes ou des bouteilles en plastique, et mets-les à congeler une heure à l'avance. Au moment de partir, complète-les avec de l'eau. En fondant, le glaçon rafraîchira la boisson.

Le pan-bagnat

Ce « sandwich » provençal est presque un repas à lui tout seul.

1 Coupe la partie supérieure des pains. Évide-les en retirant la mie. Épluche la gousse d'ail. Frottes-en l'intérieur de chaque pain. Humecte le pain d'huile, puis recouvre-le d'une feuille de salade.

2 Coupe les tomates, les oignons, le 1/2 concombre et les œufs durs en rondelles fines, et les poivrons en lamelles. Fais égoutter le thon, les anchois et les olives.

3 Garnis les pains de tous les ingrédients, puis repose les couvercles, presse fortement et enveloppe bien serré dans un plastique alimentaire.

Pour 4 personnes

- 4 petits pains ronds
- 2 œufs durs
- 4 cuillères à soupe d'huile d'olive
- 1 gousse d'ail
- 1/2 concombre
- 2 tomates • 1 poivron
- 2 oignons nouveaux
- 1 petite boîte de miettes de thon à l'huile
- 4 filets d'anchois à l'huile
- 4 feuilles de laitue
- 12 olives noires dénoyautées

Le flan de thon

1 Allume le four, thermostat 6 (chaleur moyenne). Beurre un moule à cake.

2 Égoutte le thon, et écrase-le à la fourchette dans un saladier. Dans un bol, bats les œufs entiers et verse-les dans le thon. Ajoute les autres ingrédients et mélange.

3 Mets le flan dans le moule et fais cuire 1/2 heure. Il doit être légèrement doré. Attends qu'il soit bien froid pour le démouler et l'emballer.

Pour 5 personnes

- 1 boîte de thon à l'huile (190 g)
- 2 boîtes de thon au naturel (190 g)
- 6 œufs • 2 cuillères à soupe de crème fraîche
- 100 g de fromage blanc
- 1/2 cuillère à café de sel
- 2 branches de persil haché

LES TOMATES AU ROQUEFORT

Rince de petites tomates, découpe-leur un chapeau et évide-les. Farcis-les avec un mélange de roquefort et de fromage blanc, et replace leurs chapeaux. Range-les dans une boîte à œufs vide : elles seront ainsi protégées pendant le transport.

La tortilla

La tortilla est excellente froide. Et tu peux même la glisser dans un sandwich !

1 Épluche les pommes de terre, lave-les, essuie-les et coupe-les en dés. Épluche l'oignon, coupe-le en lamelles.

2 Dans une poêle, avec 2 cuillères à soupe d'huile, fais cuire à feu moyen les oignons et les pommes de terre jusqu'à ce que les pommes de terre soient tendres et dorées. Remue de temps en temps.

3 Dans un saladier, casse et bats les œufs, ajoute le sel et le poivre. Verses-y les pommes de terre et les oignons cuits.

4 Remets 1 cuillère d'huile dans la poêle ; quand elle est chaude, verse le contenu du saladier. Après une première cuisson de 3 minutes, il te faudra l'aide d'un adulte. Il s'agit de poser une assiette renversée sur la poêle, de la retourner, puis de faire glisser la tortilla dans la poêle pour une nouvelle cuisson de 3 minutes.

Pour 5 personnes

- 1/2 kg de pommes de terre • 8 œufs
- 2 oignons • 2 pincées de poivre
- 3 cuillères à soupe d'huile d'olive
- 1/4 de cuillère à café de sel

CONSEIL

Plutôt qu'un énorme sac pour porter les provisions, prévois au moins trois petits paniers qui permettront de séparer les plats... et de répartir la charge.

Crêpes-parties

Qui n'aime pas les crêpes ? Personne, hélas ! On est bien obligé de se les partager... Heureusement, en s'y mettant à plusieurs, on peut en faire des tas et des tas !

La pâte « toutes crêpes »

1 Dans un saladier, mélange énergiquement au fouet la farine et le lait jusqu'à ce qu'il n'y ait plus de grumeaux.

2 Casse les œufs dans un grand bol, bats-les à la fourchette puis verse-les dans le saladier. Mélange bien. Ajoute le sel, l'huile, mélange encore, puis, pour finir, verse l'eau. Un dernier coup de fouet, et tu peux laisser reposer ta pâte le temps de ranger et de préparer la poêle.

Et hop !

Pour 8 crêpes assez épaisses

- 200 g de farine
- 1/4 de litre de lait (25 cl)
- 1/8 de litre d'eau (12,5 cl)
- 3 œufs
- 2 cuillères à soupe d'huile
- 1/4 de cuillère à café de sel

FAIS SAUTER TES CRÊPES !

1 Avec du papier absorbant imbibé d'huile, graisse une poêle, si possible à revêtement antiadhésif. Fais-la chauffer à feu moyen.

2 Lorsque ta poêle est chaude, mais non fumante, verse une petite louche de pâte, incline la poêle pour napper régulièrement le fond. Très vite, les bords se soulèvent et se décollent d'eux-mêmes.

3 Retourne ta crêpe avec une spatule en bois ou, si tu te sens très adroit, fais-la sauter pour faire cuire l'autre côté. Fais-la ensuite glisser sur un plat.

Le gâteau de crêpes aux framboises

1 Étale une crêpe sur un grand plat. Dans un saladier, mélange le fromage blanc avec 60 g de sucre.

2 Garnis 4 crêpes avec la moitié de cette préparation. Plie chacune en quatre pour obtenir 4 quarts de cercle que tu poses sur la crêpe en reformant un cercle.

3 Garnis 4 autres crêpes d'une couche de confiture, plie-les, et pose-les sur les 4 premières. Recommence avec 4 crêpes au fromage blanc. Recouvre de la dernière crêpe. Saupoudre de sucre glace. Décore avec des framboises et de la confiture.

Pour 6 personnes

- 14 crêpes un peu épaisses
- 300 g de fromage blanc
- 60 g de sucre
+ 40 g de sucre glace
- 100 g de confiture de framboises
- quelques framboises pour le décor (si possible)

IDÉE

- Pour parfumer la pâte, tu as le choix entre zeste de citron ou d'orange râpé, vanille, eau de fleur d'oranger, rhum, cannelle...
- Pour des crêpes salées, tu peux remplacer les 3/4 de la farine par de la farine de sarrasin (blé noir).
- Pour obtenir des crêpes plus gonflées, tu peux remplacer l'eau par de la bière ou bien mettre 2 cuillères à café de levure dans la farine.

TRUC

- Pour éviter les grumeaux, bats très énergiquement la farine avec le lait avant de mettre les œufs.
- Pour obtenir des crêpes moelleuses, cuis-les rapidement et à feu vif ; pour des crêpes croustillantes, la cuisson sera plus longue, et le feu plus doux.
- Pour conserver les crêpes cuites, plie-les en quatre, glisse-les dans un sachet en plastique et mets-les au réfrigérateur.

TRUC

Pour que ton gâteau tienne bien droit, ne pose pas les crêpes pliées exactement les unes sur les autres mais décale-les légèrement.

*Et pourquoi pas salées ?
Tu peux mettre les crêpes
à toutes les sauces !*

La crêpe sud-américaine

1 Dans un plat creux, mélange les steaks avec le cumin et les herbes de Provence. Épluche l'oignon, coupe-le en petits morceaux.

 Dans une grande poêle huilée, fais cuire l'oignon à feu moyen. Après 3 minutes, ajoute les steaks hachés et fais cuire pendant 7 à 10 minutes. En fin de cuisson, mets le sel, le poivre et le jus de citron.

IDÉE

Tu peux remplacer le steak haché par du blanc de poulet haché.

3 Sur chaque crêpe, pose une feuille de salade, deux cuillères à soupe de préparation à la viande, des morceaux de tomates, du gruyère râpé, une cuillère à café de crème fraîche, un peu de sauce tomate. Replie la crêpe. Tu peux servir...

 Pour 4 personnes

- 8 crêpes maintenues au chaud
- 3 steaks hachés
- 1 cuillère 1/2 à café de cumin
- 2 pincées d'herbes de Provence ou d'origan
- 1 oignon, sel, poivre, huile
- 8 grandes feuilles de salade
- 1 cuillère à café de jus de citron
- 2 tomates coupées en petits morceaux
- 1 bol de gruyère râpé
- 1 petit pot de crème fraîche
- 4 cuillères à soupe de sauce tomate ou de ketchup

La crêpe à la brouillade de tomates

1 Rince et coupe les tomates en gros dés. Fais-les cuire à feu moyen dans une poêle huilée. Lorsqu'elles sont juste fondues, après environ 5 minutes, casse et ajoute les œufs entiers.

2 Baisse le feu. Remue avec une cuillère en bois jusqu'à ce que l'aspect soit crémeux. Juste avant d'arrêter la cuisson, ajoute le sel, le poivre, et mélange.

3 Tartine chaque crêpe de cette préparation et roule-les assez serrées. Laisse refroidir.

 Pour 4 crêpes

- 4 crêpes
- 4 tomates de taille moyenne
- 4 œufs
- sel, poivre, huile

Sers ces crêpes en entrée, entières ou coupées en rondelles.

Le gâteau de crêpes salé

1 Allume le four, thermostat 8-9 (très chaud).

2 Sur un grand plat rond antiadhésif qui va au four, dépose la première crêpe. Mets par-dessus une tranche de jambon, puis recouvre d'une autre crêpe, que tu tartines de crème fraîche, après l'avoir légèrement salée et poivrée. Puis recouvre d'une crêpe et d'une tranche de jambon.

3 Continue ainsi, en alternant les garnitures de crème fraîche assaisonnée et de jambon, jusqu'à ce qu'il ne te reste plus qu'une seule crêpe. Saupoudre cette dernière de gruyère et mets au four pour gratiner une dizaine de minutes.

Alterne crêpe, jambon, crème fraîche...

Pour 6 personnes environ

- 1 douzaine de crêpes
- 6 tranches de jambon cuit
- 1 pot de crème fraîche épaisse
- du gruyère râpé

Crêpes en folie

Invite tes amis, et fais plaisir à chacun en les laissant choisir leur garniture : c'est le libre-service !

Prépare à l'avance environ 4 crêpes par personne. Dispose dans de jolis bols, avec une petite cuillère, les différents éléments de garniture, en les regroupant par genres.

Les confitures et le miel : pots de confitures variées (abricots, fraises, framboises, mûres...), miel de différents parfums

Les fruits secs : raisins secs, noix de coco et amandes en poudre, noix et noisettes hachées...

Les fruits frais : bananes en rondelles, tranches d'ananas, demi-citrons à presser, quartiers d'orange, fruits rouges, poires au sirop égouttées, compotes de fruits...

Les crèmes : pâte à tartiner au chocolat, crème de marrons, chantilly, fromage blanc, sauce au chocolat...

JOYEUX ANNIVERSAIRE !

Anniversaire pur sucre

Cette année, pour ton anniversaire, tu as décidé de marquer le coup. Il te faut un gâteau spectaculaire. Mais il sera encore plus impressionnant... si tu le fais toi-même !

Le gâteau à étages

1 Préchauffe le four, thermostat 5 (chaleur modérée). Beurre 3 moules ronds de diamètres différents (par exemple 15 cm, 22 cm et 26 cm).

2 Fais fondre le chocolat au bain-marie. Hors du feu, ajoute le beurre en morceaux et mélange. Verse la crème, mélange à nouveau.

3 Casse les œufs (vois comment faire p. 60) en mettant les jaunes dans un grand saladier et les blancs dans un autre. Verse le chocolat fondu et le sucre dans les jaunes et remue. Bats les blancs en neige très ferme (vois la technique p. 60). Mélange la moitié de ces blancs à la préparation au chocolat, ajoute la farine, puis, très délicatement, le reste des blancs. Répartis la pâte dans les 3 moules et fais cuire les gâteaux 35 minutes.

4 Démoule-les et empile-les en commençant par le plus grand. À l'aide d'un tamis, saupoudre de cacao. Décore avec de petits bonbons.

Pour l gâteau

- 10 œufs
- 250 g de farine
- 300 g de sucre
- 300 g de chocolat
- 150 g de beurre
- 150 g de crème liquide
- 50 g de cacao non sucré

Tu peux poser sur le sommet 3 roses cristallisées (vois la recette p. 261).

Joyeux Anniversaire

EFFET CHANTILLY

Mets une couche de chantilly entre chaque gâteau. Ça rendra ton « œuvre » à la fois plus solide et plus légère au goût. Tu peux aussi décorer le sommet et les côtés avec la crème Chantilly.

Et n'oublie pas les bougies !

Les mendiants au chocolat

1 Fais fondre le chocolat au bain-marie (vois p. 58). Verse sur du papier sulfurisé des petits ronds de chocolat fondu.

PAPIER SULFURISÉ OU DE CUISSON

Tu peux utiliser du chocolat blanc ou au lait.

2 Dispose sur le chocolat encore chaud des fruits secs ou de la poudre de fruits. Laisse refroidir et décolle les mendiants du papier.

Pour 8 mendiants

- 120 g de chocolat noir spécial dessert
- 1 grosse poignée de fruits secs (amandes, pistaches, noisettes, cerneaux de noix, raisins secs...)
- 2 cuillères à soupe de poudre de fruits secs (au choix : noix de coco, amandes, noisettes...)

Les bouchées givrées

1 Mixe les boudoirs. Mélange cette poudre avec le beurre et le sirop pour obtenir une boule.

2 Laisse reposer au frais au moins 1/2 heure, puis forme de petites bouchées et roule-les dans le sucre. Présente-les dans des caissettes en papier.

Pour 10 bouchées

- 10 boudoirs • 30 g de beurre mou
- 1/2 cuillère à soupe de sirop de fraise
- 3 cuillères à soupe de sucre en poudre

MIXEUR

CAISSETTES EN PAPIER

IDÉE

Pour entourer ton gâteau, propose de petites friandises que tu auras préparées : ce sera tellement plus original que des bonbons achetés ! D'autres friandises sont présentées p. 230 et 231.

Le biscuit de Savoie

1 Préchauffe le four, thermostat 6 (chaleur moyenne). Beurre un moule à manqué de 22 cm.

2 Casse les œufs en mettant les jaunes dans un saladier et les blancs dans un autre. Bats les jaunes avec le sucre jusqu'à ce qu'ils deviennent mousseux. Bats les blancs en neige très ferme (vois la technique p. 60).

3 Mélange la moitié de ces blancs aux jaunes, ajoute la farine et la levure puis, délicatement, le reste des blancs. Verse la pâte dans le moule et fais cuire environ 35 minutes.

Pour 4 à 6 personnes

- 4 œufs
- 100 g de farine fluide
- 140 g de sucre
- 1/2 cuillère à café de levure (facultatif)

Avec ce gâteau, tu peux créer toutes sortes de décorations originales !

DÉCORS EN CHOCOLAT

Tu peux « glacer » ton gâteau : recouvre le biscuit avec un mélange fait de 150 g de chocolat fondu et de 100 g de crème fraîche chauffée.

Pourquoi pas des copeaux de chocolat ? Passe un couteau économe le long de l'arête d'une plaque de chocolat pour obtenir de petits copeaux.

Crée des motifs : avec une petite cuillère, dessine des motifs simples en chocolat fondu sur une feuille de papier de cuisson et laisse durcir avant de décoller délicatement pour poser sur le gâteau.

AU POCHOIR

(Vois la technique p. 64.) Tu crées des décors avec du cacao, de la cannelle, du sucre glace ou du sucre coloré (vois ci-dessous la recette). N'oublie pas de soulever le papier découpé avec précaution pour avoir un décor aux contours bien nets.

SUCRE COLORÉ

Remplis de sucre aux trois quarts un petit pot à confiture, ajoute 3 ou 4 gouttes de colorant (tu en trouveras au rayon décors de pâtisserie), visse le couvercle et agite pour obtenir une jolie couleur uniforme. Attends que le sucre soit sec pour l'utiliser.

copeaux
de chocolat

DÉCORS EN PÂTE D'AMANDES

Tu peux l'acheter toute faite
ou en préparer en utilisant
la recette du massepain
donnée page 17, et la colorer
avec du colorant alimentaire.
Modèle de petits sujets ou bien
étale la pâte au rouleau pour obtenir
une couche régulière qui recouvrira
le biscuit.

Les coupelles à croquer

Des mousses, des crèmes, une salade de fruits,
c'est encore meilleur dans des coupes qui se mangent !

Pour 8 coupelles

- 100 g de farine fluide
- 100 g de sucre glace
- 2 blancs d'œufs
- 1 cuillère à soupe de crème fraîche

PAPIER SULFURISÉ OU DE CUISSON

1 Préchauffe le four, thermostat 8 (chaud).

2 À la fourchette, mélange le sucre
glace, la farine, les blancs d'œufs
et la crème. Remue jusqu'à ce
que la préparation soit lisse.

3 Dépose une feuille de papier de cuisson
sur la plaque à pâtisserie du four. Verse une
cuillère à soupe de pâte sur le papier, étale au
pinceau pour obtenir un cercle d'environ 13 cm
de diamètre. Fais cuire pendant 6 minutes :
le bord du cercle doit à peine être coloré.

cercle d'environ
13 cm de diamètre

papier
de cuisson

verre posé
à l'envers

CONSEIL

Utilise un verre étroit. Fais cuire un à deux
cercles en même temps, pas plus, car ils
durciraient trop vite et tu n'aurais pas le temps de
les mouler. Et demande de l'aide : le moulage est
délicat à réaliser, et la plaque du four est chaude !

4 Sors-le du four à l'aide du papier de cuisson et mets
très rapidement cette pâte encore souple sur un verre
posé à l'envers. Donne-lui la forme d'une coupelle
avec les mains.

Un anniversaire salé

Pas d'anniversaire sans gâteau... Mais tu n'es pas condamné au sucré pour autant ! Un buffet varié plaira aussi bien aux picoreurs qu'aux affamés...

Pique-assiettes...

Tu as invité ta bande... Il va falloir « assurer » ! Prépare tes plats la veille, pour pouvoir te consacrer à la présentation... Prévois une grande table avec une nappe en papier blanc ou de couleur unie : les plats ressortiront mieux. Il te faudra plus d'assiettes en carton, de couverts et de gobelets que le nombre d'invités... et de grands sacs-poubelle (ça incitera à s'en servir).

Les petits-fours au fromage

1 Préchauffe le four, thermostat 7-8 (chaud).

2 Découpe, dans la pâte, des losanges que tu badigeonnes de jaune d'œuf avec le pinceau.

3 Saupoudre-les de fromage râpé et mets-les au four, dans un plat ou sur la plaque à pâtisserie, jusqu'à ce qu'ils dorent.

Pour 4 personnes

- 1 pâte feuilletée prête à dérouler
- du fromage râpé (gruyère, comté, emmental ou cantal)
- 1 jaune d'œuf

PINCEAU DE CUISINE

L'idéal est de les réchauffer juste avant l'arrivée des invités.

IDÉE

Donne des formes rigolotes à tes petits-fours : cœurs, poissons, champignons... Tu peux aussi tordre des rectangles de pâte pour obtenir des tortillons.

Les roulades au jambon et au fromage

1 Hache finement les échalotes et la ciboulette, et mélange-les à ton fromage dans une jatte.

2 Tartine de ce mélange les tranches de jambon que tu roules ensuite sur elles-mêmes. Enveloppe ces rouleaux dans un film alimentaire, et mets-les au frigo 2 ou 3 heures.

3 Coupe ensuite des tranches de 2 cm et dispose-les sur un plat.

Pour 4 personnes

- 3 tranches de jambon cuit
- 1 Boursin ou un autre fromage frais demi-salé
- 2 échalotes
- quelques brins de ciboulette

FILM ALIMENTAIRE

Tartine-partie

Il suffit de pas grand-chose pour que les tartines se transforment en « canapés » chic. Fais travailler les autres ! Prévois des pains de formes différentes, et plein de garnitures : beurres aromatisés, fromage blanc, fromage en tranches, pâté, jambon, crevettes, crudités, œufs durs, cornichons, épices, fines herbes hachées... Et lance un grand concours artistico-gastronomique : à celui qui réussit la tartine la plus créative – et la plus savoureuse !

Idée

Tu peux aussi faire des beurres aux épices (curry, paprika...), à l'ail, aux échalotes... Et pour une autre occasion, pense aux beurres sucrés : au cacao, aux zestes d'orange ou de citron, à la cannelle, à la poudre d'amandes...

Les beurres aromatisés

Multiplie les petites portions de beurre, et fais-en des « pâtes à tartiner » originales. Laisse ramollir le beurre hors du frigo, puis malaxe-le avec les ingrédients choisis à l'aide d'une fourchette jusqu'à obtenir toutes sortes de crèmes que tu mets au frigo jusqu'au dernier moment.

Beurre de crevettes
Mélange 10 g de beurre avec 5 crevettes décortiquées mixées.

Beurre aux herbes
Mélange 10 g de beurre avec une poignée d'herbes hachées (ciboulette, cerfeuil, estragon...), une cuillère à café de jus de citron et une pincée de noix de muscade.

Beurre moutarde
Mélange 10 g de beurre avec une demi-cuillère à café de moutarde à l'ancienne et un jaune d'œuf pilé.

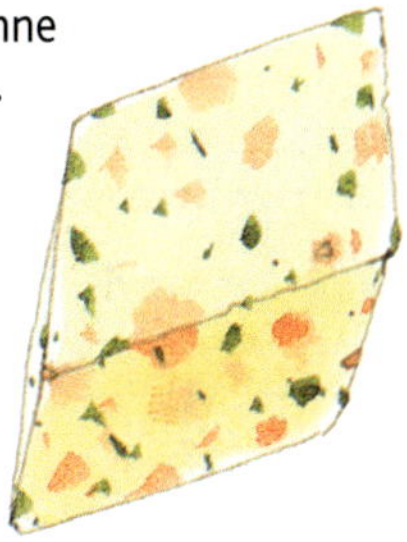

Truc

Mets tes minirations dans le bac à glaçons du frigo, pour les démouler sur une assiette au moment de servir, ou donne-leur des formes originales avec des emporte-pièce.

Beurre campagnard
Mélange 10 g de beurre avec 10 g de jambon mixé, un jaune d'œuf dur écrasé et une pincée de basilic haché.

Les « dips »

To dip cela veut dire « tremper » en anglais. Pour un repas « dip », tu prépares plein de sauces, comme le guacamole ou la « poivronnade », et tes invités y trempent des légumes crus ou cuits : carottes coupées en bâtonnets, bouquets de chou-fleur crus, morceaux de céleri, radis, tomates, asperges... ou des morceaux de pain.

IDÉE

Il y a beaucoup de sauces dans ton *Copain de la cuisine* (regarde l'index des recettes). Pense aussi à la simple sauce à la crème fraîche (crème fraîche liquide, ciboulette hachée, moutarde, jus de citron, sel, poivre).

Le guacamole (Mexique)

1 Pèle les avocats et mixe-les (dans un bol mixeur) ou écrase-les le mieux possible à la fourchette. Dans un bol, mélange cette pâte avec le jus de citron et l'ail pressé au presse-ail.

2 Lave la tomate, puis coupe-la en tout petits morceaux et écrase-la à la fourchette. Ajoute-la au reste. Sale et poivre selon ton goût (les Mexicains y mettent beaucoup de piment...).

MIXEUR

- 2 avocats bien mûrs (mous au toucher)
- 1 tomate
- 1 gousse d'ail
- 1 jus de citron
- sel, poivre

poivronnade

guacamole

IDÉE

Le caviar d'aubergines peut aussi servir de sauce (vois p. 142).

PAPIER ALUMINIUM

FILM ALIMENTAIRE

LA « POIVRONNADE » (AFRIQUE DU NORD)

1 Préchauffe le four, thermostat 7-8 (chaud). Dépose les poivrons sur la grille du four et laisse-les cuire trois quarts d'heure. Ils doivent se ramollir, un peu noircir, mais pas carboniser.

2 Pour les peler, enveloppe-les dès leur sortie du four (avec l'aide d'un adulte) dans un film alimentaire ou du papier d'aluminium. Puis attends une heure. La peau s'enlève alors facilement.

3 Lave les tomates, coupe-les en deux et enlève leurs graines et leur jus. Dans un bol mixeur, mixe les tomates coupées en petits morceaux, les poivrons, la poudre d'amandes, et l'huile d'olive. Sers bien frais.

MIXEUR

- 2 poivrons rouges
- 2 tomates
- 125 g de poudre d'amandes
- 2 cuillères à soupe d'huile d'olive
- sel, poivre

Fête les fêtes !

Il n'y a pas que Noël dans la vie ! Pense aussi à Pâques, à la fête des Rois, à la Saint-Valentin, à Halloween... Autant d'occasions où tes talents de cuisinier vont encore briller !

Noël

À fête traditionnelle, dessert incontournable...

La bûche de Noël

1 Préchauffe le four, thermostat 6 (chaleur moyenne). Tapisse une plaque à pâtisserie ou une plaque de four de papier sulfurisé. Suis la technique de préparation du biscuit de Savoie (vois p. 244). Verse la pâte sur la plaque et fais cuire environ 15 minutes : le biscuit doit être juste cuit (pour en être sûr, fais le test du couteau qui ressort sec, vois p. 224).

2 Humidifie un torchon propre. Retourne le biscuit sur le torchon, ôte la plaque et le papier, et roule le biscuit dans le torchon. Laisse refroidir.

3 Pour l'intérieur, prépare une mousse au chocolat (vois p. 216) ; pour le décor, prépare un glaçage au chocolat (vois la technique p. 244).

4 Déroule le biscuit, tartine-le avec la mousse, puis roule-le en forme de bûche.

biscuit

mousse au chocolat

Pour 6 personnes

PAPIER SULFURISÉ OU DE CUISSON

Biscuit :
- 4 œufs
- 100 g de farine fluide
- 140 g de sucre

Mousse :
- 2 œufs
- 60 g de chocolat noir

Décor :
- 150 g de chocolat
- 100 g de crème liquide

5 Coupe les extrémités de la bûche pour qu'elles soient bien droites, et recouvre du glaçage. Lorsque le gâteau a un peu refroidi, dessine des stries à la fourchette pour représenter les marques du bois.

6 Décore avec des fantaisies de Noël, de la noix de coco en poudre, du sucre glace...

La fête des Rois

Pas de doute :
ce sera toi le roi
(ou la reine) de la fête,
puisque c'est toi qui auras
préparé cette délicieuse
galette. Et que c'est toi
qui y mettras la fève. Mais
personne ne t'oblige à tricher...

La galette des Rois

1 Dans un saladier, verse 2 œufs et le sucre, et fouette jusqu'à ce que ton mélange devienne mousseux.

2 Ajoute la Maïzena et le lait froid. Mélange à nouveau.

3 Verse le tout dans une casserole et fais cuire à feu très doux jusqu'à ébullition en remuant bien. Laisse épaissir la crème quelques secondes puis retire du feu.

4 Ajoute la poudre d'amandes, la vanille et le beurre.

5 Déroule une pâte feuilletée dans un moule à tarte ou à manqué. Garnis-la avec la crème d'amandes en laissant dépasser un bord de 2 cm environ. Caches-y la fève.

6 Préchauffe le four, thermostat 6-7 (assez chaud). Recouvre ta galette avec la deuxième pâte feuilletée. Soude bien les bords. À l'aide d'un pinceau de cuisine, dore le dessus au jaune d'œuf.

7 Fais cuire 35 à 40 min au bas du four.

Pour 6 à 8 personnes

- 2 pâtes feuilletées prêtes à dérouler
- 125 g de poudre d'amandes
- 50 g de beurre
- 100 g de sucre en poudre
- 2 œufs + 1 jaune pour dorer
- 1 sachet de sucre vanillé ou 1 cuillère à café de sucre vanillé maison (vois p. 72)
- 1 cuillère à soupe de Maïzena
- un peu de lait (10 cl) • 1 fève (vraie ou fausse...)

PINCEAU DE CUISINE

La Saint-Valentin

Une recette pour faire fondre les cœurs...

Le cœur rose

1 Coupe les génoises en deux dans l'épaisseur et découpe aussi la génoise ronde en deux demi-cercles.

2 Mélange le jus de citron et la confiture avec deux cuillères à soupe d'eau et mouille uniformément l'intérieur des génoises avec ce liquide. Garde quelques fraises pour la décoration et découpe le reste en petits morceaux.

3 Bats au fouet le mascarpone avec le yaourt puis ajoute le sucre et garnis l'intérieur des génoises avec la moitié de ce mélange plus les fraises coupées.

4 Construis un cœur en collant les deux demi-cercles contre deux côtés du carré. Recouvre de mascarpone, puis décore de fraises.

Pour 6 personnes

- 2 génoises toutes prêtes, une ronde de 16 cm de diamètre et une carrée de 16 cm de côté (la ronde doit s'inscrire parfaitement dans la carrée, tu peux les recouper si nécessaire)
- 150 g de mascarpone • 1 yaourt
- 50 g de sucre glace • 300 g de fraises
- 1 cuillère à soupe de confiture de fraises
- 3 cuillères à soupe de jus de citron

Pâques

Un cadeau gourmand loin d'être « cloche » !

L'œuf de Pâques croustillant

1 Sur feu très doux, dans une casserole, mélange le chocolat et la margarine.

2 Ajoute les guimauves, laisse fondre puis mélange. Retire du feu, ajoute le riz soufflé, mélange à nouveau.

3 Verse la préparation dans deux bols hauts. Laisse au moins une demi-heure au frais. Démoule et assemble les deux parties avec un gros nœud décoratif.

Pour 1 œuf d'environ 15 cm de haut

- 100 g de chocolat au lait
- 50 g de margarine
- 150 g de guimauve recouverte de chocolat (petits ours par exemple)
- 75 g de riz soufflé (*rice crispies*)

TRUC

Pour un démoulage facile, pose les bols une dizaine de secondes dans de l'eau chaude.

IDÉE

Si tu veux obtenir un œuf creux (à remplir de petits œufs multicolores), verse un peu moins de préparation dans les bols, place un bol plus petit à l'intérieur de chaque grand et laisse refroidir ainsi.

Halloween

Pour cette nuit d'épouvante,
fabrique, comme les Américains,
une *Jack O' Lantern*...
Coupe la calotte (le sommet)
d'un potiron, et vide-le.
Garde la chair pour en faire
une soupe. Découpe – c'est dur
car l'écorce est épaisse ! –
deux ronds pour les yeux,
un triangle pour le nez,
et une série de petits triangles
pour les dents. Mets-y une
grosse bougie. Ambiance
garantie !

La soupe au potiron d'Halloween

Elle est aussi bonne à d'autres moments !

1 Coupe la chair du potiron en morceaux.

2 Hache l'oignon. Dans une grande casserole,
fais revenir l'oignon dans un peu d'huile,
ajoute le potiron et recouvre complètement d'eau.
Fais cuire à feu moyen, 1/2 heure environ.

3 Mixe bien et ajoute la crème
fraîche, le sel et le poivre.
Sers avec une assiette de persil
haché ou de fromage
râpé dont chacun
saupoudre son assiette.

*À accompagner
avec du persil haché
ou du fromage râpé.*

Pour 4 à 6 personnes

- la chair du potiron vidé,
débarrassée de ses graines
- 1 gros oignon
- du persil
- 10 cl de crème fraîche

MIXEUR

CUISINES
D'AILLEURS

Jadis, on ne mangeait
que des plats
« bien de chez nous »,
mais l'habitude
des voyages a changé
tout ça. À toi, les délices
de partout et d'ailleurs !

Petits déjeuners variés

Dis-moi quel petit déjeuner tu prends, je te dirai de quelle nationalité tu es. À moins que tu n'aies déjà adopté les habitudes de tes voisins...

Le petit déjeuner continental

C'est le petit déjeuner français par excellence. En général, il comporte une boisson chaude : café, thé ou chocolat (vois la recette p. 215), du pain beurré, de la confiture et des viennoiseries. Pourquoi ne ferais-tu pas les croissants, les pains au chocolat et les pains aux raisins « maison » ?

Des croissants et du pain beurré...

Les petits croissants

1 Préchauffe le four, thermostat 7 (assez chaud).

2 Dans une pâte feuilletée prête à dérouler, découpe des triangles ayant deux côtés égaux de 15 cm et un côté de 10 cm.

3 Saupoudre chacun de ces triangles d'une cuillère à café de sucre en poudre et roule-les en finissant par la pointe. Enduis les croissants d'un peu de jaune d'œuf mélangé à une cuillère à café de sucre, et donne-leur la forme d'une demi-lune. Fais-les cuire 20 minutes sur une plaque recouverte de papier de cuisson.

Cette technique peut également servir de base pour les pains au chocolat et les feuilletés aux raisins : les **pains au chocolat** sont des rectangles de 25 cm sur 6 cm garnis d'une barre de chocolat et roulés sur eux-mêmes. Les **feuilletés aux raisins** sont des rectangles de 25 cm sur 4 cm, garnis de raisins secs, roulés sur eux-mêmes, et coupés dans l'épaisseur.

Le *breakfast*

Quand tu vois des Anglais prendre leur petit déjeuner, ça te met l'eau à la bouche tellement c'est copieux et varié... Fais-toi plaisir un dimanche matin, et joue-la *british*. Prévois du thé bien fort, avec un nuage de lait, des toasts grillés, du beurre salé, de la marmelade d'oranges, une assiette de céréales avec un peu de lait, un fruit ou un jus de fruits, et n'oublie surtout pas le fameux *bacon and eggs* : les œufs au bacon !

IDÉE

En Espagne, on aime boire le matin un grand bol de chocolat épais (vois la recette p. 215) dans lequel on a trempé des *churros*, sortes de longs beignets cannelés. Pas vraiment léger, mais quel régal !

Le petit déjeuner suisse

Le plein d'énergie, ce n'est pas réservé aux seuls montagnards ! Fais-toi un petit déjeuner suisse super remontant. Il ne te fera pas grimper aux murs...

Un bon muesli et des fruits...

Du thé, des toasts, des œufs au bacon...

Les œufs au bacon

Pour 1 personne

1 Dans une poêle antiadhésive, fais cuire à feu moyen 2 tranches de bacon.

2 Dès qu'elles deviennent légèrement transparentes, casse 1 œuf par-dessus sans abîmer le jaune. C'est cuit lorsque le blanc n'est plus transparent. Tu peux laisser les bords devenir légèrement dorés. Verse le tout dans une assiette et déguste bien chaud.

Le muesli

 **Pour 2 personnes**

1 Pèle et râpe une pomme. Mélange-la avec 100 g de flocons d'avoine et un verre de lait. Ajoute le jus d'un citron, des noix et des amandes hachées, puis 3 cuillères à soupe de miel. Mélange, répartis dans deux assiettes et laisse gonfler quelques minutes.

2 Prépare des coupelles garnies de fruits frais (pommes, poires, prunes, raisins, bananes, fraises, pêches...). Chacun en rajoutera selon son goût. Sers accompagné d'un jus de fruits et d'un yaourt.

Autres cuisines

Les recettes voyagent de plus en plus. Qu'on aille les chercher au loin ou qu'elles arrivent chez nous dans les bagages de cuisiniers venus d'ailleurs.

Voici quelques plats… en introduction aux saveurs de pays proches ou lointains…

Espagne

LE GASPACHO

Il te faut 6 tomates, 3 poivrons (un vert, un rouge, un jaune), 1/2 concombre, 1/4 d'oignon, une gousse d'ail, une cuillère à soupe de concentré de tomates, 200 g de pain de mie et 4 feuilles de basilic. Lave tes légumes et mets de côté les éléments pour l'accompagnement : 2 tomates, 1/4 de concombre, la moitié de chaque légume, 6 tranches de pain. Pèle, épépine, et coupe en morceaux les autres légumes (inutile de peler les poivrons). Humidifie la mie du pain restant. Mixe ensemble les légumes coupés, la mie, le concentré de tomates, 3 cuillères à soupe d'huile d'olive, 1/2 cuillère à café de vinaigre, 1/4 de litre d'eau, 4 pincées de sel, 1 pincée de poivre. Mets au frigo, et présente cette soupe très froide accompagnée de la garniture, c'est-à-dire des légumes restants et de pain grillé coupés en petits cubes.

IDÉE

Tu peux présenter cette salade avec des « pitas », des petits pains grecs.

Grèce

LA SALADE À LA FETA

Il te faut 150 g de feta (du fromage de brebis grec), 4 tomates, une vingtaine de petites olives noires, un poivron vert. Lave les légumes. Coupe les tomates en tranches fines, le fromage en cubes, le poivron en lamelles après avoir enlevé ses graines. Dans chaque assiette, dispose ces ingrédients, décore avec des olives, assaisonne de deux pincées de sel et d'une de poivre, et verse une cuillère à soupe d'huile d'olive.

Maroc

LA SALADE D'ORANGES

Il te faut 8 oranges, une cuillère à soupe d'eau de fleur d'oranger, une cuillère à café de cannelle en poudre, 2 cuillères à soupe de miel liquide. Pèle les oranges, puis coupe-les en rondelles fines en recueillant le jus. Installe les rondelles dans quatre assiettes plates. Mélange le jus d'orange, le miel et l'eau de fleur d'oranger, et verse ce liquide sur les rondelles d'orange. Saupoudre de cannelle (et parsème de baies de poivre rose si tu en trouves...). Mets les assiettes au frigo au moins une heure avant de servir ce dessert.

Liban

LE TABOULÉ

Il te faut 250 g de semoule de couscous grains moyens, 3 tomates, 3 citrons, une cuillère à café de sel, 3 cuillères à soupe d'huile, une poignée de persil et une poignée de feuilles de menthe fraîches. Rince les tomates, le persil et la menthe. Coupe les tomates en petits cubes, hache le persil et la menthe, et presse les citrons. Dans un très grand saladier, mets le jus de citron, les tomates, le sel, l'huile, le persil et la menthe, puis la semoule. Mélange bien, et garde au frais au moins 2 heures avant de servir.

IDÉE

Les Libanais mettent beaucoup plus de persil et moins de semoule. C'est encore plus frais !

Asie

LA SALADE DE SOJA

Il te faut 250 g de germes de soja frais, 1/4 de chou rouge, 1/2 concombre, 1/2 poivron rouge, quelques feuilles de persil ou de coriandre (si tu l'aimes), une cuillère à soupe de sauce soja, une cuillère à soupe de vinaigre, 3 cuillères à soupe d'huile. Retire du chou les feuilles qui ne sont pas assez jolies. Lave bien tous les légumes. Découpe le chou, le concombre et le poivron en fines lamelles. Répartis dans un grand plat les légumes en commençant par les germes de soja. Hache les feuilles de persil ou de coriandre. Gardes-en quelques-unes pour décorer. Mélange-les avec la sauce soja, le vinaigre, l'huile, et verse cette sauce sur la salade.

Nourritures insolites

Si tu vivais en Amazonie, ta friandise préférée, ce serait de gros vers blancs ! Petit tour du monde des nourritures insolites et des spécialités locales... « originales ».

Délices exotiques

Dans un restaurant réputé de Mexico, les clients se bousculent pour goûter rongeurs et iguanes, mais aussi œufs de mouches aquatiques, criquets, punaises ou larves de fourmis... Mais les Mexicains sont loin d'être les seuls mangeurs d'insectes ! En Amazonie, les vers blancs sont un délice qu'on se dispute. En Australie, les Aborigènes apprécient les larves dodues et les fourmis « pot de miel ». Les Japonais raffolent des guêpes grillées à l'apéritif ; les Chinois des cafards, et les Papous des araignées...

Des goûts et des dégoûts...

Dans certaines régions de Chine, on mange du chien. En Australie et aux États-Unis, le serpent et le crocodile ont beaucoup d'amateurs. L'œil de mouton est une friandise appréciée au Maroc. Dans un petit village de Belgique, lors de la fête locale, on avale un verre de vin dans lequel trempe un gardon vivant. Et en France, on mange des huîtres, des escargots ou des cuisses de grenouille... Ce qui paraît vraiment dégoûtant à beaucoup !

VIVE LES INSECTES !

La consommation des insectes est encouragée, notamment dans les pays menacés de famine, car des études récentes ont prouvé que la valeur nutritive des insectes était de 30 % supérieure à celle de la viande ! On peut les « cultiver » et les « récolter » sans peine. En plus, ils représentent près de 90 % des espèces animales ! Les astronautes en mangeront peut-être pendant les longs vols spatiaux...

LES FLEURS CRISTALLISÉES

Une délicate couche de givre pour des fleurs belles à regarder, bonnes à croquer... et si faciles à créer ! Il suffit de tremper rapidement une fleur époussetée, une rose par exemple, dans un mélange fait d'un blanc d'œuf, de 2 cuillères à soupe d'eau et d'une demi-cuillère à café d'huile. Il faut ensuite la saupoudrer de sucre cristallisé et laisser sécher. C'est tout ! Et quel effet ! Tu peux essayer aussi avec des capucines, des pensées, des feuilles de menthe ou encore de petits fruits comme des groseilles, des raisins... toujours très propres et non traités.

IDÉE

Les fleurs commencent à être à la mode en cuisine. Mais assez peu sont comestibles. Pas de souci... avec le souci et la capucine, avec lesquels tu peux décorer tes plats.

Des fleurs... en sucre !

LA CONFITURE DE PISSENLITS

Une recette très ancienne... qui te demandera du courage pour récolter l'énorme quantité de pissenlits nécessaire : 200 fleurs environ, bien jaunes et ouvertes, pour 500 g de sucre.Enlève le vert, lave les fleurs et laisse-les sécher au soleil. Mets dans une grande marmite 3/4 de litre d'eau, une orange et un citron non traités, lavés et coupés en morceaux, et les fleurs. Cuis à petits bouillons une heure en maintenant bien les fleurs dans l'eau puis retire-les et jette-les. Filtre le jus à travers une passoire si nécessaire. Ajoute le sucre au jus et fais cuire encore 45 minutes. (Pour mettre en pots, vois p. 232.)

Les insectes arriveront-ils jusqu'à ta table ?

MÉTIERS
GOURMANDS

Tu régales tout le monde
avec tes inventions culinaires.
À la maison et chez
les copains, on
ne peut plus
se passer de toi !
Une passion
gourmande qui peut
devenir un moyen
de gagner ta vie,
plus tard.

En cuisine

Tu adores concocter
de bons petits plats et
y mettre ta touche personnelle...
Pourquoi ne pas en faire ton métier ?

Un beau métier...
mais pas de tout repos !

Cuisiner, c'est offrir aux autres du plaisir... Mais ce beau métier
est aussi très exigeant ! Tu dois être très résistant à la fatigue
et au stress, car les journées en cuisine sont très longues.
Et il y a les fameux « coups de feu » : les moments où tous
les clients arrivent en même temps, et où il faut être encore
plus rapide... sans s'énerver ni perdre de son efficacité.

DE LA RIGUEUR AVANT TOUT

Savoir gérer les stocks
de nourriture nécessaires (souvent
par ordinateur) ; être exigeant
sur la propreté et l'hygiène, aimer
le travail en équipe... Ce sont
les qualités indispensables,
aussi bien dans un restaurant
que dans une cuisine de
collectivité ou un fast-food.

L'IMAGINATION AU POUVOIR

Si tu deviens chef cuisinier,
tu devras mettre au point
les plats de la carte et ne rien
y changer d'un jour à l'autre :
qualité et saveur ne peuvent pas
varier. Mais un bon cuisinier doit
aussi avoir de l'imagination pour
surprendre sa clientèle...

Le métier de cuisinier ne demande pas nécessairement les mêmes
compétences selon que tu travailles dans un restaurant,
dans une cantine ou dans un fast-food...

AUTRES MÉTIERS DE LA CUISINE

Petits plats tout préparés ou banquets complets, les **traiteurs**
se mettent au service des besoins de leurs clients. Organisation
et efficacité sont leurs mots d'ordre. Les **employés de restauration
rapide**, eux, doivent plus faire preuve de leurs capacités de gestion
et de contact avec la clientèle que de compétences culinaires...

L'AIDE-CUISINIER

C'est un apprenti ou un
stagiaire. Il fait les corvées
d'épluchage et d'entretien, mais
réalise aussi des entrées simples.

Une brigade de choc

Dans les restaurants moyens ou modestes, il n'y a souvent qu'un seul « chef », assisté d'un ou plusieurs aides. Mais dans un très grand restaurant, le « chef de cuisine » commande toute une « brigade ».

LA FORMATION

Pour te lancer dans les métiers de la cuisine, tu peux choisir la formule de l'apprentissage chez un restaurateur, préparer un BEP hôtellerie-restauration ou un CAP cuisine dans un lycée professionnel ou une école d'hôtellerie, ou présenter un bac pro restauration.

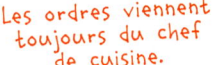

Les ordres viennent toujours du chef de cuisine.

LE COMMIS DE CUISINE

Après ton apprentissage ou ton diplôme, c'est ainsi que tu débuteras, en participant à la confection des entrées, des plats froids, et, petit à petit, aux préparations de certains plats. Tu te familiariseras avec les diverses spécialités (tu seras alors « commis tournant » !) sous les ordres du chef de partie.

LE CHEF DE PARTIE

C'est un cuisinier expérimenté qui se consacre à une spécialité (viandes, poissons, sauces, pâtisserie...) ou à une partie du menu, sous la direction du chef de cuisine.

LE CHEF DE CUISINE

Seul maître à bord, il choisit les produits, décide du menu, et commande à son équipage, qui exécute le travail selon ses directives. Il supervise, goûte, rectifie parfois un assaisonnement ou une présentation... Si tu deviens « chef », tu seras responsable de la satisfaction du client, de la réputation du restaurant. Et tu peux même devenir une célébrité internationale !

En salle

La cuisine, c'est un peu comme les coulisses d'un théâtre. C'est là que se préparent des chefs-d'œuvre... dont le succès dépend aussi de la présentation dans la salle... de restaurant.

Tout sourires...

Le personnel qui travaille en salle a deux priorités : l'accueil des clients, aimable et souriant, et le service le plus rapide et efficace possible. Quel que soit le poste occupé, les qualités demandées sont un peu semblables : un bon contact, une bonne présentation, de la rapidité, de la débrouillardise, de l'adresse... Plus de bonnes jambes : on est debout tout le temps... et on trotte sans cesse ! La connaissance d'une ou de plusieurs langues étrangères est un atout.

LE SERVEUR

Dès son arrivée, il s'occupe de la « mise en place » : vérifier que rien ne manque sur la table. Puis il assure le service des repas. Il va chercher les plats, et les sert dans les règles. Regarde-le faire, et admire : il réussit le tour de force de porter plusieurs assiettes à la fois en se faufilant entre les tables. Il est en général chargé du service de plusieurs tables. Dans les grands restaurants, cela s'appelle un « rang », même si les tables ne sont pas alignées...

Pour qu'un restaurant ait du succès, il faut que les clients soient contents de la cuisine... mais aussi de l'ambiance : un décor agréable ou original, des tables bien dressées, et quelqu'un qui reçoit avec le sourire...

POUR EN SAVOIR PLUS

Tu obtiendras toutes les informations dont tu as besoin sur les métiers de la restauration et les filières à suivre à l'Office d'information sur les enseignements et les professions (ONISEP).
Tu trouveras leur adresse à la fin de ce livre.

Une équipe dynamique

Selon le type de restaurant, le personnel en salle sera plus ou moins nombreux. Dans la plupart des établissements, c'est le patron (ou la patronne) qui accueille les clients et supervise le service, assisté d'un ou de plusieurs serveurs. Dans les grands restaurants, il y a toute une équipe, sous les ordres du « maître d'hôtel ».

LA FORMATION

Tu peux suivre les mêmes filières que pour les métiers de la cuisine (vois p. 265). Tu peux aussi présenter un bac techno hôtellerie, et, si tu vises les postes de maître d'hôtel ou de sommelier, envisager un BTS hôtellerie-restauration.

LE MAÎTRE D'HÔTEL

Il accueille les clients, et les guide vers leur table. S'il n'y a pas de chef de rang, il prend les commandes. C'est l'homme-orchestre : il vérifie tout, et veille à ce que le client soit pleinement satisfait.

LE CHEF DE RANG

Dans les grands restaurants, c'est lui qui est chargé d'un « rang » de tables. Il prend les commandes et surveille le service. Il présente les plats aux clients et effectue les opérations spectaculaires ou délicates (flambage, découpe...).

En salle, comme en cuisine, on commence tout en bas, et on grimpe l'échelle des postes, à force de travail et de compétences.

LE SOMMELIER

Un homme important, qui règne sur la cave... La cave, dans les restaurants, c'est à la fois l'endroit où l'on entrepose les vins, et l'ensemble des bonnes bouteilles que possède l'établissement. Il conseille les vins aux clients en fonction des plats qu'ils choisissent.

Le dico cuisine

Attacher : brûler en restant collé au fond de la casserole.

Bain-marie : ce « bain », c'est une grande casserole remplie d'eau chaude dans laquelle on trempe une casserole plus petite contenant l'aliment à cuire. Pour une cuisson tout en douceur...

Blanchir : plonger quelques instants dans l'eau bouillante.

Blondir (faire blondir) : faire prendre une couleur légèrement dorée en faisant revenir doucement.

Bouilli : cuit dans l'eau, à gros bouillons.

Braiser : cuire doucement une viande dans une casserole bien fermée.

Caramel (faire un caramel) : faire chauffer du sucre avec un tout petit peu d'eau. Plus il cuit, plus le caramel sera sombre et dur.

Coulis : purée liquide à base de légumes ou de fruits (tomates, fraises, abricots...).

Court-bouillon : liquide aromatisé et épicé dans lequel on fait cuire le poisson.

Crème anglaise : crème liquide à base d'œufs et de lait.

Crème fouettée : si tu bats de la crème fraîche liquide, tu la verras s'épaissir de plus en plus... Un régal ! Mais si tu la bats trop, elle se transforme en beurre !

Croûtons : les croûtons de pain dorés au four ou dans l'huile sont excellents dans la soupe. En pain de mie, ils peuvent aussi servir de décoration, si on les découpe en triangles, en cœurs, en ronds...

Déglacer : ajouter un peu de liquide dans le fond de cuisson pour en faire une sauce.

Délayer : dissoudre (de la farine...) dans un liquide.

Dorer : passer du jaune d'œuf sur une pâte pour qu'elle prenne une belle couleur dorée, au four.

Ébullition : quand de grosses bulles montent à la surface du liquide chauffé.

Émincer : couper en fines tranches la viande ou les légumes.

Filets (lever les filets) : séparer la chair du poisson (les filets) de l'arête centrale qui va de la tête à la queue.

Fontaine : tas de farine en forme de volcan. On y pratique un trou au sommet, le puits, dans lequel on place les autres ingrédients de la future pâte.

Fouetter (ou battre) : aucune violence !
Il s'agit de remuer vivement un liquide
(des œufs, de la crème fraîche…)
avec une fourchette ou un fouet.

Frémir : quand un liquide commence à s'agiter,
avant qu'il bouille avec de grosses bulles.

Frire : plonger dans une grande quantité
de matière grasse très chaude.

Garniture : les légumes qui accompagnent
une viande.

Givrer (verre givré) : tu trempes le bord
des verres dans une soucoupe remplie de jus
de citron ou de sirop (menthe, grenadine,
orange…) puis dans du sucre en poudre.
Très joli à l'apéritif !

Glacer : couvrir le dessus d'un gâteau d'un
mélange de 5 cuillères à soupe de sucre tamisé
pour 1 blanc d'œuf. Le glaçage peut être coloré
avec un colorant alimentaire.

Glaçons : personnalise-les en mettant de petites
fraises, des bonbons, une feuille de menthe…
dans chaque case du bac à glaçons avant
de le faire geler.

Gratiner : passer un plat au four pour lui donner
une croûte dorée.

Griller : cuire au-dessus des braises, sur la grille
du four, ou sur une plaque brûlante, sans matière
grasse.

Grumeaux : ces petites boules de farine mal
mélangées dans les sauces et les crèmes sont
les ennemis du cuisinier ! On s'en débarrasse
à coups de fouet… ou de mixeur !

Lier (faire une liaison) : épaissir une sauce
avec un féculent (farine, fécule), de l'œuf
ou de la crème.

Mijoter : cuire tout doucement, à petit feu.

Monter : rendre plus ferme un ingrédient
liquide en le battant (monter une mayonnaise).

Napper : recouvrir de sauce.

Paner : passer un aliment dans la farine,
dans un œuf battu et dans la chapelure,
avant de le faire frire.

Papillote (cuire en papillote) : envelopper
l'aliment dans une feuille d'aluminium
ou de papier de cuisson pour qu'il cuise
dans son jus, au four.

Pocher : cuire (des œufs, du poisson…)
dans une eau à peine bouillante.

Le dico cuisine (suite)

Poêler : faire cuire à la poêle.

Pression (casserole à pression ou Cocotte-Minute) : l'eau bout à 100 °C, c'est connu... sauf si on augmente la pression de l'air dans la casserole. Dans une casserole à pression la vapeur atteint 150 °C : les aliments y cuisent donc beaucoup plus vite !

Revenir (faire revenir) : cuire dans un peu de matière grasse.

Rissoler : faire revenir l'aliment de tous côtés jusqu'à ce qu'il se couvre d'une enveloppe croustillante.

Rôtir : cuire dans un four bien chaud une viande sans sauce.

Saisir : jeter l'aliment dans la matière grasse très chaude pour qu'il dore rapidement en surface et reste cru à l'intérieur.

Sauter (faire sauter) : faire revenir à feu vif.

Tamiser : passer farine, sucre ou cacao à travers une passoire pour les rendre plus fins.

Vapeur (cuire à la vapeur) : cuire dans un panier suspendu au-dessus d'un liquide bouillant.

Zestes d'orange et de citron : très décoratifs, surtout si on arrive à les faire très longs et minces (il existe des couteaux spéciaux, les zesteurs).

Liste des recettes

Index

Adresses utiles

Tu peux te procurer de la documentation sur la meilleure façon de te nourrir, et sur tous les sujets liés à la nutrition et à la diététique au :

Comité français d'éducation pour la santé (CFES)
2, rue Auguste-Comte
92170 Vanves
Minitel : **3615 CFES**
Tél. : 01 41 33 33 33
Télécopie : 01 41 33 33 90.

Si tu cherches à en savoir plus sur le sucre, et sur toutes les merveilles que tu peux faire avec, n'hésite pas à t'adresser au :

Centre d'études et de documentation du sucre (CEDUS)
30, rue de Lübeck
75016 Paris
Tél. : 01 44 05 39 99.
Tu peux aussi obtenir des infos sur Minitel en tapant **3615 LESUCRE**.

Pour trouver des informations sur le lait et les produits laitiers, des recettes, mais aussi de la documentation sympa sur le goût, adresse-toi au :

Centre interprofessionnel de documentation et d'information laitières (CIDIL)
34, rue de Saint-Pétersbourg
75008 Paris
Tél. : 01 49 70 71 71.

Pour avoir des tas d'idées originales pour cuisiner les fruits et les légumes, renseigne-toi auprès de :

l'Agence pour la recherche et l'information en fruits et légumeś frais - APRIFEL
115, rue Faubourg-Poissonnière
75009 Paris
Tél. : 01 44 53 75 10
Fax : 01 44 53 75 39.

Si tu fais partie des fans de la pomme, tu peux t'adresser à :

• Société pomologique du Berry
Mairie, place Clémenceau
36230 Neuvy-Saint-Sépulchre
Tél. : 02 54 36 94 35

• Association Les mordus de la pomme
Centre culturel « Le Grand Clos »
22100 Quévert.

Tu peux visiter le :

musée de la Fraise
8, rue Nicolle
29470 Plougastel-Daoulas
Tél. : 02 98 40 21 18.

Pour avoir des renseignements sur les métiers de la cuisine et les formations à suivre, adresse-toi à :

l'Office national d'information sur les professions (ONISEP)
12, mail Barthélemy-Thimonnier
B.P. 86
Lognes
77423 Marne-la-Vallée Cedex 2
Tél. : 01 64 80 35 00.

Tu peux aussi trouver des infos sur Minitel en tapant le **3615 ONISEP**.

Crédit photographique

Crédit illustrateurs

Corine Deletraz
Couverture : (haut) ; 4e de couverture (haut) ; p. 26 (milieu) (haut) ; p. 27 ; p. 30 (milieu) ; p. 36 (bas et moulin poivre) ; p. 39 (haut) (bd) ; p. 45 ; p. 63 (haut) (bas) ; p. 69 (bas) ; p. 74-75 (toutes les plantes) ; p. 76 (hd) (milieu) (bd) ; p. 77 (hg) (droite) ; p. 78 (bas) ; p. 79 ; p. 80 (haut) (bas) ; p. 81 (haut) (bas) ; p. 82 (bas) ; p. 83 (haut) ; p. 92 (haut) (bas) ; p. 94 (droite) ; p. 95 (gauche) (milieu) (bas) ; p. 97 (bas) ; p. 98 (milieu) (bas) ; p. 100 (bas) ; p. 101 (bg) (droite) ; p. 104 (milieu) (bas) ; p. 105 ; p. 106 (bas) ; p. 107 (milieu) (bas) ; p. 110 (milieu) (bas) ; p. 111 (milieu) (bas) ; p. 113 (bas) ; p. 114 (milieu) ; p. 115 ; p. 116 (bas) ; p. 118 (haut) (bas) ; p. 119 (bg) ; p. 120 (milieu) ; p. 121 ; p. 122-123 (milieu) ; p. 124 ; p. 125 (bas) ; p. 132 (bas) ; p. 137 (bas) ; p. 138 (md) ; p. 143 (bd) ; p. 144 (haut) (mg) ; p. 145 (hd) ; p. 148 (haut) ; p. 151 (hd) ; p. 160 (hg) ; p. 164 (haut) ; p. 175 (hd) ; p. 176 (mg) ; p. 179 (hd) (mg) ; p. 184 (bas) ; p. 191 (haut) ; p. 193 (bd) ; p. 197 (hd) ; p. 198 (bd) ; p. 201 (bd) ; p. 203 (haut) ; p. 211 (hd).

Nathalie Locoste
P. 48 (bas) ; p. 49 (hd) ; p. 51 (md) ; p. 52-53 (les ustensiles) ; p. 54-55 (les ustensiles) ; p. 57 (bd) ; p. 58 (haut) (mg) (bas) ; p. 59 (haut) ; p. 60 (sauf hd) ; p. 61 (haut) (md) (bas) ; p. 62 (bas) ; p. 64 (milieu) (bas) ; p. 65 (droite) ; p. 86 (bas) ; p. 87 (hd) ; p. 88 (milieu) ; p. 102 (bas) ; p. 103 (gauche) (bas) ; p. 106 (milieu) ; p. 128 (milieu) ; p. 129 (bas) ; p. 130 ; 131 (milieu) (bas) ; p. 133 (bas) ; p. 134 ; p. 135 (milieu) (bas) ; p. 137 (milieu) (gauche) ; p. 138 (bas) ; p. 139 ; p. 140 (bg) ; p. 141 ; p. 142 ; p. 143 (mg) ; p. 144 (bas) ; p. 145 (bas) ; p. 147 (haut) ; p. 149 (haut) ; p. 151 (mg) ; p. 153 ; p. 176 (bd) ; p. 177 (bg) ; p. 181 (bas) ; p. 182-183 ; p. 184 (haut) ; p. 185 ; p. 189 ; p. 190 (haut) ; p. 191 (bas) ; p. 192-193 ; p. 195 ; p. 196 (bas) ; p. 199 ; p. 200 ; p. 201 (hd) ; p. 204 ; p. 205 (hd) ; p. 206 ; p. 207 ; p. 214 (md).

Régis Mac
P. 14-15 (milieu) ; p. 16 (haut) ; p. 17 (haut) ; p. 70 ; p. 89 (milieu) ; p. 129 (haut) ; p. 156 (milieu) ; p. 159 (haut).

Frédéric Pillot
Couverture : (bd) (bg) ; 4e de couverture (milieu) ; p. 5 ; p. 9 ; p. 11 ; p. 23 ; p. 24 ; p. 25 (droite) ; p. 31 (haut) ; p. 33 ; p. 35 (milieu) p. 36 (milieu) ; p. 37 ; p. 38 (bas) ; p. 39 (milieu) ; p. 40-41 (frise ombre personnages) ; p. 42-43 (bas) ; p. 44 (haut) ; p. 47 (hd) (bd) ; p. 67 ; p. 73 ; p. 77 (bas) ; p. 81 (milieu) ; p. 83 (milieu) ; p. 85 ; p. 86 (bas) ; p. 90 (bas) ; p. 91 (bas) ; p. 93 (haut) (bd) ; p. 94 (mg) ; p. 99 ; p. 100 (milieu) ; p. 101 (milieu) ; p. 109 ; p. 113 (haut) ; p. 120 (bas) ; p. 125 (haut) ; p. 127 ; p. 133 (milieu) ; p. 136 ; p. 149 (bas) ; p. 152 (milieu) ; p.

155 ; p. 158 (bas) ; p. 160 (bas) ; p. 161 ; p. 162 ; p. 164 (mg) (bg) ; p. 165 ; p. 166 (bas) ; p. 167 ; p. 170 ; p. 171 ; p. 173 ; p. 177 (hd) (bd) ; p. 181 (haut) ; p. 187 ; p. 190 (bas) ; p. 194 ; p. 198 (hd) (mg) ; p. 209 ; p. 211 (bas) ; p. 215 ; p. 216 ; p. 217 ; p. 218 (bas) ; p. 219 ; p. 220 ; p. 221 ; p. 222 (bas) ; p. 223 ; p. 225 ; p. 226 ; p. 227 (bas) ; p. 228 (sauf humour) ; p. 229 ; p. 230 ; p. 231 (sauf humour) ; p. 232 (bas) ; p. 233 (droite) ; p. 235 ; p. 236-237 (fond) ; p. 237 (hd) ; p. 238 ; p. 239 (sauf humour) ; p. 240 ; p. 241 (haut) ; p. 243 (sauf humour) ; p. 244 ; p. 245 ; p. 246-247 (bas) ; p. 247 (droite) ; p. 248 ; p. 249 (bas) ; p. 250 ; p. 251 (sauf humour) ; p. 253 (bas) ; p. 255 ; p. 256 (bg) ; p. 257 (sauf humour) ; p. 261 (md) ; p. 263.

Pascal Robin
P. 174 (bas) ; p. 178-179 (tous les poissons) ; p. 180 (tous les poissons).

Sophie Toussaint
P. 12 (bg) ; p. 13 (hg) ; p. 14 (bg) ; p. 15 (bas) ; p. 18 (bas) ; p. 19 (hd) (bas) ; p. 20 ; p. 21 ; p. 25 (bg) ; p. 26 (bas) ; p. 28 ; p. 29 ; p. 30 (hd) ; p. 31 (bd) ; p. 34 ; p. 35 (bg) ; p. 36 (hg) ; p. 38 (haut) ; p. 40 (hd) (bas : cuisiniers) ; p. 41 (hg) (bas : cuisiniers) ; p. 42 (haut) ; p. 43 (haut) ; p. 44 (bas) ; p. 46 ; p. 47 (mh) ; p. 48 (hg) ; p. 49 (milieu) (bas) ; p. 50 ; p. 53 (md) (gauche) ; p. 55 (mg) ; p. 56 ; p. 57 (hd) ; p. 58 (md) ; p. 59 (bas) ; p. 60 (hd) ; p. 61 (mg) ; p. 62 (haut) (milieu) ; p. 63 (milieu) ; p. 64 (haut) ; p. 65 (gauche) ; p. 68 ; p. 71 ; p. 74 (hd) ; p. 75 (humour bas gauche) ; p. 76 (bg) ; p. 78 (haut) ; p. 80 (md) ; p. 82 (haut) ; p. 86 (haut) ; p. 87 (hm) ; p. 88 (haut) ; p. 89 (haut) ; p. 90 (milieu) ; p. 92 (milieu) ; p. 94 (haut) ; p. 95 (haut) ; p. 96 ; p. 97 (milieu) ; p. 98 (haut) ; p. 101 (haut) ; p. 102 (haut) ; p. 103 (haut) ; p. 104 (hd) ; p. 107 (haut) ; p. 110 (haut) ; p. 112 ; p. 114 (haut) ; p. 116 (haut) (milieu) ; p. 117 ; p. 118 (cuisiniers humour) ; p. 119 (bd) ; p. 120 (haut) ; p. 122 (bas) ; p. 123 (bas) ; p. 128 (bas) ; p. 131 (haut) ; p. 132 (milieu) ; p. 133 (haut) ; p. 135 (haut) ; p. 137 (hd) ; p. 138 (hd) ; p. 140 (hd) ; p. 143 (hg) ; p. 145 (hg) ; p. 146 (bg) ; p. 148 (mg) ; p. 150 ; p. 152 (haut) ; p. 156 (hd) (bas) ; p. 157 : (hd) (mg) ; p. 163 ; p. 166 (hd) ; p. 168 ; p. 169 ; p. 174 (haut) ; p. 175 (mg) (bd) ; p. 176 (hd) ; p. 178 (hd) ; p. 180 (hd) ; p. 188 ; p. 192 (bg) ; p. 193 (hd) ; p. 196 (mg) ; p. 201 (mg) ; p. 205 (bg) ; p. 210 (hd) ; p. 214 (hd) ; p. 218 (haut ; p. 222 (hd) ; p. 224 (hd) ; p. 227 (hd) ; p. 228 (hd) ; p. 231 (mg) ; p. 232 (hd) ; p. 233 (hg) ; p. 236 (hd) ; p. 239 (hg) ; p. 241 (bas) ; p. 242 ; p. 243 (humour) ; p. 246 (hd) ; p. 249 (haut) ; p. 251 (humour) ; p. 253 (haut) ; p. 256 (humour) ; p. 257 (humour) ; p. 258 ; p. 259 ; p. 260 ; p. 261 (bas) ; p. 264 ; p. 265 ; p. 266 ; p. 267.